SCHRIFTENREIHE DES IFO-INSTITUTS FÜR WIRTSCHAFTSFORSCHUNG

Nr. 67

IFO-INSTITUT FÜR WIRTSCHAFTSFORSCHUNG

Die Nachfragekonzentration im Nahrungsmittelhandel

Ausmaß, Organisation und Auswirkungen

Von

Max Eli

DUNCKER & HUMBLOT / BERLIN-MÜNCHEN

Gedruckt 1968 bei Alb. Sayffaerth, Berlin 61
Printed in Germany

Inhaltsverzeichnis

Einführung 9

I. Vorbemerkungen ... 9

II. Problemstellung und Abgrenzung der Thematik ... 10

III. Terminologische Abgrenzungen ... 11

1. Funktioneller Nahrungsmittelhandel ... 11
2. Nachfragekonzentration ... 12

IV. Beurteilungsmaßstab ... 13

Erster Hauptteil

Ausmaß und Organisation der Nachfragekonzentration 14

A. Die Konzentrationsvorgänge in institutioneller Darstellung ... 14

I. Die Konzentrationserscheinungen ... 14

II. Der Vorgang der Unternehmungs- und Umsatzkonzentration ... 15

1. Die Konzentration im Nahrungsmitteleinzelhandel ... 17
2. Die Konzentration im Nahrungsmittelgroßhandel ... 19

III. Erkenntnis und Grenzen der institutionellen Darstellungsweise im Hinblick auf die Nachfragekonzentration ... 21

B. Die Konzentrationsvorgänge in funktioneller Darstellung ... 22

I. Die Methode der funktionellen Darstellungsweise ... 23

1. Die Grundgedanken der funktionellen Methode ... 23
2. Stufenaufbau und Marktablaufschema des Nahrungsmittelhandels 24

II. Die horizontale Darstellung des Stufenaufbaues ... 25

1. Die Produktionsstufe ... 25
   a) Die Ernährungsindustrie ... 25
   b) Die Landwirtschaft ... 36
2. Die Zentralgroßhandelsstufe ... 40

3. Die örtliche Großhandelsstufe 44
a) Der Sortimentsgroßhandel 44
b) Der Fachgroßhandel 47

4. Die Einzelhandelsstufe 48

5. Erkenntnis und Grenzen der horizontalen Darstellung des Stufenaufbaues im Hinblick auf die Nachfragekonzentration 52

III. Die vertikale Darstellung des Stufenaufbaues 56

1. Die Konsumgruppe 56
a) Organisationsaufbau und Zusammenarbeit 56
b) Ausmaß und Entwicklung der Nachfragekonzentration 60
c) Die Unternehmenspolitik der GEG 61

2. Die Filialisten 63
a) Filialsystem und Filialbetrieb 63
b) Die Massenfilialbetriebe 64
c) Das gemeinsame Einkaufsorgan „Gedelfi" 66
d) Ausmaß und Entwicklung der Nachfragekonzentration 68
e) Die Geschäftspolitik der Massenfilialbetriebe 69

3. Die Einkaufskontore des traditionellen Nahrungsmittelhandels .. 71
a) Entstehung und Aufgabenstellung der Einkaufskontore 71
b) Verbreitung und Bedeutung der Einkaufskontore, ihre Stellung zu den Freiwilligen Ketten 72
c) Ausmaß und Entwicklung der Nachfragekonzentration 75
d) Bedeutung der Einkaufskontore im einzelnen 76
aa) Die Gemeinschaft Deutscher Lebensmittelgroßhändler AG (Gedelag) 76
bb) Das Einkaufskontor des Kolonialwarengroßhandels GmbH 77
cc) Das Zentralkontor des Bayerischen Sortimentsgroßhandels eGmbH (Coloniale) 78
dd) Die Einkaufsgemeinschaft von Sortimentsgroßhändlern GmbH (Gegro) 79
ee) Das Einkaufskontor des Nahrungsmittelgroßhandels GmbH 81
ff) Das Einkaufskontor des südwestdeutschen Nahrungsmittelgroßhandels 81
gg) Das Einkaufskontor des Großhandels Kaiserslautern 82

4. Die Freiwilligen Zusammenschlüsse 82
a) Die Begriffe „Freiwillige Kette" und „Freiwillige Gruppe" .. 82
b) Entstehung und Aufgabenstellung der Freiwilligen Zusammenschlüsse 83

c) Verbreitung und Wachstum der Freiwilligen Zusammenschlüsse 86
d) Der Organisationsaufbau der Freiwilligen Zusammenschlüsse 87
e) Ausmaß und Entwicklung der Nachfragekonzentration 89
f) Die Geschäftspolitik der Freiwilligen Zusammenschlüsse 92

5. Die einkaufsgenossenschaftlichen Organisationen des Lebensmittelhandels 93
a) Entstehung und Aufgabenstellung der Einkaufsgenossenschaften 93
b) Die Entwicklung der Nachfragekonzentration 95
c) Die Edeka-Organisation 95
aa) Organisationsaufbau und Zusammenarbeit 95
bb) Das Ausmaß der Nachfragekonzentration 98
cc) Die Geschäftspolitik der Edeka-Organisation 98
d) Die Rewe-Organisation 101
aa) Organisationsaufbau und Zusammenarbeit 101
bb) Das Ausmaß der Nachfragekonzentration 103
cc) Die Geschäftspolitik der Rewe-Organisation 103

6. Das Nahrungsmittelhandwerk 106
a) Entwicklung des Nahrungsmittelhandwerks zum Verteiler von Handelswaren 106
b) Die Bäcker-Organisation 107
aa) Struktur der örtlichen Einkaufsgenossenschaften des Bäckerhandwerks 108
bb) Größenordnung der Landeszentralgenossenschaften des Bäckerhandwerks 109
cc) Aufgabenstellung und Ziele der Bäko-Bundeszentrale .. 110
dd) Die Nachfragekonzentration in der Bäcker-Organisation 112
c) Die Fleischer-Organisation 112
aa) Struktur der örtlichen Einkaufsgenossenschaften des Fleischerhandwerks, Bedeutung anderer Fleischereinkaufsgesellschaften 112
bb) Aufgabenstellung und Ziele der Zentrag-Zentralgenossenschaft 113
cc) Die Nachfragekonzentration in der Fleischer-Organisation 115

7. Die Lebensmittelabteilungen der Waren- und Kaufhäuser 115
a) Bedeutung und Entwicklung 115
b) Die Organe der Nachfragekonzentration 116

Exkurs: Der internationale Einkauf 117

Zweiter Hauptteil

Auswirkungen der Nachfragekonzentration 123

I. Auswirkungen auf den Wettbewerb im Nahrungsmittelhandel 123

1. Der Wettbewerb im Nahrungsmittelhandel 123

a) Die bisherigen wettbewerbstheoretischen und wettbewerbspolitischen Erklärungsversuche 124

aa) Das Modell der vollkommenen Konkurrenz 124

bb) Erklärungsversuche der unvollkommenen Konkurrenz .. 125

cc) Die Wettbewerbskonzeption von Eucken 127

dd) Die Theorie der arbeitsfähigen Konkurrenz und der Funktionsfähigkeit des Wettbewerbs 129

ee) Der Nicht-Preiswettbewerb 131

b) Die empirisch vorgefundenen Wettbewerbsverhältnisse 133

aa) Der Wettbewerb auf den Einzelhandelsmärkten 133

bb) Der Wettbewerb auf den Großhandelsmärkten 134

cc) Der Gruppenwettbewerb 135

2. Der Einfluß der Nachfragekonzentration auf den Wettbewerb .. 138

II. Auswirkungen auf die Gestaltung des Machtverhältnisses zwischen Produktionsstufe und Handel 142

1. Die Machtverhältnisse in der Nahrungsmittelwirtschaft 143

a) Wirtschaftliche Macht und Nachfragemacht 143

aa) Die Angebotsmacht der Ernährungsindustrie 146

bb) Die Angebotsmacht der Landwirtschaft 147

cc) Die Nachfragemacht des Nahrungsmittelhandels 148

2. Die Wirkungen der Nachfragemacht 149

a) Einige theoretische Erklärungsversuche 150

b) Der empirische Befund in der Produktionsstufe 152

aa) Die Wirkungen auf die Ernährungsindustrie 152

bb) Die Wirkungen auf die Landwirtschaft 154

III. Zur wirtschaftspolitischen Beurteilung der Nachfragekonzentration 156

Zusammenfassung 159

Literaturverzeichnis 162

Einführung

I. Vorbemerkungen

In den Jahren seit der Währungsreform hat der Nahrungsmittelhandel in der Bundesrepublik Deutschland in einem Maße strukturelle Wandlungen erlebt, wie sie anderen Bereichen der westdeutschen Absatzwirtschaft fremd blieben. Konzentrations-, Kooperations- und Integrationsvorgänge veränderten in relativ kurzer Zeit die Struktur und das Erscheinungsbild dieser Branche.

Die wesentlichen Ursachen für die Veränderungen liegen sowohl im allgemeinen Wirtschaftswachstum mit seinen Folgeerscheinungen (steigende Produktion, höhere Einkommen, stärkere Produktdifferenzierung bei zunehmendem Käufermarkt, Wandel der Konsumentenmentalität, technischer Fortschritt) als auch in der sich verschärfenden Wettbewerbssituation. Eine eindeutige Zurechenbarkeit der Strukturwandlungen auf bestimmte Einflußfaktoren ist nicht gegeben, da ein Bündel von Komponenten in unterschiedlicher Intensität mitgewirkt hat, wobei kumulative und kontraktive Prozesse stattgefunden haben, die den Strukturwandel von einem langsamen Beginn in eine dynamische Entwicklung überleiteten.

Die Auswirkungen der Veränderungsvorgänge in dieser Branche, der man die größte „Konsumnähe" zuspricht und die an den relevanten Vergleichsgrößen Betriebe, Beschäftigte und Umsätze gemessen die gewichtigste Stellung im westdeutschen Handel einnimmt[1], zeigen sich in weiten Bereichen des wirtschaftlichen und sozialen Lebens. Sie werfen damit eine Reihe von Fragen auf. Im Vordergrund stehen drei Problemkomplexe:

---

[1] Im Jahre 1964 betätigten sich 34 178 Unternehmungen im Großhandel mit Nahrungs- und Genußmitteln, das waren 26,2 % aller westdeutschen Großhandlungen. Ihre Umsätze betrugen 52,0 Mrd. DM und machten 24,4 % des Gesamtumsatzes des Wirtschaftsbereichs Großhandel aus. Der Einzelhandel mit Nahrungs- und Genußmitteln umfaßte im gleichen Jahr 201 696 Geschäfte, die einen Umsatz von 39,7 Mrd. DM tätigten. An den entsprechenden Zahlen des Einzelhandels insgesamt gemessen waren das 45,9 % bzw. 33,1 %. Vgl. Stat. Bundesamt, Wiesbaden, Finanzen und Steuern, Reihe 7, Umsatzsteuer 1964, Stuttgart und Mainz 1966 (im folgenden als Umsatzsteuerstatistik 1964 zitiert), S. 11.

— die sogenannte „Mittelstandsdiskussion", die sich entzündete an dem Ausleseprozeß der leistungsschwächeren Handelsbetriebe, der für die Betroffenen häufig mit sozialen Härten verbunden ist

— das gewandelte Verhältnis zwischen Industrie (bzw. Produktionsstufe im weiteren Sinn) und Handel. Hier geht es um Machtverschiebungen zwischen den beiden Wirtschaftsstufen. Die Vorgänge im Nahrungsmittelhandel haben zu einer veränderten Nachfragestruktur geführt, wodurch die Verhandlungsposition des organisierten Nahrungsmittelhandels gegenüber der Produktionsstufe wesentlich gestärkt wurde

— das Verhalten der im Markt verbliebenen Unternehmer, d. h. das marktstrategische Vorgehen der Unternehmer der Poduktionsstufe einerseits sowie der Betriebsformen und Organisationsgruppen des Nahrungsmittelhandels andererseits.

Über die Vorgänge im Nahrungsmittelhandel existiert bereits ein umfangreiches Schrifttum. Seine Durchsicht zeigt indessen, daß spezielle Fragen (z. B. die Betriebsform der Freiwilligen Kette) häufig behandelt wurden, daß eine Gesamtanalyse aber fehlt.

Als Gegenstand der vorliegenden Arbeit wurde die Konzentration der Nachfrage im Nahrungsmittelhandel deshalb gewählt, weil sie eine charakteristische Erscheinung des Strukturwandels ist; sie spiegelt einerseits die Vorgänge der organisatorischen Umstrukturierungen im Nahrungsmittelhandel wider, andererseits zeigt sie die veränderte Position des Handels gegenüber der Produktionsstufe an.

Das große Interesse, welches Vertreter aus Wissenschaft und Praxis der Problematik des Themas entgegenbringen, hat das Zustandekommen der Arbeit wesentlich gefördert. In zahlreichen persönlichen Gesprächen konnte Einblick genommen werden in die Vielschichtigkeit der Ausstrahlungen struktureller Veränderungen, aber auch in ihre unterschiedliche Auslegung und Bewertung.

Es wurde versucht, die Vielfalt der Eindrücke und der Meinungen in ein neutrales Bild der Zusammenhänge umzusetzen.

II. Problemstellung und Abgrenzung der Thematik

Die Problemstellung ergibt sich aus der Zielsetzung der Arbeit: zunächst soll das Ausmaß der Nachfragekonzentration gemessen sowie die Art und Weise ihrer Organisation dargestellt werden. Anschließend soll der Versuch unternommen werden, die von der Nachfragekonzentration ausgehenden Wirkungen auf den Wettbewerb im Nahrungsmittelhandel sowie auf das Machtverhältnis zwischen Nahrungsmittelhandel und der korrespondierenden Produktionsstufe (Nahrungsmittelindustrie, Landwirtschaft) zu analysieren. Entsprechend dieser Zielsetzung wurde die Untersuchung in zwei Hauptteile untergliedert, in einen weitgehend empirisch-deskriptiv ausgerichteten Teil und einen analytischen Teil.

Innerhalb des ersten Hauptteils liegt die Problemstellung u. a. in der Suche nach einem Verfahren, mit dem es gelingen soll, die Veränderungsvorgänge nicht nur deskriptiv aufzuzeigen, sondern auch in Zahlen zu messen. Die Problemstellung des zweiten Hauptteils liegt u. a. in der Klarlegung der Art des Wettbewerbs im Nahrungsmittelhandel und in der Sichtbarmachung des realen Machtverhältnisses zur Produktionsstufe. Hierzu werden die neuesten in der Literatur anzutreffenden Erklärungsversuche herangezogen.

Die Zielsetzung der Arbeit erforderte eine enge Abgrenzung des Untersuchungsgegenstandes. Das Problem der Nachfragekonzentration soll im Bereich des funktionellen Nahrungsmittelhandels untersucht werden. Warum diese Abgrenzung für zweckmäßig gehalten wird, geht aus III 1. der Einführung hervor. Innerhalb des funktionellen Nahrungsmittelhandels unterscheidet man einen Fachhandel und einen Sortimentshandel. In dieser Arbeit interessiert in erster Linie der Sortimentshandel, denn die zu untersuchenden Konzentrationsvorgänge haben sich hauptsächlich in diesem Bereich abgespielt. Eine weitere Einengung erfährt das Thema durch seine Beschränkung auf die nationale Konzentration der Nachfrage im funktionellen Nahrungsmittelsortimentshandel. Entgegen einer häufig anzutreffenden Meinung spielt der internationale gemeinsame Einkauf erst eine geringe Rolle. Allerdings haben in allerjüngster Zeit verschiedene nationale Einkaufsorganisationen ihre Bemühungen zum gemeinsamen Einkauf und zur internationalen Kooperation intensiviert. Dieser Tendenz wurde durch Aufnahme eines Exkurses am Ende des ersten Hauptteils Rechnung getragen.

III. Terminologische Abgrenzungen

1. Funktioneller Nahrungsmittelhandel

Im absatzwirtschaftlichen Schrifttum ist ein funktioneller und ein institutioneller Handelsbegriff anzutreffen. Diese Unterscheidung ergibt sich auf Grund der unterschiedlichen Betrachtungsweise des Handels nach Institution und Funktion. So wird die Tätigkeit einer Unternehmung, die ausschließlich Handel treibt, in der Seyffertschen Terminologie daher zu den *nur*handeltreibenden Betrieben zählt[2], als institutionel-

[2] Vgl. Seyffert, Rudolf: Wirtschaftslehre des Handels, Köln und Opladen 1951, S. 7.

ler Handel verstanden, während die Handelstätigkeit einer Unternehmung, die neben dem „Austausch von Gütern zwischen Wirtschaftsgliedern“ andere Aufgaben (insbesondere die Produktionsaufgabe) erfüllt, als funktioneller Handel bezeichnet wird. Solche Betriebe nennt Seyffert *auch*handeltreibende Betriebe. Zu ihnen können z. B. Produktionsunternehmen, landwirtschaftliche Betriebe und Einkaufsgenossenschaften[3] zählen.

Wie zu zeigen sein wird, spielen im Nahrungsmittelhandel der Bundesrepublik Deutschland die *auch*handeltreibenden Betriebe eine wesentliche Rolle. Neben dem institutionellen Handel sind Produktionsunternehmungen und Konsumgenossenschaften im Handel mit Nahrungsmitteln tätig. Die wirtschaftlichen Vorgänge einzufangen gelingt daher nur, wenn eine funktionelle Betrachtungsweise angewendet wird.

Unter „funktionellem Nahrungsmittelhandel“ verstehen wir die Gesamtheit der Austauschvorgänge von Nahrungsmitteln zwischen den Wirtschaftsgliedern, gleichviel, ob diese Wirtschaftsglieder Handelsbetriebe im institutionellen Sinn sind oder neben anderen wirtschaftlichen Aufgaben den Austausch von Nahrungsmitteln betreiben.

2. Nachfragekonzentration

Es liegt nahe, mit dem Begriff „Nachfragekonzentration“ die Vorstellung einer Nachfrage zu verbinden, die der Produktion, d. h. dem industriellen und landwirtschaftlichen Angebot, in geballter Form gegenübertritt. Insofern deckt sich diese Auffassung mit der hier vertretenen. Darüber hinaus sollen mit diesem Begriff aber auch solche „Ballungsvorgänge“ der Nachfrage erfaßt werden, die sich zwischen den Handelsstufen abspielen. Im funktionellen Nahrungsmittelhandel haben sich vertikale Organisationsformen herausgebildet, deren institutionelle Glieder auf der Einzelhandelsstufe, der örtlichen Großhandelsstufe[4] und der Zentralgroßhandelsstufe[4] tätig sind. Straffheit und Marktstellung der einzelnen Organisationsformen sind eng verbunden mit dem Ausmaß der Einschaltung der Betriebe einer Handelsstufe in die Beschaffung der korrespondierenden Betriebe der nachgelagerten Handelsstufe. So sind z. B. die Konzentrierung des Einkaufs der Einzelhandelsgeschäfte

[3] „Die Einkaufsgenossenschaften sind deshalb als funktioneller Großhandel anzusprechen, da sie, zwar rechtlich selbständig, aber wirtschaftlich betrachtet integrierender Bestandteil der Mitgliederwirtschaften sind, indem sie für die Einzelhandelsstufe Funktionen auf Großhandelsebene übernehmen.“ Vgl. Ebert, Erhard: Die Einkaufsgenossenschaften des Einzelhandels in der Marktwirtschaft — ihr Verhältnis zu Wettbewerbsbeschränkungen, freiwilligen Ketten und institutionellem Großhandel, Diss. Frankfurt/Main, 1960, S. 91.

[4] Vgl. hierzu die Ausführungen über den Stufen-Aufbau des funktionellen Nahrungsmittelhandels, S. 24 f.

einer Freiwilligen Kette auf die Kettengroßhändler und die Konzentrierung des Einkaufs der Kettengroßhändler auf die Kettenzentrale — neben der absoluten Größe der Organisation — entscheidende Einflußfaktoren für die Marktstellung der betreffenden Freiwilligen Kette, und damit sind sie mitbestimmend für die Stärke der Verhandlungsposition der betreffenden Freiwilligen Kette gegenüber den Anbietern. Die Einkaufs- oder Auftragskonzentrationsvorgänge innerhalb der Wettbewerbsgruppen bestimmen die Konzentration der Nachfrage insgesamt, sie sollen im folgenden gleichfalls mit dem Begriff der Nachfragekonzentration erfaßt werden.

IV. Beurteilungsmaßstab

Die Beurteilung der Nachfragekonzentration im Nahrungsmittelhandel erscheint sinnvoll und zweckmäßig nur im Rahmen der Wirtschaftsordnung, in der wir leben und zu der wir uns bekennen. Das ist die Marktwirtschaft. Als oberstes Ziel strebt diese Wirtschaftsordnung die optimale Güterversorgung der Allgemeinheit bei gleichzeitiger Wahrung der individuellen Entscheidungsfreiheit der Verbraucher und der Unternehmer an. Der Marktwirtschaft immanent ist die Wettbewerbsordnung *(Eucken)*, die von der Wünschbarkeit eines möglichst intensiven und funktionsfähigen Leistungswettbewerbs bei freier Preisbildung ausgeht. Die wichtigsten Zielsetzungen der Marktwirtschaft sind neben der optimalen Güterversorgung die Sicherung von Vollbeschäftigung, Geldwertstabilität und gerechter Einkommensverteilung. Daneben existiert ein ganzes Bündel weiterer Zielsetzungen. Die Rangordnung der einzelnen Ziele wird von der Wirtschaftspolitik festgelegt.

Die Beurteilung der Nachfragekonzentration hat daher zweierlei Aspekte zu beachten: einmal sind ihre Auswirkungen auf die Konzeption des freien Leistungswettbewerbs festzustellen, zum anderen ist ihre Vereinbarkeit mit der gesetzten wirtschaftspolitischen Zielordnung zu prüfen.

Erster Hauptteil

Ausmaß und Organisation der Nachfragekonzentration

A. Die Konzentrationsvorgänge in institutioneller Darstellung

I. Die Konzentrationserscheinungen

Die Konzentrationsvorgänge, die sich seit der Währungsreform im Nahrungsmittelhandel der Bundesrepublik Deutschland abgespielt haben, äußern sich nicht nur in der Veränderung *eines* bestimmten ökonomischen Faktors dieses Wirtschaftsbereiches, sondern beeinflussen die breite Skala seiner wirtschaftlichen Größen. Es ist schwierig, die Konzentrationsvorgänge getrennt festzuhalten, denn sie sind in der Regel interdependent. Eine Konzentrationsart bedingt häufig eine zweite und beide können Voraussetzung für eine dritte sein.

Ganz allgemein läßt sich der Begriff der wirtschaftlichen Konzentration als „Ballung ökonomischer Größen"[1] definieren. Je nachdem, wo Ballungserscheinungen im ökonomischen Bereich[2] auftreten, spricht man von Betriebskonzentration (also der Ballung in örtlichen, technischen, Produktions- oder Dienstleistungseinheiten), Unternehmungskonzentration (der Ballung in rechtlich selbständigen Wirtschaftseinheiten, die auch mehrere Betriebe umfassen können), Umsatzkonzentration, Einkommenskonzentration, Vermögenskonzentration, Konzentration der Verfügungsmacht, räumlicher Konzentration, internationaler Konzentration usw.[3].

---

[1] Arndt, Helmut und Günter Ollenburg: „Begriff und Arten der Konzentration", in: Die Konzentration in der Wirtschaft. Herausgeg. von Helmut Arndt, 1. Band, Stand der Konzentration, Berlin 1960, S. 7.

[2] Vgl. Brandt, Karl: „Konzentration und wirtschaftliche Entwicklung", in: Die Konzentration in der Wirtschaft, a.a.O., 3. Band, Wirtschaftliche Wirkungen und Probleme der Konzentration, Berlin 1960, S. 1471 f.

[3] Vgl. Gerl, F.: „Die Konzentration in den der Landwirtschaft vor- und nachgelagerten Wirtschaftsstufen", in: Probleme der Angebotskonzentration landwirtschaftlicher Produkte. Heft 5 der Schriftenreihe des Raiffeisenverbandes Schleswig-Holstein und Hamburg e. V., Kiel 1964, S. 28.

Uns interessieren im folgenden nur solche Konzentrationsvorgänge, die im Hinblick auf die Konzentrierung der Nachfrage nach Nahrungsmitteln unmittelbar aussagefähig sind. Das ist in erster Linie die Unternehmungs- und Umsatzkonzentration.

II. Der Vorgang der Unternehmungs- und Umsatzkonzentration

Hauptquelle für die Darstellung der Unternehmungs- und Umsatzkonzentration im Handel ist die Umsatzsteuerstatistik des Statistischen Bundesamtes, Wiesbaden. Die in dieser amtlichen Statistik veröffentlichten Werte beziehen sich auf den institutionellen Warenhandel. Eine Erweiterung der institutionellen Betrachtungsweise liegt vor durch die Einbeziehung der Konsumgenossenschaften in den Einzelhandel sowie die Einbeziehung solcher Handwerksbetriebe, die im Schwergewicht ihrer wirtschaftlichen Betätigung Letztverbrauchergeschäfte betreiben. Außerdem wird der industrielle Absatz an Letztverbraucher dann als Einzelhandelstätigkeit miterfaßt, wenn die Absatzfunktion der Hersteller in rechtlich selbständige, aber wirtschaftlich abhängige Unternehmen ausgegliedert ist. Im Großhandel sind die Ein- und Verkaufsvereinigungen sowie der in rechtlich selbständige Unternehmen ausgegliederte Absatz von Industrieunternehmungen an Nicht-Letztverbraucher hinzugerechnet[1].

Von den in der Umsatzsteuerstatistik veröffentlichten Werten eignen sich zur Darstellung der Konzentrationsvorgänge die Zahl der umsatzsteuerpflichtigen Unternehmungen und die Umsätze. Wichtige Aufschlüsse ergeben sich durch die Aufteilung nach Umsatzgrößenklassen. Anhand dieser Angaben haben verschiedene Autoren versucht, die Unternehmungskonzentration im Handel nachzuweisen[2], wobei in der Regel darauf hingewiesen wird, daß im Vordergrund der Betrachtung der institutionelle Warenhandel steht, die Analyse von Konzentrations-

---

[1] Die Umsatzsteuerstatistiken wurden bis einschl. 1961 nach der Arbeitsstättensystematik 1950 aufbereitet, ab 1962 auf der Grundlage der erweiterten Systematik der Wirtschaftszweige 1961. Bei beiden Systematiken erfolgte beim Vorliegen von mehreren wirtschaftlichen Tätigkeiten die systematische Zuordnung nach dem Schwerpunkt-Prinzip, wobei der Befragte selbst das wirtschaftliche Schwergewicht anzugeben hatte. Dem subjektiven Ermessen blieb so ein großer Spielraum. Vgl. Einführung in die methodischen und systematischen Grundlagen der Arbeitsstättenzählung vom 13. 9. 1950, Stat. Bundesamt der Bundesrepublik Deutschland, Band 44, Stuttgart, Köln 1953, S. 9 ff. und Arbeitsstättenzählung vom 6. Juli 1961, Heft 1, Einführung in die methodischen und systematischen Grundlagen der nicht-landwirtschaftlichen Arbeitsstättenzählung, Stat. Bundesamt, Fachserie C, Unternehmen und Arbeitsstätten, Stuttgart/Mainz 1964, S. 8 ff.

[2] Den wohl bemerkenswertesten Beitrag lieferten Karl Banse und Rudi Gümbel, vgl. „Konzentration im Warenhandel“, in: Die Konzentration in der Wirtschaft, herausgeg. von Helmut Arndt, 1. Band: Stand der Konzentration, Berlin 1960, S. 333—387.

erscheinungen allerdings weiter ausgreifen muß, wenn das Phänomen in seiner Vielschichtigkeit richtig erkannt werden soll[3].

Unter Unternehmungskonzentration ist sinngemäß ein Vorgang zu verstehen, durch den eine gleiche wirtschaftliche Leistung durch eine kleinere Zahl von Unternehmungen oder eine größere wirtschaftliche Leistung durch eine gleichbleibende oder nicht proportional zur Leistungsmenge steigende Zahl von Unternehmungen erstellt wird[4]. Da die wirtschaftliche Leistung in unserem Zusammenhang nur am Umsatz gemessen wird, ist es nicht erforderlich, im folgenden isoliert auf die Umsatzkonzentration einzugehen, denn sie findet ihren Niederschlag in der Unternehmungskonzentration.

Auf Grund der Angaben der Umsatzsteuerstatistik läßt sich eine sogenannte „relative Unternehmungskonzentration" und eine sogenannte „absolute Unternehmungskonzentration" ermitteln.

Die *relative* Unternehmungskonzentration gibt an, in welcher Weise sich der Gesamtumsatz eines Wirtschaftszweiges auf die einzelnen Unternehmungen verteilt[5]. Eine geringe relative Unternehmungskonzentration liegt vor, wenn die Umsatzanteile der einzelnen Unternehmungen nicht wesentlich voneinander abweichen, eine starke relative Unternehmungskonzentration, wenn der Gesamtumsatz sehr ungleich auf die Unternehmen verteilt ist. Die relative Unternehmungskonzentration läßt sich nicht nur als ein bestehender *Zustand* erfassen, sondern auch als ein im Zeitablauf sich vollziehender *Prozeß*.

Eine fortschreitende relative Unternehmungskonzentration liegt vor, wenn in einem bestimmten Zeitraum (z. B. seit der Währungsreform bis heute) die Verteilung des Gesamtumsatzes auf die einzelnen Unternehmungen ungleicher wird. Von relativer Dekonzentration ist demzufolge zu sprechen, wenn die Verteilung gleichmäßiger wird. Die einzelnen Unternehmungen des betreffenden Wirtschaftszweiges werden bei der Messung der relativen Unternehmungskonzentration zweckmäßigerweise in Umsatzgrößenklassen zusammengefaßt. Hierdurch läßt sich das Ausmaß der Umverteilungen der Umsatzwerte und der Zahl der Unternehmungen in den einzelnen Umsatzgrößenklassen erkennen.

Unter *absoluter* Unternehmungskonzentration ist der Anteil der „Großunternehmungen" — ihrer Anzahl sowie der Höhe ihres Umsatzes nach — an den entsprechenden Gesamtwerten des Wirtschaftszweiges zu verstehen. Dabei taucht die Schwierigkeit der Determinierung des Begriffes „Großunternehmung" auf. Banse/Gümbel helfen sich, indem sie

---

[3] Vgl. Banse/Gümbel, a.a.O., S. 334.

[4] Vgl. Arndt, Helmut und Ollenburg, Günter: „Begriff und Arten der Konzentration", a.a.O., S. 26.

[5] Vgl. hierzu Gerl, F., a.a.O., S. 29 ff.

die Großunternehmungen durch die Annahme eines Mindestjahresumsatzes abgrenzen. Wie die beiden Autoren betonen, haftet diesem Vorgehen ein gewisses Maß von Willkür an, das aber nicht vermeidbar sei[6]. F. Gerl stellt in diesem Zusammenhang fest, daß es für die absolute Unternehmungskonzentration, als dem zu einem bestimmten Zeitpunkt bestehenden *Zustand*, bisher leider keine wirklich zufriedenstellende Begriffsbestimmung gibt. Diese müßte so gestaltet sein, daß der jeweilige Grad der absoluten Unternehmungskonzentration als Indiz für die mögliche Marktmacht (vgl. zu diesem Begriff die Ausführungen auf Seite 143 f.) der in einem bestimmten Wirtschaftszweig tätigen Unternehmen angesehen werden kann. Dieser Zielsetzung würde es wahrscheinlich am ehesten entsprechen, wenn man als Maß für die absolute Konzentration (als Zustand) einen Index schaffen würde, in dem sowohl der durchschnittliche relative Marktanteil je Unternehmen wie auch dessen absolute Größe zum Ausdruck kommt[7].

1. Die Konzentration im Nahrungsmitteleinzelhandel

Zwischen 1950 und 1964 läßt sich im Nahrungsmitteleinzelhandel der Bundesrepublik Deutschland eine bemerkenswerte relative und absolute Unternehmungskonzentration beobachten.

Die fortschreitende relative Unternehmungskonzentration geht aus Tab. 1 hervor. Innerhalb eines Zeitraumes von 14 Jahren ist die Verteilung des Gesamtumsatzes zunehmend ungleicher geworden. Während 1950 auf die Unternehmungen mit einem Jahresumsatz bis unter 250.000 DM noch rd. 77 % der Umsätze des gesamten Wirtschaftsbereichs entfielen, waren es 1960 knapp 60 %, im Jahre 1964 nur noch 36 %. In den übrigen Umsatzgrößenklassen fanden ähnliche Umverteilungen statt (s. Tab. 1, S. 18).

Die absolute Unternehmungskonzentration läßt sich aus Tab. 1 gleichfalls ablesen. Die Zahl der „Großunternehmungen" mit einem Jahresumsatz von 10 Mill. DM und mehr ist im Betrachtungszeitraum anteilsmäßig an dem Gesamtwert der Branche fortschreitend gestiegen, ebenso der Umsatzanteil. Die gleiche Aussage trifft für die Unternehmungen der Größenklassen 1 Mill. DM bis unter 10 Mill. DM Jahresumsatz und 250.000 DM bis unter 1 Mill. DM Jahresumsatz zu.

Zwischen 1950 und heute hat also im Nahrungsmitteleinzelhandel eine Entwicklung stattgefunden, welche die Großunternehmungen deutlich bevorzugte. Von 1950 auf 1965 haben sich die Umsätze im Nahrungsmit-

---

[6] Vgl. Banse/Gümbel, a.a.O., S. 336.
[7] Vgl. Gerl, F., a.a.O., S. 30.

Tabelle 1

Unternehmungen und Umsätze des Nahrungsmitteleinzelhandels nach Umsatzgrößenklassen in den Jahren 1950, 1960 und 1964

(in %)

Unternehmungen mit einem Jahresumsatz von ... DM	Unternehmungen			Umsätze		
	1950	1960	1964	1950	1960	1964
bis unter 250 000	98,6	92,5	85,5	76,8	59,4	36,4
250 000—unter 1 Mill.	1,2	7,1	13,5	9,2	21,8	23,5
1 Mill.—unter 10 Mill.	0,2	0,4	0,9	7,7	5,8	21,2
10 Mill. und mehr	0,0..	0,0..	0,1	6,3	13,0	18,9
Nahrungsmitteleinzelhandel insgesamt	100,0	100,0	100,0	100,0	100,0	100,0

Quelle: Umsatzsteuerstatistiken des Stat. Bundesamtes, Wiesbaden, für die Jahre 1950, 1960 und 1964.

teleinzelhandel mehr als verdreifacht. Sie erreichten im Jahre 1965 eine Höhe von gut 45 Mrd. DM, einschließlich der Handelsumsätze des Bäcker- und Fleischerhandwerks sogar eine solche von 65 Mrd. DM. An dieser starken Umsatzausweitung konnten die Unternehmungen der unteren Umsatzgrößenklassen nicht in dem Maße partizipieren wie diejenigen der höchsten Umsatzgrößenklassen. Determiniert man einmal die Großunternehmung als eine solche mit einem Jahresumsatz von 1 Mill. DM und mehr, so läßt sich der absolute Konzentrationsvorgang für die Jahre 1963 bis 1965 anhand der Umsatzrepräsentativstatistiken des Stat. Bundesamtes deutlich verfolgen:

Tabelle 2

Entwicklung der Umsätze der Unternehmungen des Nahrungsmitteleinzelhandels nach Unternehmensgrößen

(Zunahme gegenüber Vorjahr in %)

Jahr	Unternehmungen mit Umsätzen von	
	unter 1 Mill. DM	1 Mill. DM und mehr
1963	+ 4	+ 7
1964	+ 4	+ 7
1965	+ 6	+ 14

Quelle: Stat. Bundesamt, Repräsentativstatistiken.

Tab. 2 zeigt, daß die umsatzstärkeren Unternehmungen ihre Umsätze wesentlich kräftiger ausweiten konnten als die kleineren Unternehmungen. Für das Ausmaß des Wachstums spielte die Unternehmungsgröße also eine entscheidende Rolle.

Zu den dargestellten Verschiebungen innerhalb der Umsatzgrößenklassen ist kritisch zu bemerken, daß sie nicht ausschließlich als eine Folge der Konzentration anzusehen sind. In ihnen spiegelt sich auch die Tatsache wider, daß kleine und mittlere Unternehmungen auf Grund des allgemeinen wirtschaftlichen Wachstums in höhere Größenklassen aufgerückt sind. Das zur Verfügung stehende statistische Material läßt eine zuverlässige Ausgliederung dieser normalen Verschiebungen nicht zu[8]. Grundsätzlich ändert diese Einschränkung an der festgestellten Tendenz des stärkeren Umsatzwachstums der größeren Betriebe auf Grund von Konzentrationsvorgängen jedoch nichts.

2. Die Konzentration im Nahrungsmittelgroßhandel

Im Nahrungsmittelgroßhandel war die Unternehmungskonzentration zwischen 1950 und 1964 noch stärker als im Nahrungsmitteleinzelhandel. Sowohl die Umverteilung des Gesamtumsatzes auf die einzelnen Umsatzgrößenklassen, also die relative Unternehmungskonzentration, als auch der Anteil der Großunternehmungen (mit einem Jahresumsatz von

Tabelle 3

Unternehmungen und Umsätze des Nahrungsmittelgroßhandels nach Umsatzgrößenklassen in den Jahren 1950, 1960 und 1964

(in %)

Unternehmungen mit einem Jahresumsatz von ... DM	Unternehmungen			Umsätze		
	1950	1960	1964	1950	1960	1964
bis unter 5 Mill.	99,3	97,3	94,9	77,3	56,4	40,1
5 Mill.—unter 10 Mill.	0,5	1,7	2,6	8,8	13,4	11,8
10 Mill. und mehr	0,2	1,0	2,5	13,9	30,2	48,1
Nahrungsmittelgroßhandel insgesamt	100,0	100,0	100,0	100,0	100,0	100,0

Quelle: Umsatzsteuerstatistiken des Stat. Bundesamtes, Wiesbaden, für die Jahre 1950, 1960 und 1964.

[8] Neben dem Wachstum der Umsätze sind von Einfluß auch die Verschiebungen im wirtschaftlichen Schwerpunkt der Unternehmungen sowie unterschiedliche Preisentwicklungen; beide Einflußfaktoren können jedoch in unserem Zusammenhang vernachlässigt werden.

10 Mill. DM und mehr) an Gesamtzahl und Gesamtumsatz, also die absolute Unternehmungskonzentration, sind fortschreitend größer geworden.

In der Umsatzgrößenklasse „5 Mill. DM bis unter 10 Mill. DM", in der die Unternehmungskonzentration isoliert ebenfalls gut beobachtet werden kann, ist der Umsatzanteil der Unternehmungen zwischen 1960 und 1964 von 13,4 % auf 11,8 % zurückgegangen, der Anteil der Unternehmungen an der Gesamtzahl aller Unternehmungen der Branche dagegen gestiegen. Hier liegt vermutlich der Fall vor, daß einige Unternehmungen von 1960 bis 1964 in die Umsatzgrößenklasse „10 Mill. DM und mehr" aufgestiegen sind und das Umsatzgewicht, das sie in ihrer ehemaligen Umsatzgrößenklasse hatten, nicht erreicht werden konnte von den Unternehmungen, die neu in diese Klasse aufgerückt sind, obwohl deren Zahl höher lag als die der ausgeschiedenen Unternehmungen. Die Umsatzsteuerstatistik ist leider nicht so weit aufgeschlüsselt, daß eine exakte Quantifizierung dieser Vorgänge möglich wäre.

Verfolgt man das Wachstum der Großhandelsumsätze, so zeigt sich, wie bereits im Nahrungsmitteleinzelhandel, daß für das Ausmaß des Wachstums der einzelnen Unternehmungen die Unternehmungsgröße eine maßgebliche Rolle gespielt hat. Die Wachstumsdiskrepanzen zwischen den kleineren Unternehmungen und den Großunternehmungen sind im Nahrungsmittelgroßhandel noch erheblich stärker als im Nahrungsmitteleinzelhandel. Tab. 4 gibt einen Überblick über das Umsatzwachstum innerhalb von Fünf- bzw. Vierjahreszeiträumen der Unternehmungen mit Jahresumsätzen unter fünf Mill. DM und der Unternehmungen mit Jahresumsätzen von über 5 Mill. DM.

Tabelle 4

Entwicklung der Umsätze der Unternehmungen des Nahrungsmittelgroßhandels nach Unternehmungsgrößen

(Zunahme gegenüber angegebenem Vorjahr in %)

Jahr	Unternehmungen mit Umsätzen von	
	unter 5 Mill. DM	5 Mill. DM und mehr
1950	—	—
1955	+ 34,4	+ 113,0
1960	+ 33,0	+ 120,7
1964	+ 14,4	+ 120,5

Quelle: Umsatzsteuerstatistiken des Stat. Bundesamtes, Wiesbaden, für die Jahre 1950, 1960 und 1964.

Nicht nur das sehr starke Auseinanderklaffen im Umsatzwachstum der kleineren und der größeren Unternehmungen ist aus Tab. 4 ersichtlich, sondern auch die Tatsache, daß die Wachstumsdiskrepanzen zunehmend stärker geworden sind. Zwischen 1950 und 1955 hatten die Unternehmungen mit einem Jahresumsatz von unter 5 Mill. DM eine durchschnittliche jährliche Umsatzwachstumsrate von 6,9 %, die größeren Unternehmungen eine solche von 22,6 %. Zwischen 1955 und 1960 betrugen die durchschnittlichen Zuwachsraten 6,6 % und 24,1 %. Bedeutet bereits diese Entwicklung ein spürbares Zurückbleiben der kleineren Unternehmungen, so wird die Wachstumsdiskrepanz zwischen 1960 und 1964 noch krasser. Die durchschnittliche Jahreszuwachsrate der kleineren Unternehmungen betrug in diesem Zeitraum nur 3,8 %, diejenige der größeren Unternehmungen dagegen 30,1 %!

III. Erkenntnis und Grenzen der institutionellen Darstellungsweise im Hinblick auf die Nachfragekonzentration

Die soeben anhand der Ergebnisse der Umsatzsteuerstatistiken dargestellte Konzentration im Nahrungsmittelhandel ist in einer weitgehend institutionellen Betrachtungsweise gesehen. Zwangsläufig mußte eine getrennte Behandlung der Konzentrationsvorgänge auf der Einzelhandelsstufe und auf der Großhandelsstufe erfolgen.

Es wurde festgestellt, daß sowohl im Nahrungsmitteleinzelhandel als auch im Nahrungsmittelgroßhandel die relative und die absolute Unternehmungskonzentration zugenommen hat, daß der Anteil der höheren Umsatzgrößenklassen am Gesamtumsatz einerseits sowie der Anteil der Großunternehmungen an der Zahl aller Unternehmungen und am Gesamtumsatz andererseits gestiegen ist. Dieses Ergebnis führt — im Hinblick auf die Themenstellung — zu der Erkenntnis, daß im Betrachtungszeitraum eine Konzentrierung der Nachfrage auf eine geringere Zahl von Unternehmungen stattgefunden hat, die im Großhandel noch stärker war als im Einzelhandel. Anhand der Umsatzsteuerstatistik wäre es zusätzlich noch möglich, die Unternehmungskonzentration in den einzelnen Fachbranchen des Nahrungsmittelhandels festzustellen, jedoch wiederum nur getrennt nach Groß- und Einzelhandel. Auf diese Darstellung soll verzichtet werden, da sie im Hinblick auf die Themenstellung keine zusätzlichen Erkenntnisse bringen würde. Die uns interessierenden Vorgänge der Nachfragekonzentrierung spielen sich im wesentlichen im Bereich des Nahrungsmittelsortimentshandels ab.

Die Erkenntnis, daß im Nahrungsmittelhandel eine Ballung der Nachfrage stattgefunden hat, führt zu der Frage nach der Organisation der Nachfragekonzentration, nach ihrem Ausmaß und nach ihren Auswirkungen. Vom Standpunkt der Angebotsseite, also der Nahrungsmittelindustrie und der Landwirtschaft, interessiert es, in welchen Größenordnungen die Nachfragekonzentration auftritt, welche Marktmacht sich hinter den Organisationsformen der Nachfragekonzentration verbirgt und wie die Marktanteile auf der Nachfrageseite verteilt sind. Bei der Beantwortung dieses Fragenbündels hilft die institutionelle Methode nicht weiter, da sie wirtschaftlich zusammenhängende Vorgänge nach Einzelhandelsstufe und Großhandelsstufe isoliert behandelt, wobei neben den institutionellen Handelsunternehmungen andere „Absatzmittler" weitgehend außer acht bleiben. Hinzu kommen, da sich die institutionelle Methode in einer Globalanalyse des Lebensmittelmarktes auf die Umsatzsteuerstatistik stützen muß, die Nachteile dieser Hauptinformationsquelle: die Umsatzsteuerstatistik ist nicht nach Kriterien untergliedert, die dazu geeignet wären, den komplexen Vorgang der Nachfragekonzentrierung zu erhellen (Solche Kriterien wären z. B. Betriebsformen, Organisationstypen).

G. Fürst, Präsident des Stat. Bundesamtes, zieht aus dem „etwas mager erscheinenden Ergebnis" der Auswertung der amtlichen Statistik im Hinblick auf die Konzentration zwei Schlußfolgerungen: „Die erste Folgerung ist, daß zukünftig statistische Erhebungen von Anfang an — bei der Erhebung und Aufbereitung — besser den Bedürfnissen des Nachweises der Konzentrationsvorgänge angepaßt werden sollten. Die zweite Folgerung ist, daß die Statistik bei der Durchleuchtung so komplexer Vorgänge, wie sie die Konzentration darstellt, nicht überfordert werden darf, da ein wesentlicher Teil dieser Vorgänge sich nicht im Bild der Statistik niederschlagen kann. Soweit sie sich im Zahlenbild wirklich auswirken, können sie meistens nicht quantitativ auf bestimmte Ursachen zurückgeführt werden, weil ein statistisch nicht durchschaubarer Ursachenkomplex wirksam ist. Zusätzlich zur Statistik wird das Mittel der Enquête eingesetzt werden müssen, wenn man ein vollständiges Bild des Standes der Konzentration ... erreichen will"[1].

B. Die Konzentrationsvorgänge in funktioneller Darstellung

Im Schrifttum finden sich einige instruktive Arbeiten über den Strukturwandel im Einzelhandel, wobei auch die strukturellen Veränderungen im Nahrungsmittelhandel mitbehandelt sind, zum Teil sogar im Vordergrund stehen. Untersucht man die Arbeiten nach ihrem methodischen Standort, so ist vielfach kein eindeutiges Vorgehen nach funktionellen oder institutionellen Kriterien zu erkennen. Je nach Zielsetzung der Un-

[1] Fürst, Gerhard: „Konzentration der Betriebe und Unternehmungen", in: Die Konzentration in der Wirtschaft, herausgeg. von Helmut Arndt, 1. Band, a.a.O., S. 177.

tersuchungen überschneiden sich diese Betrachtungsweisen in stärkerem oder schwächerem Maße. Häufig wird ein Organisationstyp herausgegriffen[1], um an ihm in repräsentativer Weise den Strukturwandel zu demonstrieren, eine Gesamtbetrachtung aller Organisationsformen des Lebensmittelmarktes aber fehlt. Die vorliegenden Arbeiten bedienen sich neben der Hauptquelle „Umsatzsteuerstatistik" in der Regel weiterer, zum großen Teil nichtamtlicher Quellen. Es handelt sich dabei u. a. um Verbandsveröffentlichungen, um die Jahresberichte der Einkaufsgenossenschaften, die Jahrbücher des deutschen Genossenschaftsverbandes, die Jahrbücher des Zentralverbandes Deutscher Konsumgenossenschaften, die Geschäftsberichte der Arbeitsgemeinschaft der Lebensmittelfilialbetriebe, die laufende Handwerksberichterstattung des Stat. Bundesamtes (Fachserie D, Reihe 7), Geschäftsberichte der Freiwilligen Ketten, den Handelszensus von 1960 sowie die Konzentrationsenquête des Bundesamtes für gewerbliche Wirtschaft.

Die im folgenden zu entwickelnde funktionelle Darstellungsweise der Konzentrationsvorgänge bedient sich ebenfalls dieser Informationsquellen und verarbeitet auch die Erkenntnisse der erwähnten Einzeluntersuchungen.

I. Die Methode der funktionellen Darstellungsweise

1. Die Grundgedanken der funktionellen Methode

Die funktionelle Darstellungsweise geht von dem Gedanken aus, die Warenprozesse möglichst von der Produktion bis zum Verbrauch und die mit den Warenprozessen zusammenhängenden Vorgänge der Einkaufskonzentrierung vom Verbrauch bis zur Produktion zu verfolgen. Hierbei sind alle Unternehmungen zu erfassen, die in die Warenprozesse eingeschaltet sind, seien es *nur*handeltreibende oder *auch*handeltreibende Wirtschaftsunternehmungen.

Die Marktvorgänge der Warenprozesse und der Einkaufskonzentrationsprozesse werden so gesehen und verfolgt, wie sie sich in der Wirtschaftspraxis abspielen. Das erfordert die deskriptive Darstellung der vertikalen Zusammenhänge innerhalb der Organisations- bzw. Betriebsformen, die in der Wirtschaftswirklichkeit vorkommen. Ergänzt wird die Darstellung der vertikalen Zusammenhänge durch eine Darstellung der horizontalen Zusammenhänge, die in der Wirtschaftspraxis zwischen den „Warenumschlagsorganisationen" der einzelnen Organisations- und Betriebsformen bestehen. Die horizontale Darstellung gibt Auskunft über die Marktform, in der sich ein bestimmter Marktteilnehmer befindet, sowie über seinen Marktanteil.

---

[1] Bevorzugt die Betriebsform der Freiwilligen Kette.

Wesentliche Voraussetzung und Arbeitsgrundlage der funktionellen Darstellungsmethode ist die Entwicklung eines Marktablaufschemas, das möglichst alle Warenumschlagsinstitutionen des betreffenden Marktes erfassen und in ihrer vertikalen und horizontalen Einordnung in das Marktgeschehen darstellen muß. Wünschenswert wäre eine völlige Kongruenz zwischen den tatsächlich vorgefundenen Verhältnissen und dem Modellschema. Da sich die Realität im Zeitablauf verändert, hat ein einmal aufgestelltes Marktablaufschema allenfalls eine begrenzte zeitraumbezogene Gültigkeit, im strengen Sinn ist seine Gültigkeit zeitpunktbezogen[1].

Die Vorzüge der funktionellen Darstellungsweise ergeben sich aus der Vermeidung der Nachteile der institutionellen Methode: Die Marktvorgänge werden so gesehen, wie sie sich in der Wirtschaftspraxis abspielen. Ihre schematische und zahlenmäßige (marktanteilsmäßige) Darstellung wird durch einen deskriptiven Teil ergänzt, dem die Aufgabe obliegt, die quantitativen Angaben des Marktablaufschemas zu interpretieren, d. h. diejenigen Vorgänge in beschreibender Form zur Darstellung zu bringen, die letztlich zu der Nachfragekonzentration führen. Der deskriptive Teil dringt damit in die Sphäre der Unternehmenspolitik ein und beschäftigt sich mit dem Ursachenkomplex, auf den die konzentrationsfördernde unternehmerische Verhaltensweise zurückzuführen ist. Die quantitativen Angaben des Marktablaufschemas werden auf diese Weise durch qualitative Aussagen erklärt.

Damit erfüllt die funktionelle Darstellungsweise die Forderung von G. Fürst[2] nach Ergänzung der Statistik durch das Mittel der Enquête.

2. Stufenaufbau und Marktablaufschema des Nahrungsmittelhandels

Das auf der folgenden Seite dargestellte Marktablaufschema des funktionellen Nahrungsmittelhandels wurde deshalb als „Stufenaufbau des funktionellen Nahrungsmittelhandels“ bezeichnet, weil die horizontale Einordnung der konkurrierenden „Warenumschlagsinstitutionen“ innerhalb ihrer relevanten Marktformen gesehen werden soll und weil die Stufenbetrachtung einen guten Gesamtüberblick über die Konzentration der Nachfrage vermittelt. Würde man einer Betrachtungsweise den Vorrang geben, die auf die vertikale Einordnung der „Warenumschlagsinstitutio-

[1] Der nachfolgend dargestellte Stufenaufbau des funktionellen Nahrungsmittelhandels spiegelt die realen Verhältnisse wider, wie sie etwa seit Mitte der 50er Jahre in der Bundesrepublik Deutschland vorliegen. Wir beschränken die Aussagegültigkeit des Ablaufschemas bewußt auf den Zeitraum zwischen 1957 und 1964, da für diese Zeitspanne auf Grund des vorgefundenen statistischen Quellenmaterials eine hinreichende Quantifizierung gelingt.

[2] Vgl. S. 22.

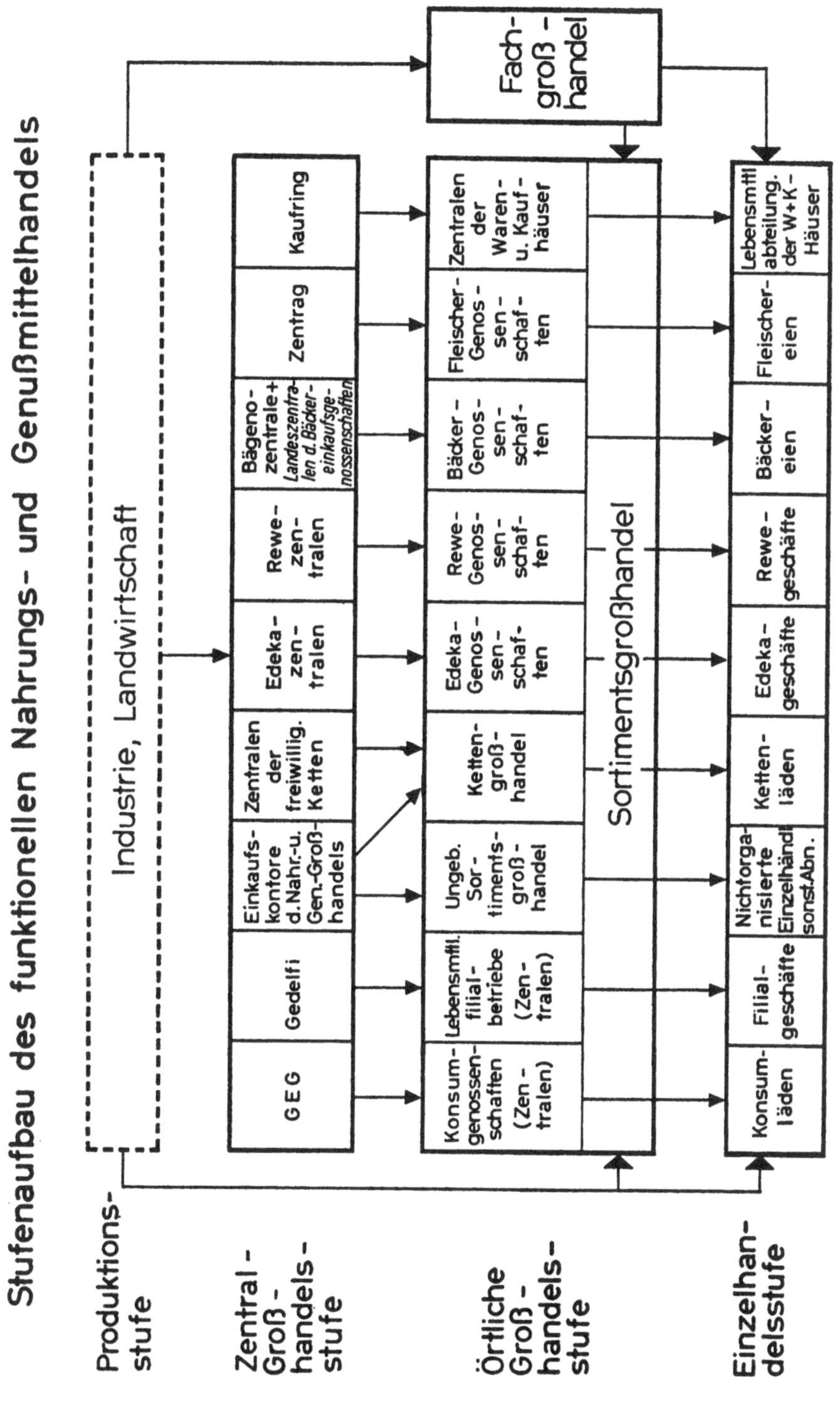
Stufenaufbau des funktionellen Nahrungs- und Genußmittelhandels
Produktions- stufe
Industrie, Landwirtschaft
Fach- groß - handel
Zentral - Groß - handels - stufe
GEG
Gedelfi
Einkaufs- kontore d. Nahr.-u. Gen.-Groß- handels
Zentralen der freiwillig. Ketten
Edeka- zen- tralen
Rewe- zen- tralen
Bägeno- zentrale+ Landeszentra- len d. Bäcker- einkaufsge- nossenschaften
Zentrag
Kaufring
Örtliche Groß - handels- stufe
Konsum- genossen- schaften (Zen - tralen)
Lebensmittl. filial- betriebe (Zen- tralen)
Ungeb. Sor- timents- groß - handel
Ketten- groß- handel
Edeka- Genos - sen - schaf- ten
Rewe- Genos- sen- schaf- ten
Bäcker - Genos- sen - schaf- ten
Fleischer - Genos - sen - schaf - ten
Zentralen der Waren - u. Kauf - häuser
Sortimentsgroßhandel
Einzelhan- delsstufe
Konsum- läden
Filial- geschäfte
Nichtorga- nisierte Einzelhändl sonst.Abn.
Ketten- läden
Edeka - geschäfte
Rewe - geschäfte
Bäcker - eien
Fleischer- eien
Lebensmttl abteilung. der W+K - Häuser

Abbildung 1

nen“ in die relevanten Organisationsformen abstellt, so müßte die Bezeichnung des Marktablaufschemas „Organisationsaufbau des funktionellen Nahrungsmittelhandels“ lauten. Es sei nochmals betont, daß beide Betrachtungsweisen sich in der funktionellen Darstellungsmethode ergänzen.

Die schematische Darstellung des Stufenaufbaues zeigt eine Produktionsstufe, eine Zentralgroßhandelsstufe, eine örtliche Großhandelsstufe und eine Einzelhandelsstufe. Innerhalb der örtlichen Großhandelsstufe ist unterschieden in Fachgroßhandel und Sortimentsgroßhandel. Die Pfeile zeigen die denkbaren Absatzwege an, gleichzeitig aber auch — läßt man die peripheren Pfeile des Schemas unberücksichtigt — die vertikalen Organisationsformen des Lebensmittelmarktes, denen unser Interesse gilt. Verfolgt man die Pfeile in umgekehrter Richtung, so zeigt das Schema alle Möglichkeiten der Einkaufskonzentrierung auf, die den einzelnen Marktteilnehmern offen stehen.

II. Die horizontale Darstellung des Stufenaufbaues

1. Die Produktionsstufe

Die Behandlung der Produktionsstufe im Rahmen des Marktablaufschemas des funktionellen Nahrungsmittelhandels dient dazu, einen Überblick über die Angebotsseite zu bekommen und, soweit erkennbar, die Konzentration des Angebots aufzuzeigen. Die Betrachtung beschränkt sich auf Anbieter, die für die Konzentrationsformen des Nahrungsmittelsortimentshandels von Interesse sind. Sie gehören in erster Linie der Ernährungsindustrie an.

a) Die Ernährungsindustrie

Die westdeutsche Ernährungsindustrie ist insgesamt betrachtet — und das wird in der wirtschaftspolitischen Diskussion um die Auswirkungen der Nachfragekonzentration von Seiten der Industrie herausgestellt — mittelständisch strukturiert[1]. Sie setzt sich aus 25 Fachzweigen zusammen. Im Jahre 1964 waren in der Ernährungsindustrie 6557 (1957: 6545[2a]) Betriebe mit mehr als 10 Beschäftigten tätig, die einen Umsatz von 41 Mrd. DM (1957: 25 Mrd. DM) erzielten. Darüber hinaus existierte beinahe eine gleichhohe Zahl von Betrieben mit weniger als 10 Beschäftigten, auf die ein vergleichsweise sehr geringer Gesamtumsatz entfiel.

---

[1] Heinicke spricht von einer „ausgesprochen mittelständischen Struktur“ dieses Industriezweiges. Vgl. Heinicke, Bärbel: Nahrungs- und Genußmittelindustrie. Struktur und Wachstum, Reihe Industrie, Heft 4, Ifo-Institut für Wirtschaftsforschung, Berlin/München 1964, S. 134.

[2a] Ohne Saarland und Westberlin.

Tabelle 5

Betriebe, Umsätze und Beschäftigte der westdeutschen Ernährungsindustrie nach Fachzweigen 1964[a]

Lfd. Nr.	Fachzweig	Anzahl d. Betriebe im Monats- durchschn.	Gesamt- umsatz in Mill. DM	Beschäf- tigte im Monats- durchschn.
1	Molkereien und Käsereien	1 678	6 009	42 280
2	Brauereien	849	5 832	90 134
3	Fleischverarbeitende Industrie	333	3 417	36 009
4	Süßwarenindustrie	439	3 342	69 752
5	Mühlenindustrie	238	2 757	14 551
6	Kaffee und Tee verarbeitende Industrie	166	2 697	16 579
7	Futtermittelindustrie	203	2 309	11 492
8	Zuckerindustrie	74	2 098	15 519
9	Spirituosenindustrie	377	2 110	14 911
10	Nährmittelindustrie	153	1 383	21 729
11	Dauermilch-, Schmelzkäse und Kaseinwerke	84	1 215	11 717
12	Obst- und Gemüse verarbeitende Industrie	488	1 286	26 364
13	Margarine-Industrie	37	1 394	11 227
14	Ölmühlenindustrie	24	1 215	6 087
15	Brotindustrie	350	1 070	25 148
16	Mineralbrunnen-, Mineralwasser- und Limonaden-industrie	453	1 074	26 777
17	Fischverarbeitende Industrie	172	579	12 706
18	Weinverarbeitende Industrie	76	477	5 312
19	Stärke- und Kartoffeltrocknungsindustrie	32	395	6 134
20	Sonst. Erzeugnisse der Ernährungsindustrie	144	425	7 737
21	Mälzereien	94	231	2 630
22	Alkoholbrennereien und Spiritusreinigungsanstalten	41	201	3 695
23	Kaffeemittelindustrie	18	140	2 032
24	Talgschmelzen und Schmalzsiedereien	18	47	525
25	Eisgewinnung	16	6	281
	Insgesamt	6 557	41 709	480 328

[a] Ohne Betriebe mit weniger als 10 Beschäftigten.

Quelle: Stat. Bundesamt, Fachserie D, Industrie und Handwerk, Reihe 1, Beschäftigte und Umsatz, 1964.

Tab. 5 gibt einen Überblick über die Fachzweige der Ernährungsindustrie sowie über die Betriebe mit mehr als 10 Beschäftigten.

Im Branchendurchschnitt läßt sich anhand der amtlichen Statistik (Industriestatistik, Umsatzsteuerstatistik) seit 1950 in der Ernährungsindustrie ein nur schwacher Prozeß der Angebotskonzentration nachweisen. Für die Jahre 1950 und 1957 stellt Sieber[2] unter Zuhilfenahme des amtlichen Unterlagenmaterials fest, daß die Ernährungsindustrie im Vergleich zur gesamten westdeutschen Industrie einen nur durchschnittlichen Konzentrationsgrad aufweist[3]. Auch innerhalb des uns interessierenden Betrachtungszeitraumes zwischen 1957 und 1964 lassen sich, wie Tab. 6 zeigt, keine außergewöhnlichen Konzentrationsprozesse für den Gesamtbereich der Ernährungsindustrie nachweisen. Die Verschiebungen innerhalb der einzelnen Beschäftigungsgrößenklassen sind zum Teil auf das konjunkturelle Wachstum des Industriebereichs zurückzuführen. Die zweifelsohne stattgefundenen Konzentrationsbewegungen lassen sich nicht getrennt nachweisen.

Geht man von einer Durchschnittsbetrachtung der Ernährungsindustrie über zu einer isolierten Betrachtung ihrer 25 Fachzweige, so zeigt sich, daß neben kleinbetrieblich strukturierten Zweigen solche anzutreffen sind, in denen nur wenige Großunternehmungen den Markt beherrschen. Von Mittelständischkeit, besser: von kleinbetrieblicher Struktur, kann in diesen Branchen nicht die Rede sein.

Es ist sehr schwer, ein einigermaßen genaues branchendifferenziertes Bild der Marktverhältnisse in der Ernährungsindustrie zu zeichnen, da einmal die amtliche Statistik kaum weiterhilft, zum anderen die Unternehmungen große Zurückhaltung bei der Offenlegung ihrer Marktpositionen wahren.

Soweit es anhand des vorgefundenen Materials[4] möglich war, soll im folgenden ein — wenn auch unvollständiger — Überblick über marktbeherrschende oder marktstarke Unternehmen der Ernährungsindustrie gegeben werden. Uns kommt es darauf an aufzuzeigen, daß der Konzen-

---

[2] Sieber, Günther: „Die betriebliche Konzentration in der westdeutschen Industrie", in: WWI-Mitteilungen, Köln, Jahrgang 12 (1959), S. 195 f. und „Unternehmensgrößen und Unternehmenskonzentration in der westdeutschen Industrie", in: WWI-Mitteilungen, Köln, Jahrgang 13 (1960), S. 36 f.

[3] Sieber vergleicht die Bedeutung der Großbetriebe und Großunternehmungen an der Gesamtheit der vom Statistischen Bundesamt statistisch erfaßten Betriebe und Unternehmungen zu verschiedenen Zeitpunkten miteinander, wobei er unter Betriebskonzentration (Unternehmenskonzentration) den prozentualen Anteil der Beschäftigten (des Gesamtumsatzes) versteht, der auf die 10 % der Betriebe (Unternehmen) mit der höchsten Beschäftigtenziffer) entfällt.

[4] Geschäftsberichte, Firmenporträts, Zeitungsnotizen, Verbandsmitteilungen sowie persönliche Ermittlungen.

Tabelle 6: **Die Konzentration in der Ernährungsindustrie zwischen 1957 und 1964 (Entwicklung der Zahl der Betriebe und der Umsätze in 7 Beschäftigtengrößenklassen)**

(Betriebe und Beschäftigte jeweils Ende September, Umsatz im September)

Merkmal		Anzahl und Umsatz der Betriebe mit .... Beschäftigten							
		insgesamt	1—9	10 - 49	50—99	100—199	200—499	500—999	1000 und mehr
Betriebe (Anzahl)	1957	13941	8335	3795	886	519	296	82	27
	1964	12966	7099	3644	1097	589	402	102	33
Umsatz (Mill. DM)	1957	2249,2	153,3	453,7	279,3	341,2	480,5	328,6	212,6
	1964	3802,6	194,6	616,6	545,8	569,6	973,5	521,3	381,2
		- in % -							
Betriebe	1957	100	59,8	27,2	6,4	3,7	2,1	0,6	0,2
	1964	100	54,8	28,1	8,5	4,5	3,1	0,8	0,2
Umsatz	1957	100	6,8	20,2	12,4	15,2	21,4	14,6	9,4
	1964	100	5,1	16,2	14,4	15,0	25,6	13,7	10,0

Quelle: Statistisches Bundesamt, Wiesbaden, Industrie und Handwerk, Fachserie D, Reihe 4 (Sonderbeiträge zur Industriestatistik) 1957 und 1964.

trationsgrad, und mit ihm die Angebotskonzentration, in einigen Fachzweigen und auf einigen Produktmärkten der Ernährungsindustrie einen sehr hohen Stand aufweist. Aus dieser Tatsache ist zu folgern, daß die Diskussion um die Auswirkungen der Nachfragekonzentration auf die Ernährungsindustrie nicht nur auf eine Durchschnittsbetrachtung der Angebotsseite, bei der die „mittelständische Struktur" der Ernährungsindustrie eine tragende Rolle spielt, beschränkt bleiben darf.

Die umsatzstärkste Unternehmung der deutschen Ernährungsindustrie ist die Margarine-Union GmbH, Hamburg, eine Tochter der deutschen Unilever-Gruppe[5]. Im Jahre 1966 tätigte sie einen Umsatz von 1 040 Mill. DM (1964: 935 Mill.); mit einem Anteil von rd. 70 % an den westdeutschen Margarine-Verkäufen beherrscht sie den Margarine-Markt.

Mehrere Tochtergesellschaften der Margarine-Union GmbH beherrschen den Absatzmarkt der Ölmühlenindustrie. In der Sparte „Öle und Kuchen" erzielten die Unilever-Unternehmungen im Jahre 1966 zusammen einen Umsatz von 1,4 Mrd. DM (1964: 1,2 Mrd. DM)[6].

Auf den Absatzmärkten der fischverarbeitenden Industrie nimmt die ebenfalls zum Unilever-Konzern gehörende „Nordsee", Deutsche Hochseefischerei GmbH, eine sehr starke Position ein[7]. Im Jahre 1964 war die „Nordsee" mit 37 % an der Produktion seegesalzener Ware und mit 17,5 % an der Produktion seegefrosteter Ware beteiligt. Das Unternehmen, dessen Fangflotte etwa ein Fünftel der Tonnage der gesamten deutschen Fischereischiffahrt umfaßt, beherrscht Fischmehlfabriken, 21 Fischrestaurants und 310 Einzelhandelsgeschäfte. Neben dieser Unternehmung haben die Fischwarenfabriken der GEG auf den Absatzmärkten eine starke Stellung inne. Eine Reihe namhafter Fischfirmen hat sich Mitte 1967 zur „Fisch-Union GmbH & Co. KG Bremerhaven" zusammengeschlossen.

Die Interessen des Unilever-Konzerns beschränken sich nicht nur auf die genannten Fachzweige der Ernährungsindustrie, sondern erstrecken sich auch auf die Produktion anderer hochwertiger Lebensmittel. In der Unternehmensgruppe „Lebensmittel" erzielte der Konzern im Jahre 1966 einen Umsatz von 884 Mill. DM (1964: 724 Mill. DM).

Der Absatzmarkt der in der Industriestatistik zur Nährmittelindustrie zählenden Suppenindustrie wird zu fast 90 % von zwei Unternehmungen, der Maggi-GmbH/Frankfurt a. M. und der C. H. Knorr GmbH/Heil-

---

[5] Vgl. Meyer-Larsen, Werner: „Ein Gigant der Vielfalt", in: Der Volkswirt, Nr. 41 vom 15. 10. 1965, S. 2282 f.

[6] Vgl. o. Verf.: „Konzernrationalisierung trägt Früchte", in: Der Volkswirt Nr. 35 vom 1. 9. 1967, S. 1911.

[7] Die „Nordsee" gilt als kleiner Konzern im Unilever-Konzern; sie hält eine Reihe eigener Beteiligungen an anderen Unternehmungen der Fischindustrie sowie der Nahrungsmittelindustrie inne.

bronn, beherrscht. Hinter diesen beiden Unternehmungen stehen ebenfalls jeweils bedeutende ausländische Konzerne. Die Maggi-GmbH wird vom Nestlé-Konzern (Nestlé Alimentana SA, Cham/Vevey, Schweiz) kontrolliert, die C. H. Knorr GmbH gehört der Deutschen Maizena-Gruppe an, die ihrerseits integriert ist in die amerikanische Corn Products Refining Company, New York. Die Knorr GmbH umfaßt etwa ein Drittel des Umsatzes der gesamten Maizena-Gruppe, der mit über 500 Mill. DM zu beziffern ist. Von der Maggi GmbH abgesehen ist der Nestlé-Konzern in Deutschland durch die Deutsche Nestlé AG, Lindau, vertreten (Umsatz 1963: 270 Mill. DM), die eine bedeutende Rolle auf den Absatzmärkten für Dauermilcherzeugnisse[8], Kaffee-, Tee-, Schokolade- und Kakaoprodukte sowie Baby-Kost spielt, durch die Ali-GmbH, die Sarotti-AG (Umsatz 1965: 193 Mill. DM) sowie durch ihre 80 %ige Beteiligung an der Holding-Gesellschaft Findus-International AG, die in Deutschland mehrere Unternehmungen der Tiefkühlkostindustrie kontrolliert[9].

Zur Maizena-Gruppe (10 Werke in Westdeutschland) gehören neben der C. H. Knorr GmbH das Stocki-Werk (Wittingen), das zusammen mit den Münchner Pfanni-Werken, Otto Eckart KG, den Markt für Kartoffelpüree und Kartoffelknödel beherrscht, die größte Stärke- und Stärkederivatefabrik Europas in Krefeld-Linn[10], die „Euro-Zentrum-Papier" (Krefeld), zwei Maizena-Werke in Kleve sowie Werke in Kochendorf und Bensheim, in denen Kinderkost hergestellt wird. Die Maizena-Produktion reicht von Suppen über Fertiggerichte, Kinderkost, Speiseöle, Traubenzucker, Puddings, Knabberartikel, Kartoffelhalbfertiggerichte bis zu Industrieprodukten auf Stärkebasis für zahlreiche Branchen. Der Umsatz der Deutschen Maizena-Gruppe wird für 1965 auf über 500 Mill. DM geschätzt.

Außer dem Nestlé-Konzern kontrolliert mit der Ursina-AG, Konolfingen (Schweiz), ein zweiter schweizerischer Konzern mehrere marktstarke Unternehmungen der westdeutschen Ernährungsindustrie, und zwar die Allgäuer-Alpenmilch AG, München (Umsatz 1966: 364 Mill. DM,

---

[8] Nach den Ergebnissen der Konzentrationsenquête der Bundesregierung wird der westdeutsche Markt für Kondensmilch von 4 großen Kondensmilchherstellern, die alle Tochterunternehmen ausländischer Konzerne sind, beherrscht (Marken: Bärenmarke, Glücksklee, Libby, Nestlé). Im Jahre 1960 entfiel auf diese 4 Hersteller ein Marktanteil von 63 %. Vgl. Bericht über das Ergebnis einer Untersuchung der Konzentration in der Wirtschaft, Bundestagsdrucksache IV./2320, Bonn, Oktober 1964, S. 185 f.

[9] Vgl. „Nestlé hat viel auf Vorrat gekauft", in: Handelsblatt vom 25. 6. 1964 und „Deutsche Nestlé erweitert ihren Marktanteil", in: Industriekurier vom 25. 6. 1964.

[10] Hier werden die bekannten Markenartikel Maizena, Mondamin, Mazola-Keimöl, Dextropur und Dextroenergen hergestellt. Vgl. „Maizena-Gruppe in rascher Expansion", VWD-Nachricht vom 22. 8. 1966.

Marktanteil bei Kondensmilch: 27 %), sowie deren Tochtergesellschaften Alete Pharmazeutische Produkte GmbH (Marktanteil bei Baby-Beikost: 39 %), Alpursa GmbH (Citrussäfte und Milchderivate), die Almglocke-Milchwerke Stolzenbach KG und mehrere Weingüter[11].

Neben den genannten ausländischen Konzernen sind auch die National Dairy Products Corporation, New York (Beteiligungen an der Kraft GmbH, Lindenberg im Allgäu, der Herzjunge Käsewerk und der Erste Deutsche Knäckebrot-Werke GmbH), sowie die General Foods Corporation (General Foods GmbH, Elmshorn), zwei mächtige amerikanische Konzerne, auf dem westdeutschen Nahrungsmittelmarkt vertreten. Sie spielen insgesamt in Deutschland zwar eine schwächere Rolle, doch haben sie auf einigen Produktmärkten eine starke Stellung. Vertreten sind ferner die Carnation Co., Los Angeles (Muttergesellschaft der Glücksklee Milchgesellschaft mbH, Hamburg, Umsatz 1966: über 100 Mill. DM, führender Marktanteil — 30 % — bei Kondensmilch mit 7,5 % Fettgehalt), sowie die National Biscuit Co. (Nabisco), New York, der führende amerikanische Kekshersteller, die Anfang 1967 eine Beteiligung von 49 % der Schokoladenfabrik B. Sprengel & Co., Hannover, übernommen hat. Bereits drei Jahre zuvor hatte diese Unternehmung die Keksfabrik Harry Trüller, Celle, übernommen[12].

Von besonderer Struktur ist der Oetker-Konzern, der gelegentlich als „wendiger David unter den internationalen Großkonzernen" bezeichnet wird[13]. Er besteht — wie von Konzernchef Rudolf August Oetker gerne herausgestellt wird — aus einer Gruppe von Mittelbetrieben. Keiner hat mehr als 2 500 Beschäftigte. Das Betätigungsfeld der Oetker-Betriebe ist die Nährmittel-, Brauerei- und Getränkeindustrie, die Schiffahrt und Fischerei sowie das Bank- und Versicherungswesen, aber auch der Lebensmitteleinzelhandel (so befindet sich z. B. das Filialunternehmen H. Meyer & Co. KG, Berlin und München, im Besitz der Oetker-Gruppe). Ohne Banken und Versicherungen erzielte die Gruppe im Jahre 1965 einen Umsatz von etwa 1 Mrd. DM. Auf einigen Produktmärkten halten die Oetker-Erzeugnisse bedeutende Marktanteile: bei Backpulver sind es rd. 80 %, bei Puddingpulver knapp 50 %. Über die Frosti-Tiefkühlkost GmbH & Co. KG beteiligt sich Oetker zusammen mit Unifranck[14] —

[11] Vgl. „Strukturwandel im Zeichen der EWG", in: Der Volkswirt Nr. 25 vom 25. 6. 1965, S. 1290 und „Allgäuer Alpenmilch melkt auf vielen Weiden", in: Handelsblatt vom 1. 6. 1964.

[12] „Amerikanisch" sind außerdem Maxwell-Kaffee, Quäker Nährmittel, Libby- und Swift-Dosenwaren sowie Kellogg-Kornprodukte, California und bekanntermaßen Pepsi-Cola und Coca-Cola.

[13] Vgl. Stumpfeldt v., Bernd: „Oetker: Wendiger David unter den internationalen Großkonzernen", in: Handelsblatt vom 21. September 1966.

[14] Das Kapital der Frosti-Tiefkühl GmbH & Co. in Höhe von 5 Mill. DM lag 1967 zu 60 % bei der Oetker-Gruppe, zu 40 % bei der Unifranck Lebensmittelwerke GmbH, Ludwigsburg.

neben Unilever, Nestlé und der GEG — am Kampf um die Marktanteile auf dem Tiefkühlmarkt. Ein wesentlicher Teil des Konzerns ist die Getränkegruppe. Die 13 westdeutschen Brauereien, die von Oetker beherrscht werden oder an denen er Minderheitsbeteiligungen hält, erzielten 1965 einen Ausstoß von 3,2 Mill. hl Bier. Damit ist Oetker der größte deutsche Bierhersteller, wenn sein Marktanteil auch nur 4—5 % beträgt. Bei Sekt hält er einen Marktanteil, nach Flaschen gerechnet, von 15 %. Zum Konzern gehört die zweitgrößte deutsche Sektkellerei, die Söhnlein Rheingold KG, Wiesbaden (Jahresumsatz 1965 einschl. der Umsätze der Tochtergesellschaften, der angeschlossenen Weingüter und des Importgeschäfts: knapp 100 Mill. DM)[15].

In der fleischverarbeitenden Industrie erzielte die Unternehmensgruppe Schweisfurth im Jahre 1966 einen Umsatz von 501 Mill. DM (1964: 470 Mill. DM)[16]. Wenn auch der Marktanteil dieses größten europäischen Fleischverarbeitungskonzerns (1966: 5 000 Beschäftigte, wöchentliche Verarbeitung von 10 000 Schweinen und etwa 1 500 bis 1 800 Rindern) noch gering ist — er liegt unter 10 % —, so verdeutlichen seine rasche Expansion und die systematische Angliederung von anderen Unternehmungen der fleischverarbeitenden Industrie einen bemerkenswerten Prozeß der Angebotskonzentration. Neben dem Schweisfurth-Konzern verfügt die GEG über die größten Verarbeitungsbetriebe in der westdeutschen Fleischwarenindustrie. Im Jahre 1965 erzielten die GEG-Fleischwarenfabriken in Oldenburg, Stuttgart, Düsseldorf, Frankfurt, Erlangen und Saarbrücken zusammen einen Umsatz von 321 Mill. DM[17].

Die Mühlenindustrie hat in der Heinrich Auer Mühlenwerke KG a. A. (Umsatz 1966: 437 Mill. DM) sowie in der Deutsche Mühlenvereinigung AG zwei angebotsstarke Großunternehmungen. Bereits 1961 betrug der Umsatz dieser beiden Gesellschaften mehr als 550 Mill. DM[18]. Die Heinrich Auer Mühlenwerke haben insbesondere bei Kindergrieß und Grießbrei eine starke Marktstellung. Im Jahre 1967 hat sich das Werk auch auf dem wachsenden Markt für Babykost engagiert.

Innerhalb der Zuckerindustrie ist gleichfalls eine starke Angebotskonzentration zu beobachten. Der größte westdeutsche und gleichzeitig größte europäische Zuckerproduzent, die Süddeutsche Zucker-AG, Mannheim (10 Werke), hielt 1964 einen Marktanteil von knapp 27 % (Umsatz 1964: 559 Mill. DM). Etwas geringer ist die Bedeutung der Unternehmens-

[15] Vgl. Stumpfeldt v., Bernd, a.a.O.

[16] Vgl. „Frischdienst macht Schweisfurth groß", in: Handelsblatt vom 31. 10. 1966 und „Schweisfurth konzentriert sich stärker auf die Fertigung", in: FAZ vom 3. 6. 1967.

[17] Vgl. GEG-Geschäftsbericht 1965, S. 26.

[18] Vgl. Wiborg, Klaus: „Das Branchenbild (II): Reemtsma, Unilever, Oetker, Nestle", in: FAZ vom 25. 1. 1962.

gruppe Pfeifer & Langen KG, Köln. Auf dem dritten Platz rangiert die Zuckerfabrik Franken GmbH, Ochsenfurt (Umsatz 1963: 118 Mill. DM), an der die Süddeutsche Zucker-AG zu 25 % beteiligt ist (1964)[19]. Nach einer Untersuchung der EWG-Kommission entfielen 1966 etwa 25 % der gesamten Zuckerproduktion auf ein Unternehmen im Süden des Landes, etwa 12 % auf ein anderes im Rheinland und 8 % auf ein drittes in Süddeutschland. In Schleswig-Holstein und Niedersachsen sollen heute (1967) 25 Zuckerfabriken, die rund 25 % der deutschen Produktion ausmachen, unmittelbar vor dem Zusammenschluß stehen. Damit würden etwa 70 % der deutschen Zuckerindustrie von vier Unternehmen kontrolliert[20].

Auch in einer Reihe anderer Fachzweige sind angebotsstarke Großunternehmungen anzutreffen, ohne daß sie jedoch in der Regel eine marktbeherrschende Stellung in ihrem Fachzweig innehaben. Häufig sind diese Unternehmungen aber marktbeherrschend auf einzelnen Produktmärkten oder halten bedeutende Marktanteile. Beispiele hierfür sind:

Die schwedische Unternehmung Wasa hielt 1966 knapp 80 % des innerdeutschen Marktanteils bei Knäckebrot. Daneben sind die ABK-Simons-Brot-Fabriken (Batscheider-Lieken) ein bedeutender Anbieter auf diesem Markt[21]. Die Bahlsen-Keks-Gruppe (Umsatz 1966: 326 Mill. DM) beherrscht den Markt für Kekserzeugnisse.

Auf dem Markt für Orangensäfte vereinigt die zur Eckes-Gruppe (1964: 205 Mill. DM Umsatz) gehörende Eckes-Übersee-Fruchtsaft KG (Produkt: Hohes C) einen Marktanteil von 70 % auf sich[22].

Die drei größten Eiskremhersteller Langnese-Iglo (Unilever), Jopa (Nestlé) und Schöller (Nürnberg) halten Marktanteile von gut 50 %, 15 % und 5 %[23]. Langnese-Iglo tätigte 1967 einen Umsatz von vermutlich weit über 100 Mill. DM, einschließlich Tiefkühlkost sogar von 250 Mill. DM.

Ähnliche Verhältnis dürften — wenn auch zahlenmäßig auf Grund des Mangels an Angaben schlecht zu belegen — in der Marken-Spirituosenindustrie vorliegen, deren größter Hersteller die Doornkaat AG (bereits 1961 150 Mill. DM Umsatz) ist[24]. Weitere führende Hersteller

[19] Vgl. „Süddeutsche Zucker-AG: Stark verbessertes Ergebnis“, in: Der Volkswirt, Nr. 51, vom 18. 12. 1964, S. 2675.

[20] Vgl. „Konzentration in der Zuckerindustrie“, in: Süddeutsche Zeitung vom 21. 7. 1967.

[21] Vgl. „ABK-Simons-Brot-Gruppe setzt 42 Mill. DM um“, in: Handelsblatt vom 7. 12. 1964.

[22] Vgl. Kirsch, Paul E.: „Mit Chantré groß geworden“, in: Der Volkswirt, Nr. 7, vom 19. 2. 1965, S. 254.

[23] Vgl. Wörl, Volker: „Ganzjährige Eiszeit — dringend begehrt“, in: Der Volkswirt, Nr. 35, vom 3. 9. 1965, S. 2002.

[24] Vgl. Wiborg, Klaus, a.a.O.

dieses Fachzweiges sind Dujardin & Co., vormals Gebr. Melcher, die H. C. König-Gruppe (hierzu gehören das Stammhaus Steinhäger, Weinbrennereien und Sektfirmen), W. Mast (Jägermeister), H. W. Schlichte (1963/64: rd. 70 Mill. DM Umsatz), Asbach & Co. (Marktanteil auf dem Weinbrandmarkt bei Sorten mit Preisen über 10,— DM im Jahre 1967: 25 %) sowie Eckes.

Bedeutende und in ihrer Branche bzw. auf ihren Produktmärkten angebotsstarke Hersteller sind unter anderem die folgenden Unternehmungen: Unifranck, vormals Frank & Kathreiner Lebensmittelwerke GmbH, Brandt-Zwieback GmbH, Fritz Homann AG (Margarine), Sonnenwerke Sieburg & Pförtner (Konserven- und Teigwarenfabriken), M. Bassermann & Co. (Konservenindustrie), die Süßwarenhersteller Stollwerck, Storck und Sprengel (1966: 114 Mill. DM Umsatz), die C. H. Gervais AG (1966: 174 Mill. DM Umsatz), die Kathra-Konservenfabrik von Franz Kathreiner's Nachfolger AG, die Stettiner Ölwerke AG (Hamburg) sowie die Württembergische Milchverwertungs-Südmilch AG. Weitere angebotsstarke Unternehmungen sind auch die Kaffeeröstereien Tschibo (1966: 550 Mill. DM), Eduscho (1966 mehr als 300 Mill. DM Umsatz), die Hag AG (1966: 239 Mill. DM Umsatz) sowie die Firmen Eduard Schopf KG, Richard Hengstenberg (Weinessig-, Sauerkonserven- und Feinkostfabriken) und H. W. Appel Feinkost AG (1966: 53 Mill. DM Umsatz).

Diese Aufzählung von marktbeherrschenden oder marktstarken Großkonzernen bzw. Großunternehmungen mag genügen, um deutlich zu machen, daß die Angebotskonzentration in einer Reihe von Fachzweigen der Ernährungsindustrie und auf zahlreichen ihrer Produktmärkte einen hohen Grad aufweist. Die nachfragestarken Handelsgruppen sehen sich in diesen Fachzweigen bzw. auf diesen Produktmärkten Anbietern gegenüber, die eine sehr starke, häufig überlegene, wirtschaftliche Macht verkörpern. Diese Unternehmungen haben seit Kriegsende ihre wirtschaftliche Macht ständig vermehrt[25]. Ihre Marktanteile sind zu Lasten der kleineren Unternehmungen größer geworden.

In den übrigen Fachzweigen haben es die Konzentrationsformen des Handels mit mittelständischen Anbietern zu tun, die der Ernährungsindustrie in einer Durchschnittsbetrachtung den erwähnten mittelständischen Charakter verleihen.

Wir halten die Durchschnittsbetrachtung für problematisch, da sie das Vordringen der Großunternehmungen über Gebühr verdeckt. Zudem sind, im Hinblick auf unsere Themenstellung, die Auswirkungen der Nachfragekonzentration des Nahrungsmittelhandels im mittelständi-

---

[25] Vgl. Pritzkoleit, Kurt: Gott erhält die Mächtigen, Rück- und Rundblick auf den deutschen Wohlstand, Düsseldorf 1963, S. 410.

schen Bereich der Ernährungsindustrie wesentlich andere als im Konzentrationsbereich.

b) Die Landwirtschaft

Die Landwirtschaft ist als Produzent und Anbieter des sogenannten Frischwarensortiments während des letzten Jahrzehnts zunehmend in die unmittelbare Interessensphäre der Konzentrationsorgane des Sortimentshandels gerückt. Umgekehrt wurden die Landwirtschaft und das landwirtschaftliche Vermarktungssystem in starkem Maße von den strukturellen Veränderungsvorgängen im Nahrungsmittelhandel und der damit auftretenden Konzentration der Nachfrage nach Agrarprodukten tangiert. Die gegenseitige Interessennahme ist im wesentlichen zurückzuführen auf die Aufnahme von Frischwaren[26] in das Sortiment der Selbstbedienungsläden und Supermärkte. Während früher der Verkauf von Frischwaren weitgehend über den Fachhandel und das Nahrungsmittelhandwerk erfolgte, spielt heute das Frischwarensortiment im Angebot der Selbstbedienungsgeschäfte und Supermärkte, also bei den Einzelhandelsgeschäften, die i. d. R. den Konzentrationsformen des Handels angehören, eine große Rolle[27]. Von einigen fortschrittlichen Einzelhandelsbetrieben ist bekannt, daß sie über die Hälfte ihres Gesamtumsatzes mit Frischwaren erzielen.

Für die Landwirtschaft bedeuteten diese Veränderungsvorgänge in der Vermarktungssphäre eine Konzentration der Nachfrage nach Agrarprodukten auf Nachfrager, mit denen bis dahin kaum Geschäftsverbindungen bestanden, die sich bei ihrem Warenbezug ausschließlich vom Leistungsprinzip leiten ließen und keine Rücksicht auf alte Bindungen nehmen mußten. Weder in quantitativer noch in qualitativer Hinsicht konnte die deutsche Landwirtschaft mit ihrer dezentralisierten Erzeugungsstruktur in der Folge die Nachfrage der Konzentrationsorgane des

---

[26] Frischobst und -gemüse, Frischwurst, Frischmilch, Butter, Käse, Eier, Frischbackwaren. Im weiteren Sinne Geflügel und Fleischwaren.

[27] Die Assimilierung von Trockensortiment und Frischwarensortiment in den modernen Lebensmittelgeschäften wurde gefördert durch einen Wandel des Einkaufsverhaltens und der Bedarfsstruktur des Konsumenten. Einerseits nahm die Einkaufsbequemlichkeit des Verbrauchers zu, der alle Nahrungsmittel „unter einem Dach" zu kaufen trachtete, zum anderen erhöhte sich mit zunehmendem Lebensstandard der Pro-Kopf-Verbrauch von Frischwaren. Es zeigte sich rasch, daß mit Frischwaren nicht nur hohe Umsätze erzielt wurden, sondern darüber hinaus von ihnen eine umsatzbelebende Wirkung auf das Trockensortiment ausging, sie also kundenakquisitorische Effekte erzielten, so daß sich bald der Erfahrungssatz herausbildete: Je größer die Auswahl im Frischwarensortiment, desto häufiger sucht die Hausfrau das betreffende Lebensmittelgeschäft auf. Vgl. Eli, Max: „Frischwaren im Sortiment des Lebensmitteleinzelhandels: Ihr Einfluß auf die Sortiments- und Geschäftspolitik der verschiedenen Ver- und Betriebsformen", in: Der Lebensmittelgroßhandel Nr. 742 v. 18. Dez. 1965, S. 11 f.

Lebensmittelhandels befriedigen, so daß diese ihre Großeinkäufe in starkem Maße im Ausland tätigten, wo infolge besserer Organisation qualitativ gleichmäßigere Güter in größeren Mengen angeboten werden[28]. In einer 1963 vom Ifo-Institut für Wirtschaftsordnung, München, durchgeführten Untersuchung wurde der Anteil ausländischer Agrarprodukte am Gesamtbezug je Agrarprodukt einiger auf der örtlichen Sortimentsgroßhandelsstufe tätigen Unternehmungen verschiedener Betriebsformen ermittelt:

Anteil der Produkte ausländischen Ursprungs am Gesamtbezug je Produkt in %

Betriebsform	Zahl der befragten Unternehmungen	Produktart				
		Geflügel	Eier	Frischobst	Frischgemüse	Kartoffeln
Einkaufsgenossenschaften	10	89	67	69	47	33
Massenfilialunternehmungen	7 (mit 334 Filialen)	89	74	60	30	11
Freiwillige Ketten (Großhandlungen)	40	90	67	60	25	17
Konsumgenossenschaften	12	83	63	56	40	14

Quelle: Ifo-Institut für Wirtschaftsforschung, München, zitiert bei Eli, Max: „Handel — authentischer Mittler zwischen Erzeugung und Verbrauch“, in: Der Lebensmittel-Großhandel Nr. 757/58 vom 3. April 1966, S. 10.

Andere Einzeluntersuchungen bestätigen diese hohen Anteilssätze[29].

Auf dem Wege der Angebotskonzentration — bei gleichzeitiger Steigerung der Produktqualität und der Produkteinheitlichkeit — hat die deut-

[28] Den Beziehungen zwischen den angebotsstarken ausländischen Vermarktungsorganisationen und den Konzentrationsorganen des Nahrungsmittelhandels soll nicht nachgegangen werden. Ihre Analyse ist für die deutschen landwirtschaftlichen Anbieter von hohem Interesse, sie geht aber über die Zielsetzung der vorliegenden Arbeit, die sich auf die Angebots- und Nachfrageverhältnisse in der Bundesrepublik Deutschland beschränkt, hinaus.

[29] Vgl. Strecker, O., G. Roller, A. Saft und W. H. Schuch: Die Landwirtschaft und ihre Marktpartner. Neue Formen der Zusammenarbeit. Landwirtschaft — Angewandte Wissenschaft, Heft 118, Hiltrup bei Münster 1963, S. 236—239.

sche Landwirtschaft in den letzten Jahren Fortschritte erzielt. Leider stehen keine statistischen Unterlagen zur Verfügung, die einen Gesamtüberblick gestatten. Einige Einzelbeispiele können jedoch genannt werden. So wurde Ende 1964 ein Verkaufskontor für Geflügelfleisch (Geflügel-Kontor GmbH & Co KG, Frankfurt) gegründet, dem 1965 bereits 16 Broilerschlachtereien angehörten[30]. Etwa 50 000 Tonnen Jungmastgeflügel fanden 1966 über dieses Verbund- und Angebotskonzentrationsorgan den Weg in den Handel; das entsprach mehr als der Hälfte der gesamten westdeutschen Produktion. Massenfilialunternehmungen, Konsumgenossenschaften sowie Waren- und Kaufhäuser zählten binnen kurzer Zeit zu den Hauptabnehmern des Kontors. Das Geflügel wird verkaufsfertig abgepackt angeboten und auf Wunsch mit Hausmarken des Einzelhandels versehen. Der Umsatz der Gesellschaft erreichte 1966 gut 170 Mill. DM.

Beim Absatz von Schlachtvieh und Fleisch lassen sich vorerst nur die Tendenzen der künftigen Angebots- und Nachfragekonzentration erkennen, da der Wandlungsprozeß noch in vollem Gang ist. Nach Ansicht von Böckenhoff[31] wird sich ein angemessenes Verhältnis zwischen der Konzentration in der Nachfrage und der Konzentration im Angebot herausbilden. Bereits heute seien einzelne Versandschlachter groß genug, um auch größere Nachfrager bedienen zu können. Das trifft z. B. auf die Süddeutsche Fleischverwertungs GmbH zu, eine 1956 gegründete genossenschaftliche Selbstvermarktungseinrichtung, die 1966 fast 124 Mill. DM umsetzte. Am Umsatz gemessen noch größer ist die Süddeutsche Viehverwertungs GmbH, eine Tochtergesellschaft der Süddeutschen Fleischverwertungs GmbH. 1966 erzielte sie einen Umsatz von 305 Mill. DM und hielt damit einen Marktanteil von 28 % auf den Schlachtviehmärkten. Das Unternehmen arbeitet mit Versandhäusern zusammen und unterhält Fleischabteilungen in C & C-Märkten. Fusionskontakte mit der Württembergischen Viehverwertung (1966 etwa 175 Mill. DM Umsatz) wurden 1967 aufgenommen[32].

Bei der Vermarktung von Eiern haben sich Erzeugerringe gebildet, die Zahl der Eierabpackstellen ist in stärkerem Maße zugunsten von Großpackstellen zurückgegangen. Eine überregionale Angebotskonzentration erfolgt auf genossenschaftlicher Basis durch die „Milch-Fett- und Eierkontor GmbH", Hamburg, dem Absatzorgan der genossenschaftlichen Butter- und Eierzentralen, die ihrerseits einen Teil des Angebotes der

[30] Vgl. Böckenhoff, Ewald: Marktstruktur und Preisbildung bei Schlachtvieh und Fleisch in der Bundesrepublik Deutschland. Forschungsgesellschaft für Agrarpolitik und Agrarsoziologie e. V. Bonn, Heft 166, Bonn 1966, S. 53.

[31] a.a.O., S. 49.

[32] Vgl. „Südfleisch und Südvieh mit 400 Mill. DM Umsatz", in: Handelsblatt vom 4. 7. 1967.

örtlichen Eierverwertungsgenossenschaften zusammenfassen[33]. Einige Eierringe bzw. Erzeuger-Gemeinschaftsorganisationen — die bekanntesten sind die Eier-Absatz GmbH & Co. KG, Weser-Ems, Nordmark-Ei GmbH & Co. KG, Schleswig-Holstein, Württ. Milchverwertung-Südmilch AG, Arbeitsgemeinschaft Württ. landw. Zentralgenossenschaft-Raiffeisen eGmbH, Berland GmbH — haben ihr Angebot und ihren Service in den Jahren seit 1960 erheblich steigern und ausbauen können, so daß eine Zusammenarbeit auch mit den Großbetriebsformen des Handels möglich wurde[34].

Die erwähnte „Milch-Fett- und Eierkontor GmbH", Hamburg, spielt auch bei der Angebotskonzentration und der Vermarktung von deutschem Käse eine große Rolle. Sie vermarktet die Produktion von 42 Käsereien und hält einen Marktanteil an der deutschen Schnittkäseerzeugung von 28 %[35]. In der zweiten Jahreshälfte 1967 haben sich in Südwest-Deutschland fünf Molkereizentralen mit zusammen etwa 120 angeschlossenen Produktionsbetrieben zu einem Großunternehmen mit Sitz in Karlsruhe konzentriert.

Weniger fortgeschritten ist die Angebotskonzentration bei Obst und Gemüse, obwohl auf regionaler Ebene einige beachtliche Erfolge erzielt wurden. So hat z. B. im Württembergischen Raum die Württembergische Landwirtschaftliche Zentralgenossenschaft (WLZ) mit zahlreichen Landwirten Anbau- und Lieferverträge auf dem Sektor der Obsterzeugung und bei Kartoffeln abgeschlossen, wobei eine Konzentration auf wenige marktgängige Sorten erfolgt. Die WLZ hat sich auf die Wünsche des Lebensmittelhandels eingestellt und konnte eine enge Zusammenarbeit mit den Handelsgruppen eingehen. In Niedersachsen wurde zur Zusammenfassung des Kartoffelangebotes und zur Rationalisierung der Vermarktung von genossenschaftlicher Seite die „Kartoffelhalle Schwarmstedt GmbH & Co" gegründet; die Lagerkapazität dieser Gesellschaft beträgt 15 000 dz.

---

[33] Vgl. Hülsemeyer, F.: „Wandel der Absatzformen auf dem Eiermarkt", in: Konzentration und Spezialisierung in der Landwirtschaft, München - Basel - Wien 1965, S. 193 f.

[34] Als Beispiel kann die Berland GmbH genannt werden, ein von 50 schwäbischen und bayerischen Hühnerhaltern beschickter Eierring, der Hessens größtes Massenfilialunternehmen, die Firma Latscha (125 Filialläden) täglich mit 150 000 Eiern beliefert, die garantiert nicht älter als 24 Stunden sind. Vgl. Fleck, Wolfgang, Wölk, Andrea, Walther, Ingeborg: Wettbewerbs- und Absatzprobleme bei landwirtschaftlichen Erzeugnissen in der Bundesrepublik Deutschland. Bonn 1966, Anhang, S. 13.

[35] Dieser Erfolg ist auf die Schaffung der Käsemarke „delicado" zurückzuführen, die ein Sortiment von 4 Schnittkäsesorten umfaßt (Tilsiter, Gouda, Edamer, Butterkäse). An der Herstellung und dem Vertrieb der „delicado"-Produkte sind neben den 42 Käsereien und dem MFE-Kontor die meisten der 15 genossenschaftlichen Molkerei-Zentralen beteiligt. Vgl. Fleck, Wolfgang u. a., a.a.O., Anhang S. 3.

Trotz dieser Beispiele — einige weitere könnten genannt werden — gilt die Feststellung, daß die Angebotskonzentration auf dem Obst- und Gemüsesektor und bei Kartoffeln noch recht bescheiden ist. Im Jahresbericht 1965 des Deutschen Raiffeisenverbandes heißt es: „Der moderne Obst- und Gemüsemarkt ist gekennzeichnet durch die in den Händen weniger Organisationen zusammengefaßte Nachfragemacht. Untersuchungen führten zu dem Ergebnis, daß die verschiedenen Formen des Sortimentsgroßhandels, die sich früher kaum mit dem Handel von frischem Obst und Gemüse befaßten, heute bereits nahezu zur Hälfte die Belieferung des Einzelhandels bewerkstelligen. Der Konzentrationsgrad der Nachfrage ist in allen Handelsstufen in stetem Anstieg begriffen. Die zusammengefaßte Nachfrage sucht das zusammengefaßte Angebot von Obst und Gemüse und findet es zur Zeit in erster Linie im exportierenden Ausland, denn die Bemühungen um die Zusammenfassung des deutschen genossenschaftlichen Obst- und Gemüseangebots stecken noch im Anfang, ...“[36]. Zwischen der deutschen Landwirtschaft bzw. ihren Vermarktungsorganisationen und den auf der Zentralgroßhandelsstufe arbeitenden Einkaufszentralen bestehen aber auch bei allen übrigen Agrarprodukten keine oder nur schwache Geschäftsbeziehungen. Auf ihren Ausbau wirkt sich hemmend die Disproportionalität zwischen dezentralisierter Angebotsmenge und nachgefragter Menge aus sowie die Diskrepanz zwischen angebotener und nachgefragter Produktqualität und Produkteinheitlichkeit. Stärker sind hingegen die Beziehungen zwischen der Landwirtschaft bzw. den landwirtschaftlichen Vermarktungsorganisationen und den Unternehmungen des örtlichen Sortimentsgroßhandels, wenn auch ein großer Teil des Frischwarenbedarfs dieser Unternehmungen nach wie vor durch den Fachgroßhandel, dem traditionellen Abnehmer der Landwirtschaft, gedeckt wird.

2. Die Zentralgroßhandelsstufe

Der Zentralgroßhandel ist auf überregionaler Ebene tätig und stellt die Verbindung zwischen der Produktionsstufe und dem regional arbeitenden Sortimentsgroßhandel der örtlichen Großhandelsstufe her. Er besteht im wesentlichen aus den Großeinkaufsgesellschaften der einzelnen Handelsgruppen. Die in der funktionellen Betrachtungsweise des Nahrungs- und Genußmittelhandels konzipierte und im Stufenaufbau des Marktablaufschemas (Abb. 1) dargestellte Zentralgroßhandelsstufe umfaßt folglich die überregional tätigen Einkaufsorgane des Sortimentsgroßhandels. Im einzelnen handelt es sich um die Handelsabteilungen

[36] Vgl. Jahrbuch des Deutschen Raiffeisenverbandes e. V., XVIII. Jahrgang 1965, Bonn 1966, S. 103.

der GEG[37], um die Gedelfi einschließlich der Gedelfi-Import, die Einkaufskontore des Nahrungs- und Genußmittelgroßhandels, die Zentralen der Freiwilligen Ketten und Gruppen, die Edeka- und Rewezentralen, die Bägenozentrale einschließlich der Landeszentralen der Bäckereinkaufsgenossenschaften, die Zentrag GmbH sowie die Kaufring e. G. m. b. H.

In einigen Fällen erfolgte die Zurechnung zur Zentralgroßhandelsstufe aus methodischen Gründen. Der empirische Befund hätte bei den Landeszentralen der Bäckereinkaufsgenossenschaften sowie bei den nur regional tätigen Freiwilligen Ketten auch eine Zuordnung zur örtlichen Großhandelsstufe zugelassen. Desgleichen wäre es gerechtfertigt gewesen, die Zentralen der Warenhauskonzerne, die nicht über die Kaufring e. G. m. b. H. ihren Einkauf konzentrieren, als auf der Zentralgroßhandelsstufe tätig anzusehen und entsprechend in das Marktablaufschema einzureihen[38].

Auf der Zentralgroßhandelsstufe in unserer Darstellung sind 42 Konzentrationsorgane tätig[39]. Nur 5 dieser Einkaufszentralen vereinigten im Jahre 1964 einen Marktanteil von 67,3 % auf sich.

Um zu einer Vorstellung über die Bedeutung und den Bedeutungszuwachs des Zentralgroßhandels zu gelangen, kann man seine Umsätze denjenigen des wichtigsten Marktpartners auf der Produktionsstufe, das ist die Ernährungsindustrie, gegenüberstellen[40]: Im Jahre 1957 setzten die Organe des Zentralgroßhandels 3,4 Mrd. DM um, die Ernährungsindustrie 25 Mrd. DM, 1964 erzielte der Zentralgroßhandel 8,3 Mrd. DM Umsatz, die Ernährungsindustrie knapp 42 Mrd. DM. Während 1957 die Umsatzziffer des Zentralgroßhandels an der Umsatzziffer der Ernährungsindustrie gemessen knapp 13 % ausmachte, ergibt sich für 1964 ein Wert von 20 %[41].

---

[37] Also nicht um das mehrschichtige Mammutunternehmen insgesamt! Zur Gewinnung eines Überblicks vgl. Abb. 3, S. 58.

[38] Es wäre nicht richtig, auf Grund des Marktablaufschemas, wie es in Abb. 1 dargestellt ist, anzunehmen, daß alle Zentralen der Waren- und Kaufhäuser ihren Einkauf über die Kaufring e.G.m.b.H. konzentrieren. Das ist mit Sicherheit nicht der Fall z. B. bei den vier großen Warenhauskonzernen Kaufhof, Karstadt, Horten und Hertie. Da die Stufigkeit des Marktablaufgeschehens in den genannten Fällen nicht der Dreistufigkeit unseres Modellschemas entspricht, mußte eine pragmatische Zuordnung erfolgen, die sich am Erkenntnisziel der Untersuchung orientiert.

[39] Würde man die Betrachtung um die genannten Fälle bereinigen, so verminderte sich die Zahl auf 23.

[40] Da die Zentralgroßhandelsorgane mit der Landwirtschaft nur unbedeutende Geschäfte tätigen — vgl. die Ausführungen in Abschnitt b, S. 36 — kann sie hier vernachlässigt werden.

[41] Diese Werte lassen den Bedeutungszuwachs des Zentralgroßhandels klar erkennen, sie geben aber nur bedingt Auskunft über die Einschaltung des Zentralgroßhandels in den Absatz der Ernährungsindustrie, also über seine

Wie aus dem Vergleich hervorgeht, hat sich der Zentraleinkauf des Nahrungsmittel-Sortimentshandels, und damit die Nachfragekonzentrierung auf wenige Einkaufszentralen, in den zurückliegenden Jahren dynamisch entwickelt. In den Bereich des Zentralgroßhandels, der lange Zeit weitgehend eine Domäne der Zentralorgane weniger Großbetriebsformen des Nahrungsmittelhandels (Konsumgenossenschaften, Einkaufsgenossenschaften, Massenfilialbetriebe) gewesen war, haben verstärkt andere Handelsgruppen eindringen können. Dennoch haben die „traditionellen“ Vertreter nach wie vor eine starke Stellung inne. Im Jahre 1964 entfielen auf die GEG, die Gedelfi sowie die Edeka- und Rewezentralen nach unseren Berechnungen — vgl. Tab. 7 — rd. zwei Drittel des Zentralgroßhandelsumsatzes. Wie stark allerdings die übrigen Handelsgruppen aufgeholt haben, zeigt der Anteilsverlust gegenüber 1957, als die erwähnten vier Zentralorganisationen noch einen Marktanteil von rd. 75 % hielten. Insbesondere die Handelsabteilungen der GEG mußten starke Einbußen hinnehmen. Zwischen 1957 und 1964 sank ihr Marktanteil von 23,8 % auf 12,8 %. Von den übrigen Zentralorganen haben es die Einkaufskontore des Nahrungsmittelgroßhandels, also die Konzentrationsorgane des ungebundenen Sortimentsgroßhandels und des Kettengroßhandels, am besten verstanden, ihre Marktstellung auszubauen.

Die Konkurrenzsituation auf der Zentralgroßhandelsstufe ist parallel zum Bedeutungszuwachs des Zentraleinkaufs zunehmend schärfer geworden. Rückschlüsse auf die Intensität des Wettbewerbs lassen die Marktanteilsverschiebungen zwischen den Wettbewerbsteilnehmern zu. Sie gehen aus Tabelle 7 hervor.

Wenn auch ein bedeutender und im Betrachtungszeitraum zunehmender Anteil des Absatzes der Produktionsstufe über die Konzentrationsorgane der Zentralgroßhandelsstufe seinen Weg in den Handel findet, so gelingt es dennoch nicht, den Nachweis dafür zu erbringen, daß sich auf der Nachfrageseite eine „oligopolistische Struktur“ herausgebildet habe, wie dies in wirtschaftspolitisch engagierten Publikationen verschiedentlich behauptet wird. Auch der Begriff der „oligopolartigen“ Nachfragekonstellation ist kaum dazu geeignet, die vorgefundenen Nachfrage-Angebotsverhältnisse treffend zu charakterisieren. Vielmehr liegt eine Situation vor, die zwar durch eine ständig zunehmende Konzentration der Nachfrage gekennzeichnet ist, wobei aber das bisher erreichte Aus-

---

zeitpunktbezogene absolute Bedeutung. Hierzu wäre die Gegenüberstellung der um die Zentralgroßhandelsspanne bereinigten Umsätze des Zentralgroßhandels zu den Umsätzen der Ernährungsindustrie erforderlich, was auf Grund der Nichtverfügbarkeit von Angaben über die Spannen der Zentralgroßhandelsorgane scheitert.

Tabelle 7: **Umsatzentwicklung des Zentralgroßhandels in der Bundesrepublik Deutschland einschl. Westberlin**[a]
(1957—1964)

Lfd. Nr.	Großhandelszentralen	1957		1960		1963		1964	
		Mill. DM	%	Mill. DM	%	Mill. DM	%	Mill. DM	%
1	GEG	820	23,8	1003	19,9	1041	13,9	1064	12,8
2	Gedelfi (einschl. Gedelfi-Import)	280	8,1	445	8,8	692	9,3	827	9,9
3	Einkaufskontore des Nahrungsmittelgroßhandels	450	13,1	757	15,0	1228	16,4	1483	17,8
4	Zentralen der Freiwilligen Ketten	69	2,0	146	2,9	322	4,3	354	4,3
5	Edeka-Zentralen	1126	32,8	1658	32,8	2387	32,0	2603	31,2
6	Rewe-Zentralen	363	10,6	587	11,6	930	12,5	1033	12,4
7	Bägenozentrale und Landeszentralen der Bäckereinkaufsgenossenschaften	300	8,7	392	7,8	602	8,1	669	8,0
8	Zentrag	30	0,9	62	1,2	75	1,0	85	1,0
9	Kaufring	—	—	—	—	190	2,5	220	2,6
10	Zentralgroßhandel insgesamt	3438	100,0	5050	100,0	7467	100,0	8338	100,0

[a] Ab 1960 einschl. Saarland.

Quelle: Berechnungen und Schätzungen des Ifo-Instituts für Wirtschaftsforschung, München (vgl. Batzer, Erich, Eli, Max, Laumer, Helmut: Der funktionelle Nahrungsmittelgroßhandel und die Großverbraucher landwirtschaftlicher Produkte in der Bundesrepublik Deutschland, München 1965, S. 3 f. sowie Eli, Max: „Die Struktur des Nahrungs- und Genußmittelgroßhandels in funktioneller Sicht", in: Der Lebensmittel-Großhandel Nr. 740 vom 4. 12. 1965. Auf der Basis der dort veröffentlichten Ergebnisse wurde weitergerechnet). Quellenangabe zu den lfd. Nummern: 1. Jahrbücher der Großeinkaufsgesellschaft deutscher Konsumgenossenschaften 1957, 1960, 1963, 1964; 2. Geschäftsberichte, „Der Sortimenter" vom 12. 6. 1964, Schätzungen; 3. Handbuch der Aktiengesellschaften, Auskünfte der GDE, Frankfurt, sowie der Einkaufskontore; 4. Schätzungen unter Zugrundelegung einer Einkaufskonzentration von 4 % des Umsatzes der Kettengroßhandlungen auf die Kettenzentralen für 1957 und 1960 sowie von 5 % für 1963 und 1964; 5. Jahresberichte der Edeka; 6. Rewe-Geschäftsberichte; 7. Jahrbücher des Deutschen Genossenschaftsverbandes, Geschäftsberichte der Bägeno-Zentrale; 8. Jahrbücher des Deutschen Genossenschaftsverbandes, Geschäftsberichte der Zentrag; 9. Schätzungen sowie Zeitungsnotizen.

maß der Konzentrierung — im Jahre 1964 dürften etwa 15—20 %[42] des Angebotes der Ernährungsindustrie über die Einkaufszentralen abgesetzt worden sein — keineswegs ausreicht, von einem Nachfrage-Oligopol zu sprechen.

3. Die örtliche Großhandelsstufe

Den auf der örtlichen Stufe tätigen Nahrungs- und Genußmittelgroßhandel haben wir — wie bereits erwähnt und in Abb. 1 dargestellt — unterschieden in Sortimentsgroßhandel und Fachgroßhandel. Während die „Sortimenter" einen breiten Warenkreis an Nahrungs- und Genußmitteln führen, sind die Fachgroßhändler auf wenige Produkte oder Produktarten spezialisiert. Die uns interessierenden Vorgänge der integrierten Nachfragekonzentration spielen sich im Sortimentsgroßhandel ab, so daß diesem das Hauptaugenmerk gehört. Der Fachgroßhandel — in dessen Bereich ebenfalls starke Konzentrationsvorgänge zu beobachten sind — soll einmal aus Gründen des vollständigen Marktüberblicks mitbehandelt werden, zum anderen, weil er in engem Zusammenhang mit den Veränderungsvorgängen im Sortimentsgroßhandel steht und in erheblichem Maße von ihnen strukturell betroffen wird.

a) Der Sortimentsgroßhandel

Der Sortimentsgroßhandel umfaßt — bei funktioneller Betrachtungsweise — die Konsumgenossenschaften (Zentralen), die Massenfilialbetriebe (Zentralen), den ungebundenen Sortimentsgroßhandel, den Kettengroßhandel, die Edeka-, Rewe-, Bäcker- und Fleischergenossenschaften sowie die Einkaufszentralen der Lebensmittelabteilungen der Waren- und Kaufhäuser.

Innerhalb des Betrachtungszeitraumes (1957—1964) konnte der Sortimentsgroßhandel seine Umsätze erheblich stärker steigern als der Fachgroßhandel. Er erzielte eine Gesamtumsatzwachstumsrate von 144 %, der Fachgroßhandel mußte sich mit einem Zuwachs von 48 % bescheiden. Die Verteilung des Gesamtumsatzes der örtlichen Großhandelsstufe erfuhr dadurch eine starke Veränderung: 1957 entfielen noch zwei Drittel des Umsatzes der örtlichen Großhandelsstufe auf den Fachgroßhandel, 1964 war es nur noch gut die Hälfte. Entsprechend stieg der Anteilssatz des Sortimentsgroßhandels von einem Drittel auf beinahe die Hälfte an (vgl. Überblick auf S. 47. Diese strukturellen Verschiebungen sind nicht nur auf die Nachfragekonzentrationsbestrebungen der Sortimenter bei ihrem

[42] Eine genauere Angabe ist nicht möglich, da die Zentralgroßhandelsspannen nicht bekannt sind. Vgl. Fußnote 41, S. 41.

traditionellen Warenkreis zurückzuführen, sondern auch auf die beschriebenen Assimilierungsvorgänge[43], die dazu geführt haben und weiterhin dazu führen, daß das sogenannte Frischwarensortiment, das lange Zeit ausschließliches Betätigungsfeld des Fachgroßhandels gewesen war, eine immer größere Rolle in den modernen Lebensmittelgeschäften der Integrations- und Kooperationsgruppen des Nahrungsmittelhandels spielt. Da diese Gruppen in ihre Politik der Einkaufskonzentrierung konsequenterweise auch das Frischwarensortiment einbezogen, mußten ihre Nachfragekonzentrationsorgane auf der örtlichen Großhandelsstufe — also die oben erwähnten Institutionen des funktionellen Sortimentsgroßhandels — ihr traditionelles Sortiment um Frischwaren erweitern. Obwohl das Eindringen in die Bereiche des Fachgroßhandels, insbesondere der Aufbau spezieller Frischdienstorganisationen, mit neuartigen, d. h. branchenfremden Schwierigkeiten verbunden war, gelang in relativ kurzer Zeit der Einbruch in die Fachhandelsdomäne.

Als integrierte Glieder der vertikalen Handelsgruppen waren im Jahre 1964 1 591 Sortimenter tätig. Über diese Großhandlungen bzw. örtlichen Einkaufszentralen wickelte sich die Umsatztätigkeit des Sortimentsgroßhandels zu knapp 80 % ab. Der Rest wurde von den ungebundenen Sortimentsgroßhandlungen bewältigt.

Wie Tab. 8 zeigt, expandierte der Kettengroßhandel unter allen Gruppen am stärksten. Innerhalb von 7 Jahren konnte er seinen Umsatzanteil von 15,9 % auf 26,5 % ausbauen. Während sich die Auftragskonzentration des Kettengroßhandels auf die Kettenzentralen aus noch zu erörternden Gründen nur schwach entwickelt, ist die Einkaufskonzentrierung der Ketteneinzelhändler auf ihre Leitgrossisten — bei unterschiedlichen Verhältnissen im Einzelfall — insgesamt wesentlich stärker. Wie aus Tab. 8 weiter hervorgeht, haben auch die ungebundenen Sortimentsgroßhändler ihren Umsatzanteil während des Betrachtungszeitraumes steigern können. Dieses zunächst unerwartete Ergebnis — hinter dem ungebundenen Sortimentsgroßhandel steht ja keine leistungsfähige und organisierte Einzelhandelsgruppe — findet seine Erklärung in der überdurchschnittlich starken Expansion einiger weniger leistungsstarker Unternehmungen, unter ihnen z. B. Terfloth & Snoek, Münster[44], die zu der günstigen Gesamtentwicklung beigetragen haben. Bei der Masse der

[43] Vgl. S. 36, Fußnote 27.

[44] Terfloth & Snoek ist das größte Cash- and Carry-Unternehmen der Welt. Es wurde außerdem bekannt durch den Aufbau einer neuen Verkaufsform, dem sogenannten „Ratio-System" (Angliederung von Verbrauchermärkten an die C & C-Betriebe). Im Jahre 1966 tätigte die gesamte Ratio-Gruppe einen Umsatz von 643 Mill. DM. Die reinen Cash- and Carry-Umsätze betrugen 1957 erst 13,5 Mill. DM, 1963 aber bereits etwa 260 Mill. DM. Vgl. Handelsblatt vom 30. 1. 1967 (Ratio-Gruppe mit 3,3 % mehr Umsatz); Eli, Max: Der Großhandel in Westeuropa. Erscheinungsbild — Stellung — Entwicklungstendenzen, München 1966, S. 63.

Tabelle 8: **Umsatzentwicklung des örtlichen Sortimentsgroßhandels in der Bundesrepublik Deutschland einschl. Westberlin[a]) (1957—1964)**

Lfd. Nr.	Sortimentsgroßhandelsgruppe	1957		1960		1963		1964	
		Mill. DM	%	Mill. DM	%	Mill. DM	%	Mill. DM	%
1	Konsumgenossenschaften (Zentralen)	1918	16,1	2300	12,8	2500	9,6	2954	10,2
2	Lebensmittelfilialbetriebe (Zentralen)	2439	20,4	3230	17,9	4210	16,1	4699	16,2
3	Ungebundener Sortimentsgroßhandel	2049	17,2	3597	20,0	5793	22,1	6332	21,8
4	Kettengroßhandel	1900	15,9	4000	22,2	7000	26,7	7700	26,5
5	Edeka-Einkaufsgenossenschaften	1681	14,1	2380	13,2	3352	12,8	3640	12,5
6	Rewe-Einkaufsgenossenschaften	617	5,2	833	4,6	1207	4,6	1326	4,5
7	Bäcker-Einkaufsgenossenschaften	630	5,3	680	3,8	901	3,4	953	3,3
8	Fleischer-Einkaufsgenossenschaften	340	2,9	420	2,3	480	1,8	530	1,8
9	Zentralen der Waren- und Kaufhäuser	350	2,9	580	3,2	760	2,9	927	3,2
10	Sortimentsgroßhandel insgesamt	11924	100,0	18020	100,0	26203	100,0	29061	100,0

a) Ab 1960 einschließlich Saarland.

Quelle: Berechnungen und Schätzungen des Ifo-Instituts für Wirtschaftsforschung, München (vgl. Batzer, Erich, Eli, Max, Laumer, Helmut: Der funktionelle Nahrungsmittelgroßhandel und die Großverbraucher landwirtschaftlicher Produkte in der Bundesrepublik Deutschland, München 1965, S. 3 f. sowie Eli, Max: „Die Struktur des Nahrungs- und Genußmittelgroßhandels in funktioneller Sicht", in: Der Lebensmittel-Großhandel Nr. 740 vom 4. 12. 1965. Auf der Basis der dort veröffentlichten Ergebnisse wurde weitergerechnet). Quellenangabe zu den lfd. Nummern: 1. Jahrbücher des Zentralverbandes deutscher Konsumgenossenschaften, Umsätze (nur Nahrungs- und Genußmittel) auf der Einzelhandelsstufe; abzüglich Handelsspanne für den Lebensmitteleinzelhandel lt. Betriebsvergleich des Instituts für Handelsforschung an der Universität zu Köln (1957: 17,7 %; 1960: 19,7 %; 1963: 19,5 %; 1964: 19,0 %); 2. Arbeitsberichte der Arbeitsgemeinschaft der Lebensmittelfilialbetriebe, den dort angegebenen Umsatzwerten 10 % für Nichtmitglieder hinzuaddiert, abzüglich Einzelhandelsspannen wie bei 1; 3. Umsatzsteuerstatistik 1962 (Großhandel mit Nahrungs- und Genußmitteln), weitergerechnet mit Wachstumsraten aus der Repräsentativstatistik des Stat. Bundesamtes; von den jeweiligen Werten wurden subtrahiert die Umsätze des Kettengroßhandels und die Umsätze des Fachgroßhandels; 4. Schätzungen nach Kathrein, Oswald (Die freiwilligen Zusammenschlüsse zwischen Groß- und Einzelhandlungen des Lebensmittelmarktes der Bundesrepublik und ihre Bedeutung für die Handelsstruktur, Marburg, Lahn (1958), anhand der Ergebnisse der Konzentrationsenquête der Bundesregierung sowie anhand der Umsatzveröffentlichungen eines Teiles der Freiwilligen Ketten; 5. Jahresberichte der Edeka; 6. Rewe-Geschäftsberichte; 7. Jahrbücher des Deutschen Genossenschaftsverbandes; Informationsdienst der Bägeno-Zentrale eGmbH; 8. Jahrbücher des Deutschen Genossenschaftsverbandes, Auskünfte der Zentrag; 9. Arbeitsberichte der Arbeitsgemeinschaft der Lebensmittelfilialbetriebe, abzüglich Einzelhandelsspannen wie bei 1.

übrigen unabhängigen Sortimentsgroßhändler verlief die Umsatzentwicklung dagegen weniger positiv.

Mit Ausnahme der Einkaufszentralen der Lebensmittelabteilungen der Waren- und Kaufhäuser, die ihren Umsatzanteil leicht steigern konnten, hatten alle übrigen Gruppen einen Rückgang ihres Anteils zu verzeichnen, wobei der Marktanteilsverlust der Konsumgenossenschaften bemerkenswert hoch ausfiel.

Die Konkurrenzsituation auf der örtlichen Großhandelsstufe ist mit zunehmender Formierung und Straffung der Organisationsgruppen schärfer geworden. Insbesondere durch das Aufkommen der Freiwilligen Ketten wurde das Marktgeschehen angeregt. Die aus Tab. 8 ersichtlichen Verschiebungen der Umsatzanteile lassen Rückschlüsse auf die Wettbewerbsintensität zu. Dabei ist zu beachten, daß die Kettengroßhandlungen — das gleiche gilt für den ungebundenen Sortimentsgroßhandel und die Lebensmittelfilialbetriebe — untereinander in Wettbewerb stehen[45].

b) *Der Fachgroßhandel*

In der Vergangenheit spielte der Fachgroßhandel am Umsatz gemessen stets eine größere Rolle als der Sortimentsgroßhandel. Wie die nachfolgende Gegenüberstellung jedoch zeigt, hat der Fachgroßhandel im Betrachtungszeitraum stark an Boden verloren.

Verschiebung der Umsatzanteile auf der örtlichen Großhandelsstufe zwischen Fach- und Sortimentsgroßhandel
(1957—1964)

Bereich	1957		1960		1964	
	Umsatz Mrd. DM	Anteil %	Umsatz Mrd. DM	Anteil %	Umsatz Mrd. DM	Anteil %
Sortimentsgroßhandel	11,92	33,8	18,02	39,7	29,06	45,5
Fachgroßhandel	23,36	66,2	27,39	60,3	34,79	54,5
Örtlicher Großhandel	35,28	100,0	45,41	100,0	63,85	100,0

Quelle: Sortimentsgroßhandel: vgl. Tabelle 8, Fachgroßhandel: Umsatzsteuerstatistiken des Statistischen Bundesamtes. Der Wert für 1957 wurde, ausgehend von der Umsatzsteuerstatistik 1962, mit Hilfe der Indices der amtlichen Repräsentativstatistik (Fachserie F, Reihe 1) des Statistischen Bundesamtes errechnet.

[45] Es wäre daher irreführend, den Anteil dieser Betriebsformen am Umsatz des örtlichen Sortimentsgroßhandels als „Marktanteil“ zu bezeichnen.

Der steigende Bedeutungszuwachs des Sortimentsgroßhandels ist über das bereits geschilderte Eindringen der Sortimenter in die Fachbereiche hinaus zurückzuführen auf eine entgegengerichtete Entwicklung bei zahlreichen Fachgroßhandlungen, die ihr Fachsortiment aus Rentabilitäts- und marktstrategischen Gründen um branchenfremde Warengruppen erweitern und auf diese Weise zu Sortimentern werden. Gleichzeitig mit dieser Entwicklung ist im Fachgroßhandel ein starker Konzentrationsprozeß zu beobachten, sowohl hinsichtlich der Betriebe als hinsichtlich der Umsätze. Die Entwicklung führte dazu, daß im Fachgroßhandel mit Speise- und Industriekartoffeln, Gemüse, Obst, Früchten und Gewürzen — das ist der Fachbereich, auf den der größte Teil des Umsatzes des Fachgroßhandels mit Nahrungs- und Genußmitteln entfällt — 1964 auf 12,7 % aller Unternehmungen (von insgesamt 5 699) 70 % der Umsätze entfielen[46]. In der zweitstärksten Fachbranche, dem Großhandel mit Milcherzeugnissen, Eiern und lebendem Geflügel, konzentrierten 1964 die 31 größten Unternehmungen (von insgesamt 3 397) 45,5 % vom Gesamtumsatz des Fachzweigs auf sich[46]. In anderen Fachzweigen liegt der Konzentrationsgrad ähnlich hoch.

Die geschilderten Vorgänge haben dazu geführt, daß auch im Fachgroßhandel eine verschärfte Wettbewerbssituation eingetreten ist, wobei sich der Fachgroßhändler darüber hinaus starken Ausschaltungstendenzen gegenübersieht.

4. Die Einzelhandelsstufe

Auf der Einzelhandelsstufe sind entsprechend der funktionellen Systematik die Konsumläden, die Filialgeschäfte, die nichtorganisierten Einzelhändler sowie ihnen gleichzusetzende sonstige Abnehmer, die Kettenläden, die Edeka- und Rewegeschäfte, die Bäckereien und Fleischereien und schließlich die Lebensmittelabteilungen der Waren- und Kaufhäuser tätig.

Die bisher in Deutschland übliche institutionelle Betrachtungsweise läßt das Bäcker- und Fleischerhandwerk weitgehend unberücksichtigt, da zu den Einzelhandelsumsätzen nur die Umsätze derjenigen Bäcker- und Fleischerläden gezählt werden, bei denen die Handelsumsätze, d. h. die Verkäufe von nicht im eigenen Betrieb hergestellten bzw. verarbeiteten Waren, überwiegen. In unserer funktionellen Betrachtungsweise sowie unter Marktanteilsgesichtspunkten sollen auch die übrigen Bäcker- und Fleischerbetriebe zum Lebensmitteleinzelhandel gezählt werden. „Die Tätigkeit von Nahrungsmittelhandwerk und Lebensmitteleinzel-

---

[46] Vgl. Umsatzsteuerstatistik 1964 des Stat. Bundesamtes, Wiesbaden 1966, Nummern der Systematik: 4111 und 4113.

handel gleicht sich nämlich zunehmend einander an. Einerseits weiten Bäcker und Fleischer ihr Handelssortiment ständig aus[47], andererseits steigt der Lebensmitteleinzelhandel (vor allem die Großbetriebe) immer stärker in die Produktion ein (Brot- und Backwarenherstellung, eigene Fleischereibetriebe). In den meisten anderen Ländern zählt das Bäcker- und Fleischerhandwerk seit jeher zum Lebensmitteleinzelhandel; seine Umsätze werden z. B. in Frankreich gar nicht gesondert erfaßt. Längerfristig gesehen wird sich wohl auch die amtliche Statistik in der Bundesrepublik diesem Vorgehen anschließen[48]."

Die Struktur des Lebensmitteleinzelhandels erfuhr seit 1950 eine grundlegende Veränderung. Drei Vorgänge haben im wesentlichen die Entwicklung beeinflußt: die starke Umsatzkonzentration, der Übergang zur Selbstbedienung[49] sowie die Verschiebung der Marktanteile zwischen den einzelnen Betriebsformen. Diese Vorgänge stehen alle in engem Zusammenhang mit der Gruppenbildung und der Nachfragekonzentrierung im Nahrungs- und Genußmittelhandel und haben dazu geführt, daß der Lebensmitteleinzelhandel einen hohen Rationalisierungs- und Modernisierungsstand erreicht hat. In der Fachliteratur wurde ihm das Prädikat des „am besten rationalisierten Bereiches" der Absatzwirtschaft in der Bundesrepublik zuerkannt[50].

Zwischen 1957 und 1964 sind die Umsätze des Nahrungs- und Genußmitteleinzelhandels und -handwerks von 39,3 Mrd. DM auf 60,6 Mrd. DM, d. h. um 54,2 % angestiegen. Gleichzeitig hat sich die Zahl der steuerpflichtigen Einzelhändler mit Nahrungs- und Genußmitteln verschiedener Art (ohne Einzelhandel mit Reformwaren) lt. Umsatzsteuerstatistik

---

[47] Im Jahre 1964 betrug der Anteil der Handelswaren am Gesamtumsatz der Bäckerbetriebe rd. 36 % (1949: 17,1 %); das bedeutet, daß rd. 2,75 Mrd. DM Umsatz auf Artikel entfallen, die das handwerklich hergestellte Backwarensortiment ergänzen. Der Anteil des Handelswarensortiments am Gesamtumsatz des Fleischerhandwerks stieg von 6,5 % im Jahre 1949 auf 11,5 % im Jahre 1964 an. Quelle: o. V.: „Nur mehr langsame Zunahme des Marktanteils der Großbetriebsformen im Lebensmitteleinzelhandel", in: Ifo-Schnelldienst Nr. 49 vom 3. 12. 1965, S. 8. Vgl. auch III. 6. a), S. 106.

[48] Ifo-Schnelldienst Nr. 49, a.a.O., S. 7/8.

[49] Zwischen 1951 und 1966 ist die Zahl der Selbstbedienungsläden im westdeutschen Lebensmittel-Einzelhandel von 39 auf 62 174, in unserem Betrachtungszeitraum von 1379 auf 46 764 (!), gestiegen. Vgl. Wickern, J.: „62 174 Selbstbedienungsläden im deutschen Lebensmittel-Einzelhandel", in: Selbstbedienung und Supermarkt Nr. 6, 1966, S. 5 sowie ders.: „53 125 SB-Läden im deutschen Lebensmittelhandel", in: Selbstbedienung und Supermarkt Nr. 5, 1965, S. 7.

[50] „Er ist das Demonstrationsobjekt des deutschen Handels: Will man fortschrittliche Entwicklungen und moderne Tendenzen aufzeigen, wird in erster Linie auf den Lebensmittelhandel hingewiesen." Ifo-Schnelldienst Nr. 49, a.a.O., S. 4.

des Statistischen Bundesamtes[51] auf 130 365 vermindert[52], die Zahl der Bäckereien und Fleischereien auf rd. 91 000[53].

Wie Tabelle 9 zeigt, ist der Marktanteil der nichtorganisierten Einzelhändler und sonstigen Abnehmer im Betrachtungszeitraum von 24,8 % auf 2,3 % zurückgegangen[54]. Gleichzeitig stieg der Marktanteil der Kettenläden (Freiwillige Ketten und Gruppen) von 12,7 % auf 32,2 % an. Hinter diesen starken Verschiebungen verbirgt sich die zunehmende Gruppenbildung des nichtorganisierten Lebensmitteleinzelhandels, aber auch das zu Lasten der leistungsschwachen und unorganisierten Einzelhändler gehende Vordringen der Großbetriebsformen[55] und der genossenschaftlich organisierten Einzelhändler. Lediglich den Konsumläden ist es nicht gelungen, ihren Marktanteil zu erhöhen. Das Nahrungsmittelhandwerk hat seine Marktposition im Betrachtungszeitraum halten können.

Die Anteilsverschiebungen sind nicht nur Ausdruck der strukturellen Veränderungsprozesse im Lebensmitteleinzelhandel, sondern auch Hinweise auf die im Betrachtungszeitraum zunehmende Schärfe des Wettbewerbs. Die Wettbewerbsintensivierung führte zum Ausscheiden zahlreicher leistungsschwacher Einzelhandelsgeschäfte aus dem Markt und förderte damit die Rationalisierung des Lebensmitteleinzelhandels. Eine Existenzgefährdung des leistungsfähigen „mittelständischen" Einzelhan-

---

[51] Also in der auf S. 15 beschriebenen traditionellen Abgrenzung, vgl. Umsatzsteuerstatistiken 1957 und 1964 des Statistischen Bundesamtes, Wiesbaden.

[52] Die Angabe einer genauen Vergleichszahl für 1957 ist nicht möglich, da der Umsatzsteuerstatistik 1957 eine andere Systematik zugrunde liegt wie 1964. Der Schrumpfungsprozeß läßt sich jedoch im Einzelhandel mit Nahrungs- und Genußmitteln insgesamt (also einschließlich der Facheinzelhandelsgeschäfte) verfolgen: während 1957 noch 251 834 Steuerpflichtige erfaßt wurden (Umsatzsteuerstatistik 1957, Gewerbekennziffer 642), waren es 1964 nur noch 201 696 (Umsatzsteuerstatistik 1964, Nummer der Systematik: 431); der Rückgang betrug damit beinahe 20 %.

[53] Vgl. II. 6. a), S. 106. Eine exakte Verfolgung des Rückganges ist nur möglich anhand der Ergebnisse der Handwerkszählungen des Statistischen Bundesamtes in den Jahren 1956 und 1963. In diesem Zeitraum ging die Zahl der Bäckereien und Fleischereien von 96 761 auf 91 653 zurück. Vgl. Statistisches Bundesamt, Handwerkszählungen (Nummern der Systematik 501 und 503).

[54] Korrekter wäre es, von „Umsatzanteil" zu sprechen, da nur eine Unternehmung oder eine Organisationsgruppe, die als Einheit am Markt auftritt, einen Marktanteil haben kann. Es wäre z. B. gerechtfertigt, vom Marktanteil der Konsumläden zu sprechen, denn sie stehen untereinander nicht in Konkurrenz und gehören derselben Organisationsgruppe an. Hingegen können die Kettenläden insgesamt nur einen Umsatzanteil haben, Marktanteile halten die einzelnen Ketten getrennt. Da es sich eingebürgert hat, auch im Zusammenhang mit Betriebsformenbetrachtungen von Marktanteilen zu sprechen, wollen wir dies übernehmen, wobei uns die Unkorrektheit bewußt ist.

[55] Unter Großbetriebsformen des Lebensmitteleinzelhandels versteht man die Lebensmittelfilialbetriebe, die Lebensmittelabteilungen der Warenhäuser sowie die Konsumgenossenschaften.

Tabelle 9: **Umsatzentwicklung des Nahrungs- und Genußmitteleinzelhandels und- handwerks in der Bundesrepublik Deutschland einschl. Westberlin**[a]
(1957—1964)

Lfd. Nr.	Einzelhandelsgruppe bzw. Betriebsform	1957		1960		1963		1964	
		Mill. DM	%	Mill. DM	%	Mill. DM	%	Mill. DM	%
1	Konsumläden	2400	6,1	2850	5,8	3120	5,4	3240	5,3
2	Filialgeschäfte	3000	7,6	4020	8,3	5300	9,2	5700	9,4
3	Nicht organisierte Einzelhändler, sonst. Abnehmer	9752	24,8	6350	13,0	2000	3,5	1370	2,3
4	Kettenläden	5000	12,7	11500	23,6	18000	31,4	19500	32,2
5	Edeka- und Rewegeschäfte	6500	16,7	8200	16,8	10250	17,9	11100	18,3
6	Bäckereien und Fleischereien	12179	31,0	15170	31,1	17760	30,9	18620	30,7
7	Lebensmittelabteilungen der Waren- und Kaufhäuser	420	1,1	660	1,4	950	1,7	1070	1,8
8	Lebensmitteleinzelhandel insgesamt	39251	100,0	48750	100,0	57380	100,0	60600	100,0

[a] Ab 1960 einschließlich Saarland.

Quelle: „Nur mehr langsame Zunahme des Marktanteils der Großbetriebsformen im Lebensmitteleinzelhandel" in: Ifo-Schnelldienst Nr. 49 vom 3. 12. 1965 und Eli, Max: „Strukturwandel des Lebensmitteleinzelhandels in der Nachkriegszeit", in: Der Lebensmittel-Großhandel Nr. 755 vom 20. März 1966, S. 12 f. Quellenangabe zu den lfd. Nummern: 1. Jahrbücher des Zentralverbandes deutscher Konsumgenossenschaften e. V. Hamburg; 2. Geschäftsberichte der Arbeitsgemeinschaft der Lebensmittelfilialbetriebe e. V., Bonn; 3. Schätzungen aufgrund von Geschäftsberichten und Pressemitteilungen sowie sonstiger Informationen; 4. Quelle 3, es sind hier die Gesamtumsätze dieser Firmen erfaßt, also nicht nur die Umsätze an Waren, die von den Genossenschaften bzw. den Kettengroßhandlungen bezogen wurden. Ein kleiner Teil von Lebensmitteleinzelhandlungen gehört sowohl einer Einkaufsgenossenschaft als auch einer Freiwilligen Kette an; sie wurden hier nur einmal erfaßt und zwar zur Hälfte beim genossenschaftlich organisierten Einzelhandel und zur Hälfte bei den Kettenfirmen. Dabei wurde angenommen, daß 5 % der Genossenschaftsmitglieder (mit einem Umsatzanteil von ebenfalls 5 %) gleichzeitig auch Mitglieder einer Freiwilligen Kette sind; 5. Geschäftsberichte der Edeka und Rewe-Organisationen sowie Quelle 6; 6. Stat. Bundesamt, Umsatzsteuerstatistik 1962 (Nr. der Systematik 284 und 2 917), zurück- bzw. weitergerechnet mit den Ergebnissen der laufenden Handwerksberichterstattung (Fachserie D, Reihe 7: Beschäftigte und Umsatz im Handwerk). Erfaßt sind nur die Umsätze derjenigen Handwerksbetriebe, deren Handelsumsätze weniger als 50 % der Gesamtumsätze ausmachen. Bäcker und Fleischer mit überwiegender Handelstätigkeit sind mit ihren Gesamtumsätzen im institutionellen Einzelhandel enthalten; 7. Geschäftsberichte wie 2, weitergerechnet mit Hilfe der vom Stat. Bundesamt ermittelten Veränderungsraten (Stat. Bundesamt, Fachserie F, Reihe 3, Einzelhandel I. Umsätze: Meßzahlen zur Umsatzentwicklung); 8. Der Umsatz insgesamt setzt sich zusammen aus a) Umsatz des Nahrungsmittelhandwerks plus b) Umsatz des Lebensmitteleinzelhandels ohne a) Quelle zu a): Stat. Bundesamt, Umsatzsteuerstatistik 1962 wie Quelle 6; Quelle zu b): Differenz zwischen Lebensmitteleinzelhandel insgesamt (ohne Handwerk) und der Summe der lfd. Nummern 1, 2, 4, 5 und 7, Umsatzsteuerstatistik 1962 (Nr. der Systematik 4 304 und 431), zurück- bzw. weitergerechnet mit Hilfe der Veränderungsraten der Repräsentativstatistik des Stat. Bundesamtes; die Umsätze der Lebensmittelabteilungen der Warenhäuser (Zeile 7 der Tabelle) wurden hinzuaddiert, da diese in der Umsatzsteuerstatistik in einer anderen Position erfaßt sind.

dels ist mit dieser Entwicklung bisher nicht verbunden gewesen; vielmehr gelang es diesem, in den Kooperationsformen der Freiwilligen Ketten und Gruppen ein wirkungsvolles Gegengewicht gegen die kapitalstarken Großbetriebsformen und die Einkaufsgenossenschaften zu schaffen.

5. Erkenntnis und Grenzen der horizontalen Darstellung des Stufenaufbaues im Hinblick auf die Nachfragekonzentration

Die soeben abgeschlossene horizontale Darstellung des Stufenaufbaues hat u. a. den Versuch unternommen, die jeweilige Marktform auf der Zentralgroßhandelsstufe, der örtlichen Großhandelsstufe und der Einzelhandelsstufe transparent zu machen sowie Auskunft zu geben über die Entwicklung der Marktanteile der Wettbewerbsteilnehmer im Betrachtungszeitraum 1957—1964. Die Analyse basiert auf den Berechnungen, die in den Tabellen 7, 8 und 9 vorgenommen wurden. Diese Berechnungen erforderten in einigen Fällen wegen des unzureichenden statistischen Materials die Vornahme von Schätzungen, so daß sie keinen Anspruch auf völlige Exaktheit erheben können[56]. Andererseits reicht das vorhandene Zahlenmaterial aus, Größenordnungen und Entwicklungstendenzen zuverlässig darzustellen.

Mit der Sichtbarmachung der Marktformen und der Marktanteilssätze ist die Aussagekraft der Tabellen nicht erschöpft. Vielmehr läßt sich anhand ihrer Ergebnisse die Entwicklung der Nachfragekonzentration im Betrachtungszeitraum verfolgen. Dies geschieht durch Gegenüberstellung der Umsatzentwicklung des Lebensmitteleinzelhandels, des örtlichen Sortimentsgroßhandels und des Zentralgroßhandels.

Tabelle 10

Umsatzentwicklung im Nahrungsmittel-Sortimentshandel
(1957—1964)
1957 = 100

Stufe	1960	1963	1964
Einzelhandel	124,2	146,2	154,4
örtlicher Großhandel	151,1	219,8	243,7
Zentralgroßhandel	146,9	217,2	242,5

Quelle: Tabellen 7, 8 und 9 auf den Seiten 43, 46 und 51.

[56] Die in den Tabellen angegebenen Kommastellen sind rechnerische Ergebnisse, nicht Ausdruck hoher Genauigkeit!

Wie die errechneten Indices erkennen lassen, war das Umsatzwachstum des örtlichen Großhandels wesentlich stärker als dasjenige des Einzelhandels, wobei die Wachstumsdiskrepanz von Jahr zu Jahr zunahm. Da im Betrachtungszeitraum keine verfälschenden strukturellen Verschiebungen im Absatz- und Bezugssystem des Nahrungs- und Genußmittelhandels stattgefunden haben, resultiert diese Entwicklung aus einer zunehmenden Einschaltung des Sortimentsgroßhandels in die Warenbeschaffung des Einzelhandels, was gleichbedeutend mit einer Zunahme der Einkaufskonzentration auf der Einzelhandelsstufe ist. Durch die verstärkte Einschaltung des örtlichen Sortimentsgroßhandels haben die ihm vorgelagerten Zentralorgane einen beachtlichen Bedeutungszuwachs erlangt[57]. Die Umsätze der Zentralgroßhandelsstufe sind zwischen 1957 und 1964 beinahe im gleichen Maße gestiegen wie diejenigen der örtlichen Großhandelsstufe. Das bedeutet, daß die Einschaltung der Zentralorgane in die Warenbeschaffung des örtlichen Sortimentsgroßhandels anteilsmäßig gleich stark geblieben ist.

Dieses Ergebnis muß jedoch auf Grund der nachstehenden Ausführungen noch modifiziert werden.

Die Erkenntnis, daß die Nachfragekonzentrierung auf der örtlichen Großhandelsstufe im Betrachtungszeitraum konstant geblieben ist, resultiert aus einer aggregierten Gegenüberstellung der Umsatzentwicklung auf den beiden Großhandelsstufen. Nun läßt sich die Umsatzgegenüberstellung auch innerhalb jeder vertikalen Handelsgruppe getrennt durchführen, womit die Entwicklung der Nachfragekonzentration in den Handelsgruppen festgestellt werden kann.

Dabei zeigt sich, daß in der Konsumgruppe (Konsumläden — Konsumgenossenschaften — GEG) — im Gegensatz zu den übrigen Gruppen — die Nachfragekonzentration von Stufe zu Stufe nicht zugenommen, sondern abgenommen hat (vgl. hierzu die Ausführungen auf S. 60). Diese Entwicklung konnte von der Konsumgruppe erst nach 1964 aufgefangen werden[58]. Für unsere Globalbetrachtung der Nachfragekonzentrationsentwicklung im Betrachtungszeitraum 1957—1964 bedeutet dieser timelag eine stärkere Beeinflussung der zu untersuchenden Entwicklungstendenz. Wir wollen daher die Nachfragekonzentration im Nahrungs- und Genußmittelhandel ohne Beachtung der Konsumgruppe verfolgen.

---

[57] Vgl. hierzu auch Batzer, Erich: „Starker Wandlungsprozeß im Lebensmittelhandel", in: Wirtschaftskonjunktur, 17. Jg., Heft 4, 1965, S. 33.

[58] Die Gründe für das relative Zurückbleiben der Konsumgruppe liegen in dem — im Vergleich zu den anderen Wettbewerbsgruppen — zu langen Festhalten an überholten Geschäftsprinzipien sowie an der starren Organisationsform. Erst nach 1964 wurde systematisch mit einer kooperativen Neuordnung und Straffung des Organisationsaufbaues sowie mit der Entwicklung einer einheitlichen Marketingkonzeption der „Unternehmensgruppe Konsum" begonnen. Vgl. die Ausführungen in Abschitt III. 1. c), S. 56.

Folgende Indices ergeben sich nunmehr bei der Gegenüberstellung der Umsatzentwicklung auf den drei Stufen:

Tabelle 11

Umsatzentwicklung im Nahrungsmittel-Sortimentshandel ohne Berücksichtigung der Konsumläden, der Konsumgenossenschaften und der GEG

(1957—1964)

1957 = 100

Stufe	1960	1963	1964
Einzelhandel	124,6	147,2	155,7
örtlicher Großhandel	157,1	236,9	260,9
Zentralgroßhandel	154,6	245.5	277,8

Quelle: Tabellen 7, 8 und 9 auf den Seiten 43, 46 und 51.

Es zeigt sich nunmehr — und damit ist die Entwicklungstendenz nach unserer Auffassung besser widergegeben —, daß seit 1960 auch der Zentralgroßhandel eine stärkere Umsatzexpansion zu verzeichnen hatte als die ihm nachgelagerte Stufe (Abbildung 2 stellt die Entwicklung graphisch dar). Das bedeutet seine zunehmende Einschaltung in die Warenbeschaffung des örtlichen Großhandels und schließlich die Feststellung, daß im Betrachtungszeitraum *die Nachfragekonzentration im Nahrungs- und Genußmittelhandel der Bundesrepublik Deutschland von Stufe zu Stufe stärker zugenommen hat.*

Der Erkenntniswert der horizontalen Darstellung des Stufenaufbaues liegt in der Sichtbarmachung der *Entwicklung* der Nachfragekonzentration. Ihre Grenzen findet sie in der Suche nach dem *Ausmaß* der Konzentrierung, dem Nachfragekonzentrationsgrad. Die Angabe eines durchschnittlichen Konzentrationsgrades und seiner Entwicklung wäre nur möglich unter Zugrundelegung fiktiver durchschnittlicher Handelsspannen auf den relevanten Stufen. Da die Verhältnisse in den einzelnen Handelsgruppen stark unterschiedlich sind, halten wir eine Durchschnittsbetrachtung, die zudem auf Fiktionen basiert, für problematisch und wollen auf sie verzichten. Dagegen versprechen wir uns wertvolle Erkenntnisse aus einer getrennten Untersuchung der Nachfragekonzentration innerhalb der Handelsgruppen. Dies soll — neben anderen Zielsetzungen — Aufgabe der nun folgenden vertikalen Darstellung des Stufenaufbaues sein.

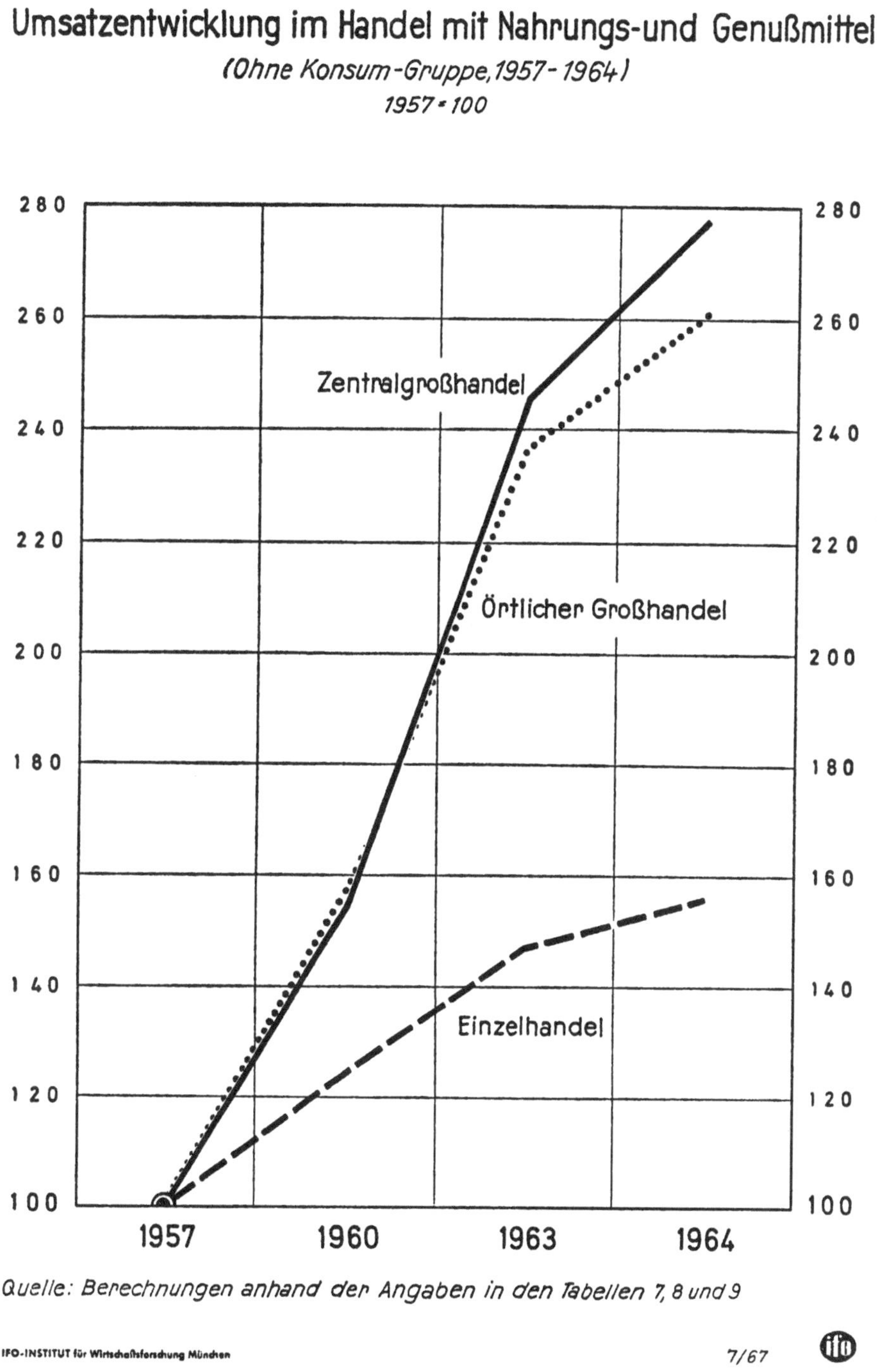
Umsatzentwicklung im Handel mit Nahrungs-und Genußmittel
(Ohne Konsum-Gruppe, 1957 - 1964)
1957 = 100
280
260
240
220
200
180
160
140
120
100
Zentralgroßhandel
Örtlicher Großhandel
Einzelhandel
1957
1960
1963
1964
Quelle: Berechnungen anhand der Angaben in den Tabellen 7, 8 und 9
IFO-INSTITUT für Wirtschaftsforschung München
7/67

Abbildung 2

III. Die vertikale Darstellung des Stufenaufbaues

1. Die Konsumgruppe

a) Organisationsaufbau und Zusammenarbeit

Die Konsumgruppe besteht aus der Großeinkaufsgesellschaft Deutscher Konsumgenossenschaften mbH (GEG), den örtlichen Konsumgenossenschaften und den Konsumläden:

Stand: Ende 1966

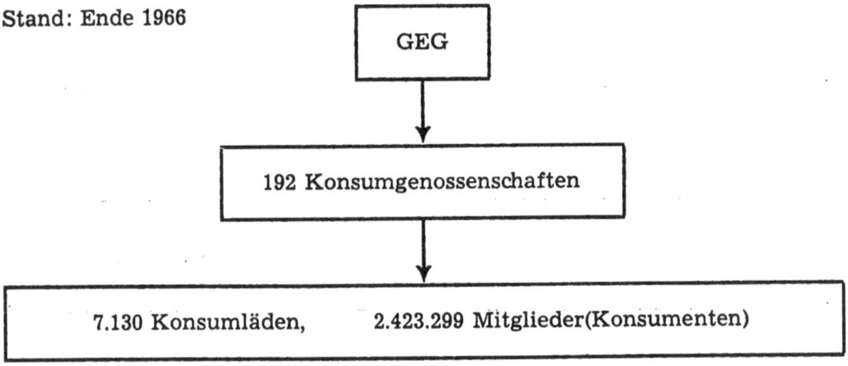

Bereits im Jahre 1894 haben sich die Konsumgenossenschaften — die im Zentralverband Deutscher Konsumgenossenschaften e. V. (ZdK) und, seit Juni 1967, im „Bund Deutscher Konsumgenossenschaften GmbH" zusammengeschlossen sind — in der GEG eine eigene Großeinkaufsgesellschaft geschaffen, um konzentriert und preisgünstig einkaufen zu können. Dieses Einkaufsorgan nahm bald nach seiner Gründung die Eigenproduktion auf und entwickelte sich bis heute zu einem mehrschichtigen Mammutunternehmen, dessen Gesamtumsatz 1966 über der 2-Mrd.-DM-Grenze lag[1]. Ende 1966 verfügte die GEG über 33 Produktionsbetriebe[2], 15 Handelsabteilungen, einen Lebensmittelfilialbetrieb[3], 35 Möbelhäuser,

---

[1] Im Jahre 1966 wurde ein Gesamtumsatz von 2 089 Mill. DM erzielt. Davon entfielen 1 166 Mill. DM auf die Handelsabteilungen (einschl. Agenturgeschäft), 728 Mill. DM auf die Herstellbetriebe (einschl. Agenturgeschäft) und 194 Mill. DM auf die Tochtergesellschaften, vgl. Geschäftsbericht 1966 der GEG, Hamburg 1966, S. 17.

[2] Die GEG-Produktion umfaßt folgende Waren bzw. Warengruppen: Mehl, Nährmittel, Teigwaren, Fleisch- und Wurstwaren, Fisch und Feinkostartikel, Gemüse und Obstkonserven, Tiko-Tiefkühlkost, Babette-Schokolade, Pralinen, Kakao, Weine, Sekt, Spirituosen, Kaffee, löslicher Kaffee, Kaffeeersatz, Butter und Käse, Zigarren, Zigaretten, Haushaltartikel und Stahlwaren, Kosmetika, Seifen, Waschmittel, Zündhölzer, Druckereierzeugnisse, Verpakkungsmaterial.

10 Vertriebsniederlassungen und Lagerhäuser, eine Reihe sogenannter Co-op-Märkte (zusammen mit den örtlichen Konsumgenossenschaften) sowie über 7 Tochtergesellschaften (100 %ige Beteiligung), darunter die Co-op-Supermarkt GmbH in Frankfurt/Main (Main-Taunus-Center).

Mit der Übernahme der Eklöh-GmbH hat die GEG ihren Wirkungsbereich zwar auf den Lebensmitteleinzelhandel ausgedehnt, will aber offensichtlich die meisten der übernommenen Eklöh-Filialen nicht völlig in eigener Regie führen, sondern zusammen mit den jeweiligen örtlichen Konsumgenossenschaften[4].

Die Konsumgenossenschaften sind Zusammenschlüsse von Verbrauchern. Ihre Zwecksetzung ist die möglichst preisgünstige Versorgung der Mitglieder mit Nahrungs- und Genußmitteln sowie anderen Konsumgütern. Zwischen ihnen und den Konsumläden besteht ein ähnliches Verhältnis wie zwischen den Filialunternehmungen und ihren Filialgeschäften[5]. Die Einkaufskonzentration der Konsumläden auf die Konsumgenossenschaften ist praktisch eine 100 %ige[6]. Im Gegensatz zu den erwerbswirtschaftlichen Konkurrenzunternehmungen, z. B. den Freiwilligen Ketten oder den Filialbetrieben, dürfen die Konsumgenossenschaften laut Satzung keine Gewinne erzielen. Ein Überschuß ist an die Konsumenten auszuschütten. Die Ausschüttung des erzielten Überschusses wurde im Jahre 1954 durch das Rabattgesetz auf den Satz von 3 % beschränkt. Dies zwang die Konsumgenossenschaften, über eine verschärfte Preispolitik den Konsumenten in Form niedrigerer Verkaufspreise eine Art zusätzliche Rückvergütung zu gewähren. Hierdurch gerieten sie

[3] Bei dem GEG-eigenen Lebensmittelfilialbetrieb handelt es sich um die Eklöh-GmbH, die 1965 übernommen wurde. Der Eklöh-GmbH gehören über 50 Lebensmittelfilialgeschäfte an, die ihr Tätigkeitsgebiet nördlich der Linie Köln/Kassel (vor allem in den Städten Köln, Osnabrück, Hamburg und Kiel) haben. Zu den Filialen zählt Deutschlands größter Supermarkt, die Rheinlandhalle in Köln mit 2 000 qm Verkaufsfläche. Auch die übrigen Filialen sind durchweg großräumig eingerichtet (durchschnittliche Verkaufsfläche der Eklöh-Filialen: über 450 qm) und entsprechen voll den Anforderungen an die heute als optimal angesehene Betriebsgröße.

[4] Die Hamburger Konsumgenossenschaft „Produktion" hat z. B. 5 Eklöh-Läden in verschiedenen Stadtteilen Hamburgs übernommen, wo sie unter der Bezeichnung „Pro-Markt" geführt werden. Gleiches ist für Kiel bekannt, wo die Eklöhfilialen der dortigen Konsumgenossenschaft angegliedert wurden.

[5] So schreibt z. B. Nieschlag: „... vielmehr sind auch die Konsumgenossenschaften, sobald ihr Geschäftsumfang über den eines Kleinbetriebes hinausgewachsen ist — und das gilt für die meisten —, Filialbetriebe geworden, mögen sie sich auch nach Rechtsform und Wirtschaftsgesinnung von den übrigen Filialbetrieben des Einzelhandels wesentlich unterscheiden." Nieschlag, Robert: Binnenhandel und Binnenhandelspolitik, Berlin 1958, S. 198.

[6] Lediglich Frischwaren (Milch, Milcherzeugnisse, Kartoffeln, Frischfleisch, Frischgemüse, Obst, Eier, Wild und Geflügel) beziehen die Konsumläden z. T. direkt, da die Verderblichkeit dieser Waren längere Lagerzeiten nicht gestattet.

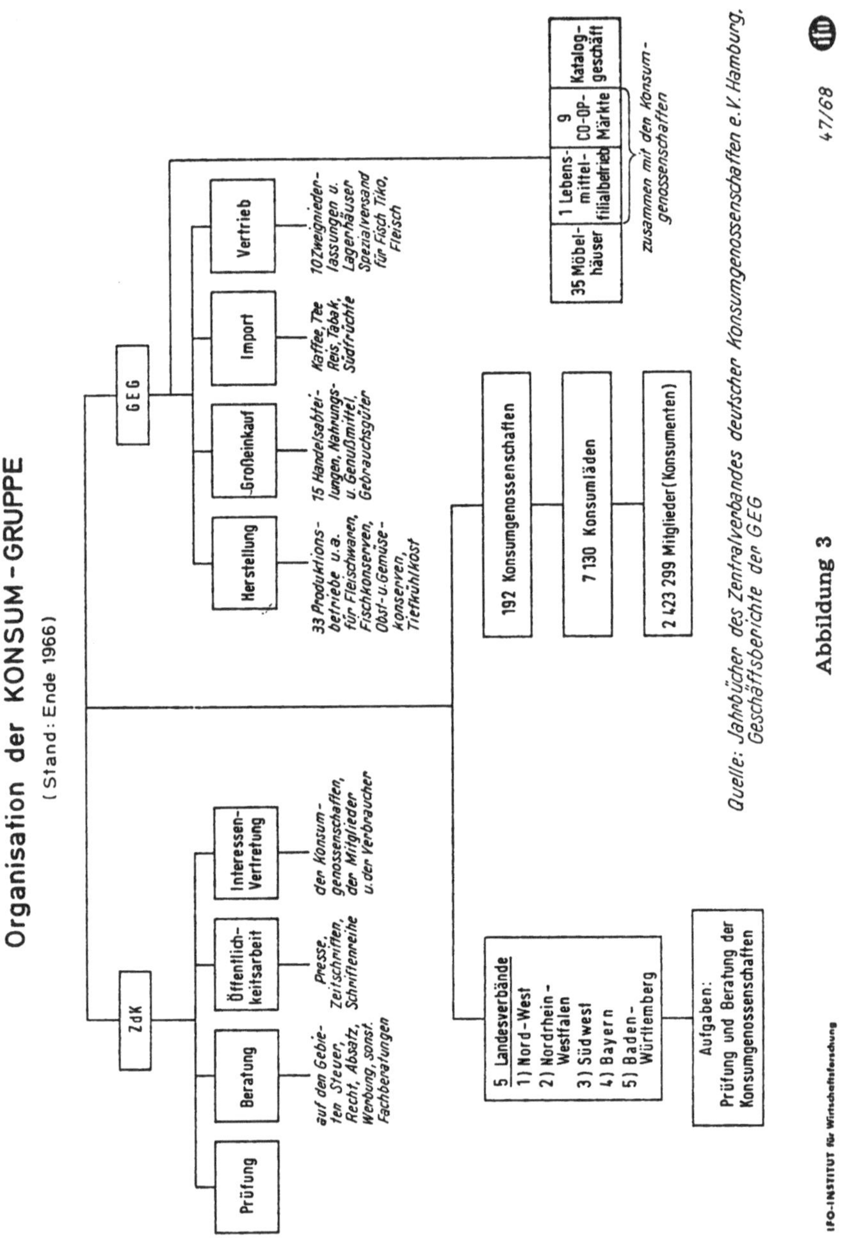

Quelle: Jahrbücher des Zentralverbandes deutscher Konsumgenossenschaften e.V. Hamburg, Geschäftsberichte der GEG

Abbildung 3

jedoch in eine zunehmend verschärfte Konkurrenzsituation zu den anderen Handelsgruppen des Lebensmittelbereiches. Dabei büßten sie die früher vorhandene Preisführerschaft ein und sahen sich rasch der Notwendigkeit gegenüber, sich neben anderen modernen und leistungsfähigen Betriebsformen im Wettbewerb behaupten zu müssen. Es mußte im Zentralverband deutscher Konsumgenossenschaften erkannt werden, daß die Zeiten der Versorgung minderbemittelter Volksschichten unter sozial-ethischen Gesichtspunkten vorbei sind, denn die erheblichen Einkommenssteigerungen in allen Bevölkerungsschichten und der daraus resultierende beträchtlich höhere Lebensstandard haben die Konsumgenossenschaften ihrer ideologischen Basis beraubt. Die aus dem Erkennen dieser Situation resultierende marktwirtschaftliche Orientierung der Konsumgenossenschaften leitete im konsumgenossenschaftlichen Bereich einen Prozeß der Neuorientierung und der Anpassung an die moderne Warendistribution ein, der im Juni 1967 durch die Gründung des „Bund Deutscher Konsumgenossenschaften GmbH" seinen vorläufigen organisatorischen Abschluß fand. Diese Gesellschaft, zu deren Gesellschaftern außer den Konsumgenossenschaften die GEG gehört, soll als Führungs- und Lenkungsorgan Stagnationstendenzen innerhalb der Konsumgruppe entgegenwirken und die Schwerfälligkeit der bisherigen Apparatur beseitigen. Die bis dahin völlig autonomen Konsumgenossenschaften sind als Mitglieder der Gesellschafter verpflichtet, ihre Selbständigkeit in gewissem Umfang einzuschränken und der neuen Spitze Richtlinienkompetenzen zuzuerkennen. Diese nimmt u. a. Einfluß auf Investitionen, Finanzplanung, Personalfragen und Sortimentspolitik der Konsumgenossenschaften. Dem Zentralverband fallen nur mehr Aufgaben der Revision mit Steuer- und Rechtsberatung zu, seine Umgründung zum reinen Prüfungsverband wurde beschlossen. „Der Bund stellt nicht nur eine Addition von Zentralverband und GEG dar, sondern eine neue Instanz höherer Ordnung, die die Genossenschaft zu gleichförmigem Verhalten und gemeinsamem Operieren im Markt anhalten soll[7]."

Zwischen den Konsumgenossenschaften und der GEG bestehen neben den wirtschaftlichen Beziehungen insofern rechtliche Beziehungen, als sie Gesellschafter der Großeinkaufsgesellschaft sind[8]. Im Geschäftsverkehr mit den Konsumgenossenschaften stand die GEG bisher allerdings in voller Konkurrenz zu den übrigen Herstellern, denn die Konsumgenossenschaften sind nicht verpflichtet, von der GEG zu beziehen. Für ihre Einkaufspolitik richtungweisend ist ausschließlich die Auflage des

---

[7] Vgl. „Die Konsum-Gruppe hat umorganisiert", in: Handelsblatt vom 23./24. 6. 1967.

[8] Weitere Gesellschafter der GEG sind die 5 konsumgenossenschaftlichen Landesverbände, die Pensionskasse der deutschen Konsumgenossenschaften VV. a. G., die Alte Volksfürsorge Hamburg, die Bank für Gemeinwirtschaft, Frankfurt/Main sowie die GEG-Renten-Zuschuß-Kasse.

Konsumgenossenschaftsgesetzes, den Mitgliedern preisgünstige Qualitätsware zu liefern, ganz gleich, welche Beschaffungswege dabei eingeschlagen werden[9].

Die einzelne Konsumgenossenschaft hat in der Vergangenheit ihre Waren i. d. R. dann von anderen Produzenten oder Großhandelsunternehmungen bezogen, wenn die Bezugsbedingungen der GEG ungünstiger waren.

b) Ausmaß und Entwicklung der Nachfragekonzentration

Im Gegensatz zu den Konkurrenzgruppen ist die Einkaufskonzentrierung in der Konsumgruppe in den letzten 10 Jahren ständig zurückgegangen. Während 1955 noch 62,1 % des gesamten Warenbezugs der Konsumgenossenschaften auf die GEG entfielen, waren es 1966 nur noch 55,8 %. Die folgende Tabelle zeigt den Rückgang der Einkaufskonzentrierung und damit den relativen Rückgang der Nachfragekonzentration zwischen den Konsumgenossenschaften und der GEG, aufgegliedert nach Landesverbänden.

Tabelle 12

Entwicklung des Warenbezugs der Konsumgenossenschaften bei der GEG in % der Gesamtbezüge der Konsumgenossenschaften

Verband	1955	1960	1966
Nordwest	59,3	59,4	53,8
Nordrhein-Westfalen	57,6	55,0	51,3
Südwest	70,8	57,0	56,4
Bayern	68,5	64,9	59,7
Baden-Württemberg	63,3	64,6	63,3
Bundesgebiet	62,1	58,1	55,8

Quelle: Jahrbuch 1966 des Zentralverbandes deutscher Konsumgenossenschaften e. V., Hamburg 1967, S. 12.

[9] In diesem Zusammenhang ist zu erwähnen, daß die Konsumgenossenschaften in nicht unerheblichem Umfang Eigenproduktion betreiben. Diese erstreckt sich in erster Linie auf Bäckereien und Fleischereien. Der gesamte Verkaufswert aus der Eigenerzeugung machte 1966 587 Mill. DM aus, das waren 14,2 % des Gesamtumsatzes der Konsumgenossenschaften. 5,1 % vom Gesamtumsatz entfielen hierbei auf Bäckereien, 7,3 % auf Fleischereien, 1,8 % auf sonstige Produktion. Vgl. Jahrbuch 1966 des Zentralverbandes deutscher Konsumgenossenschaften e. V., Hamburg 1967, S. 11.

Gleichzeitig mit dieser Entwicklung verloren sowohl die GEG als auch die Konsumgenossenschaften gegenüber ihren Konkurrenten auf der Zentralgroßhandels- und der örtlichen Großhandelsstufe beachtlich an Boden. Das zeigt sich in fortschreitenden Marktanteilsverlusten (vgl. Tab. 13). Die Gründe für den relativen Rückgang der Einkaufskonzentrierung sind vor allem in der starren Organisation und im Festhalten an überholten Geschäftsprinzipien zu sehen. Darüber hinaus gehen die Marktanteilsverluste auch auf das Konto des lange Zeit rückständigen Erscheinungsbildes der Konsumläden.

Tabelle 13

Entwicklung der Marktanteile der Konsumgenossenschaften und der GEG auf der örtlichen Großhandels- bzw. Zentralgroßhandelsstufe (1957—1964)

(in %)

Merkmal	1957	1960	1963	1964
Anteil der Konsumgenossenschaften (Zentralen) am Gesamtumsatz des Sortimentsgroßhandels	16,1	12,8	9,6	10,2
Anteil der Handelsumsätze der GEG am Gesamtumsatz des Zentralgroßhandels	23,8	19,9	13,9	12,8

Quelle: Berechnungen anhand von Unterlagen des Zentralverbandes deutscher Konsumgenossenschaften e. V. sowie der GEG-Jahresberichte.

Erst nach 1963 konnte diese ungünstige Entwicklung dank vermehrter Aktivität der GEG und verstärkter Rationalisierungsanstrengungen der Konsumgenossenschaften etwas gebremst werden.

c) Die Unternehmenspolitik der GEG

Die GEG hat mit einer Satzungsänderung im Jahre 1964 ihr Aufgabengebiet, das bis dahin mit dem Groß- und Importhandel sowie der Eigenproduktion abgegrenzt war, auf den Einzelhandel erweitert[10]. Diese Satzungsänderung ermöglichte der GEG den Erwerb der Eklöh-GmbH[11].

---

[10] Eine Durchbrechung des Prinzips, nicht auf der Einzelhandelsstufe tätig zu werden, lag jedoch bereits mehrere Jahre vorher durch die Einrichtung der GEG-Möbelhäuser vor.

[11] Vgl. Fußnote 3, S. 57.

Gleichzeitig bemühte sie sich, zusammen mit den Konsumgenossenschaften in Shopping Centers einzudringen, wobei die Betriebskonzeption des Co-op-Marktes geschaffen wurde. Co-op-Märkte oder Co-op-Centers kann man charakterisieren als ein Kleinkaufhaus, das aus einer Kombination von reinem Lebensmittelgeschäft und reinem Gebrauchsgütergeschäft besteht. Ein Co-op-Center wird großflächig betrieben. Auf die Dauer sollen Co-op-Center bis zu 3 000 qm Verkaufsfläche angestrebt werden. Der Non-Food-Sektor ist in der Regel von den Nahrungsmitteln getrennt, wenn auch beide Bereiche unter einem Dach angeboten werden. Die lokale Konsumgenossenschaft betreibt den Lebensmittelsektor, die GEG das Gebrauchsgütergeschäft. Anfang 1967 gab es 9 Co-op-Centers, an denen die GEG und die jeweilige örtliche Konsumgenossenschaft etwa im Verhältnis 3 : 1 beteiligt waren[12]. In der ersten Jahreshälfte 1967 gründeten die Konsumgenossenschaften Düsseldorf und Regensburg je eine Co-op-Center-Gesellschaft mbH für den gemeinsamen Einzelhandel mit Lebensmitteln und Bedarfsgütern.

Von diesen Bemühungen abgesehen, wurde erst in allerjüngster Zeit eine verstärkte Integration angestrebt unter Zugrundelegung einer gemeinsamen Marketing-Konzeption. Auf der Gesellschafterversammlung der GEG im Juli 1966 wurde zum erstenmal von der „Unternehmensgruppe Konsum“ gesprochen, von einem „Gruppenbewußtsein“ und von einer „umfassenden kooperativen Neuordnung der traditionellen Funktionsgliederung“. Im Geschäftsbericht der GEG für das Jahr 1965 heißt es: „Immer stärker tritt in dem . . . Prozeß der Umstrukturierung im Groß- und Einzelhandel die Betonung eines Gruppenbewußtseins hervor, die konsequent einhergeht mit einer umfassenden kooperativen Neuordnung der traditionellen Funktionsgliederung. Die Eigenständigkeit des Einzelnen wird mehr und mehr abgelöst durch die bewußte Abhebung ganzer Unternehmensgruppen von anderen. Diese Tendenzen fanden auch in der Unternehmensgruppe Konsum ihren Niederschlag. Wie in den (als Marktpartner) vergleichbaren anderen Gruppen des Handels steht diese Entwicklung auch in unserer Unternehmensgruppe trotz aller bereits erfolgten Neuorientierungen erst am Anfang. Vielfältige Schwierigkeiten sind noch zu überwinden. Angefangen von der Neigung, traditionell Gewachsenes nicht anzurühren bis hin zu der Befürchtung, hinter dem Begriff kooperativer Integration könne sich eine nicht gewollte Konzentration verbergen, steht eine Vielzahl bewußter und unbewußter Hemmungen einer allzu schnellen Umorientierung entgegen — teilweise zweifellos zum Nutzen einer künftigen optimalen Neuordnung. Mag aber auch das Konzept einer Neuordnung hier und da noch in gewissen Grenzen korrekturbedürftig sein, so gibt es keinen Zweifel mehr an der prin-

---

[12] Vgl. Mitteilungen der deutschen Genossenschaftskasse, Zentral-Bank der Genossenschaften, Frankfurt/Main, August 1966, S. 216.

zipiellen Notwendigkeit, zu neuen Formen der Zusammenarbeit zu kommen[13]." Diesem Ziel dient auch eine Reorganisation der Unternehmensorganisation der GEG, die ab 1. 1. 1967 in Kraft trat. Zur Erhöhung der Flexibilität des vielseitigen Unternehmens wurde das organisatorische Prinzip der Dezentralisation für alle in Produktion und Handel tätigen Bereiche des Unternehmens eingeführt. Man verspricht sich dadurch eine Verknüpfung der Vorteile eines Großunternehmens mit der Beweglichkeit und Schlagkraft kleinerer Unternehmen[14].

Wie die Tabellen 12 und 13 zeigen, ist diese Umorganisierung sowie das Bemühen um Gruppensolidarität und Straffheit des Organisationsaufbaues der Konsumgruppe dringend notwendig geworden, will man nicht Gefahr laufen, den Anschluß an die Entwicklung der übrigen Betriebs- und Organisationsformen des Handels zu verlieren.

2. Die Filialisten

a) *Filialsystem und Filialbetrieb*

Allgemein versteht man unter einem Einzelhandelsfilialbetrieb jede Einzelhandelsunternehmung, die neben dem Hauptgeschäft eine oder mehrere Verkaufsstellen unterhält. Eine andere Definition zählt eine Einzelhandelsunternehmung erst dann zu den Filialbetrieben, wenn sie eine bestimmte Mindestzahl von Verkaufsstellen aufweist und im Einkauf ähnlich operiert wie eine Großhandelsunternehmung. „Als Kriterium für den typischen Filialbetrieb sehen wir den großhandelsmäßigen Einkauf und das dafür charakteristische zentrale Warenlager sowie eine zentrale Verwaltung an. Im allgemeinen dürften diese Voraussetzungen erst bei mehr als 10 Verkaufsstellen gegeben sein[15]." Die Voraussetzungen dieser Definition erfüllen gleichfalls die Konsumgenossenschaften. Auch Waren- und Kaufhäuser, die mehrere Verkaufsstellen über ihre eigenen Zentralen zusammenfassen, sowie die Freiwilligen Gruppen und Ketten handeln nach dem Filialsystem, ohne aber zu den Filialbetrieben gezählt zu werden. Für Disch[16] ist das Kriterium mehrerer Verkaufsstellen allein nicht entscheidend, vielmehr komme es auf die straffe zentrale Betriebsorganisation an, den zentralen großhandelsmäßigen Einkauf, den zentralen Warenumschlag, die zentrale Betriebsabrechnung und die zentrale Betriebskontrolle.

---

[13] Jahresbericht 1965 der GEG, Hamburg 1966, S. 45.

[14] Vgl. Jahresbericht 1966 der GEG, Hamburg 1967, S. 5.

[15] Vgl. Arbeitsgemeinschaft der Lebensmittelfilialbetriebe e. V., Bonn: Die Entwicklung der Lebensmittelfilialbetriebe im Jahre 1964. Bonn 1965, S. 4.

[16] Vgl. Disch, Wolfgang, K. A.: Der Groß- und Einzelhandel in der Bundesrepublik, Köln und Opladen 1966, S. 106.

Auf dem Lebensmittelsektor gab es nach den Ergebnissen der Umsatzsteuerstatistik 1962[17] in der Bundesrepublik Deutschland 2 843 Filialbetriebe. Die überwiegende Mehrzahl dieser Unternehmungen gehörte dem Einzelhandel mit Nahrungs- und Genußmitteln verschiedener Art, also dem Nahrungsmittel-Sortimentseinzelhandel, an.

In unserem Zusammenhang interessieren nur solche Lebensmittelfilialbetriebe des Nahrungsmittel-Sortimentseinzelhandels, die einen relativ großen Umsatz tätigen, daher in der Regel auch über viele Filialen verfügen. Das sind die sogenannten Massenfilialbetriebe.

b) Die Massenfilialbetriebe

In Deutschland sind die ersten Massenfilialbetriebe in den 90er Jahren des vorigen Jahrhunderts entstanden. Die Kaiser's Kaffee GmbH, Viersen, das auch heute noch größte deutsche Filialunternehmen, wurde 1885 gegründet[18], die Cornelius Stüssgen AG wenig später. Heute (1967) existieren in der Bundesrepublik etwa 90 bis 100 Filialunternehmungen, die auf Grund der Umsatzhöhe zu den sogenannten Massenfilialunternehmungen gerechnet werden können. Sie sind zum Teil auf nationaler, zum Teil auf regionaler Ebene tätig. Tabelle 14 vermittelt einen Überblick über die größten unter ihnen.

Die Massenfilialunternehmungen arbeiteten seit der Währungsreform außerordentlich erfolgreich. Zwischen 1957 und 1964 haben sie ihren Marktanteil von 7,6 % auf 9,4 % gesteigert (vgl. Tab. 9, S. 51). Vielfach werden diese Erfolge der Organisation der Lebensmittelfilialbetriebe zugeschrieben, die die Vorteile der Großbetriebe mit denen der Kleinbetriebe vereint: einerseits kommen die Massenfilialbetriebe durch die zentrale Betriebsorganisation (gemeinsame Einkaufs-, Lager- und Verwaltungszentrale) in den Genuß der Vorteile des konzentrierten Einkaufs, der zentralen Lagerhaltung, einer zentral geplanten und durchgeführten Werbung, zentraler Betriebsabrechnung und Kontrolle, andererseits erfolgt über das weitverzweigte Filialnetz eine einheitliche Verkaufsdurchführung, wobei die Vorzüge des Klein- und Mittelbetriebs wahrgenommen werden (insbesondere auch das persönliche Verhältnis des Filialleiters zu seinem Kundenstamm)[19].

---

[17] In späteren Jahren weist die Umsatzsteuerstatistik die Filialbetriebe nicht mehr aus.

[18] 1896 verfügte das Unternehmen bereits über 75 Filialgeschäfte, die bis 1912 auf 1 402 Einheiten anwuchsen. Vgl. Nieschlag, Robert, a.a.O., S. 198.

[19] Vgl. hierzu Seyffert, Rudolf, a.a.O., S. 190.

Tabelle 14

Die bedeutendsten Massenfilialunternehmen des Lebensmittelhandels in der Bundesrepublik Deutschland (Stand: 1966)

Unternehmung	Zahl der Filialen	Umsatz in Mill. DM	Tätigkeitsgebiet
Kaiser's Kaffee AG, Viersen	735	645	Bundesgebiet
Tengelmann OHG, München	350	700	Bundesgebiet
Deutscher Supermarkt GmbH, Erkrath	150	375	Bundesgebiet
J. Latscha KG, Frankfurt	114	300	Bezirk Frankfurt/ Wiesbaden
Cornelius Stüssgen AG, Köln	70	250	Köln und Umgebung nördlich der Linie Bonn/Kassel
Eklöh GmbH (jetzt Hamburg, GEG)	52 a)	160 a)	
Schade & Füllgrabe, KG, Frankfurt	140	320	Hessen
Heinrich Hill AG, Hattingen/Ruhr	100 a)	140 a)	Ruhrgebiet
Frowein & Nolden GmbH, Düsseldorf	71 a)	140 a)	Rhein-Ruhrgebiet
Reichelt GmbH, Berlin	130 a)	120 a)	West-Berlin
C. Bolle OHG, Berlin	130 a)	120 a)	West-Berlin
Pfannkuch & Co., Karlsruhe	150 a)	120 a)	Baden-Württemberg/ Pfalz
Johs. Schmidt KG, Hamburg	46	115	Hamburg, Niedersachsen und Schleswig-Holstein
H. Meyer & Co. KG, Berlin	100	110	West-Berlin
G. Schätzlein OHG, Mülheim	50 a)	100 a)	
K. Albrecht, Essen	270	750	
A. Schürmann KG, Remscheid	39 a)	90 a)	Bergischer Raum
G. Lichdi AG, Heilbronn	70	100	Württemberg-Baden und Bayern
L. Gottlieb GmbH, Freiburg	66 a)	60 a)	Südbaden
Rheika AG, Kassel	47 a)	33 a)	
Brema AG, Bremen	45 a)	36 a)	

a) Die Angaben beziehen sich auf Jahre vor 1966.
Quelle: Geschäftsberichte, Zeitungsnotizen und Schätzungen.

c) *Das gemeinsame Einkaufsorgan „Gedelfi"*

Alle bedeutenden und im Hinblick auf die Konzentration der Nachfrage interessanten Massenfilialunternehmungen sind in der Arbeitsgemeinschaft der Lebensmittelfilialbetriebe e. V., Bonn, organisiert. Insofern haben die Statistiken dieser Organisation repräsentativen Charakter. Ende 1966 waren der Arbeitsgemeinschaft 81 Lebensmittelfilialbetriebe angeschlossen, die über 5 237 Verkaufsstellen verfügten und einen Umsatz von 5,89 Mrd. DM erzielten. Dieser Umsatz stellt nach Ansicht der Arbeitsgemeinschaft rd. 88 % des Umsatzes aller Lebensmittelfilialbetriebe dar[20].

Beinahe alle Massenfilialunternehmungen sind Mitglied (Gesellschafter) des gemeinsamen Einkaufsorgans, der „Großeinkauf deutscher Lebensmittelfilialbetriebe GmbH", Köln, besser bekannt unter der Bezeichnung „Gedelfi". Die Gedelfi wurde bereits 1913 zum Zwecke der gemeinsamen Warenbeschaffung von 15 Lebensmittelfilialbetrieben ins Leben gerufen[21] und sollte ursprünglich als „rabattfähiger Großhändler" der Markenartikelindustrie mit einer konzentrierten Nachfrage gegenübertreten. Die Markenartikelindustrie räumte damals dem institutionellen Nahrungsmittelgroßhandel einen Funktionsrabatt von etwa 15 % ein, während den Filialisten — deren Organisation als einstufig betrachtet wurde und die folglich nicht in das von der Markenartikelindustrie praktizierte Funktionsrabattschema paßte — dieser Rabattsatz in der Regel nicht gewährt wurde; sie mußten sich als Großabnehmer mit einem entsprechenden Einzelhandelsmengenrabatt begnügen[22]. Gegenüber den Konsumgenossenschaften und den Einkaufsgenossenschaften, die sich jeweils gemeinsamer Einkaufsorganisationen bedienten und auf Grund der konzentrierten Nachfrage hohe Mengenrabatte erzielten, waren die Filialunternehmungen ebenfalls benachteiligt. Zwar gab es damals bereits einige wenige bedeutende Großfilialbetriebe, die von der

---

[20] „Nach unseren Schätzungen dürften die Umsätze unserer Mitgliedsfirmen rd. 88 % der Umsätze aller Lebensmittelfilialbetriebe umfassen. Der Bericht darf daher als repräsentativ für die Lebensmittelfilialbetriebe angesehen werden." Vgl. Arbeitsgemeinschaft der Lebensmittelfilialbetriebe. Die Entwicklung der Lebensmittelfilialbetriebe im Jahre 1966, Bonn 1967, S. 4.

[21] Die Initiative dazu ging aus von dem Filialunternehmen J. Latscha, Frankfurt/Main. Zu den Gründern der Gedelfi zählten folgende Filialisten: Carl Fröhling, C. Hok, J. Latscha, Schade & Füllgrabe, alle Frankfurt/Main; Gustav Lichdi, Heilbronn; B. Elbert, Kaiserslautern; P. Pfannkuch & Co., Karlsruhe; Joh. Schreiber, Mannheim; Georg Jos. Meier & Co. GmbH, Nürnberg; L. Gottlieb GmbH, damals in Sablon/Metz, jetzt Freiburg; L. Gottlieb, Saarbrücken; Pasquay & Lindner, Saarbrücken; Pasquay & Lindner Nachf., Straßburg; Mettler & Gegenbach, Stuttgart, und Carl Gaißmaier, Ulm. Vgl. „50 Jahre Gedelfi. Großeinkauf deutscher Lebensmittelfilialbetriebe feiert Jubiläum", in: Handelsblatt vom 22. 5. 1963.

[22] Vgl. „50 Jahre Gedelfi", a.a.O.

Markenartikelindustrie entsprechend beachtet wurden[23], die Einkaufskapazität der übrigen Filialunternehmungen war dagegen noch recht bescheiden. Erst nach Gründung der Gedelfi erzielten die Filialisten Rabatte, die ähnlich hoch lagen wie die der Mitbewerber.

Bis 1933 expandierten die Filialbetriebe beachtlich. Ihr Marktanteil stieg auf 11,3 %[24]. Während des nationalsozialistischen Regimes gerieten die Filialbetriebe unter Druck, da sie zu den sogenannten unerwünschten Betriebsformen gehörten und denen man nahelegte, die einzelnen Verkaufsstellen zu „verselbständigen", was vereinzelt auch geschah[25]. Infolge von Schutzmaßnahmen des NS-Regimes zugunsten des Mittelstandes und infolge von Rationierung, Bewirtschaftung und Reichsnährstandsmarktordnung sank der Marktanteil der Filialbetriebe bis 1948 auf 4,2 %. Die wirtschaftliche Aktivität der Gedelfi war in diesem Zeitabschnitt auf ein Mindestmaß beschränkt.

Nach der Währungsreform entwickelten sich die Filialbetriebe beinahe stürmisch. Auch die Gedelfi wuchs wieder in ihre alte Bedeutung hinein. Ihr schlossen sich mehr Gesellschafter an als in der Vorkriegszeit. Die ehemaligen Rabattabkommen mit der Markenartikelindustrie wurden ausgebaut, neue Abteilungen errichtet. Zum Zwecke des gemeinsamen Imports wurde im Jahre 1956 die Gedelfi-Import GmbH als Tochtergesellschaft ins Leben gerufen.

Die Gedelfi ist nur als Agentur tätig, sie handelt nur im Auftrag und für Rechnung der Einzelfirmen, treibt also keine Gewinngeschäfte und ist daher auch nicht umsatzsteuerpflichtig. Für ihre Mitglieder übernimmt die Gedelfi gegenüber den Lieferanten das Delkredere in Form von Ausfallbürgschaften. Neben der wesentlichen Aufgabe der Gedelfi, dem Aushandeln zusätzlicher Mengenrabatte, und neben dem Agenturgeschäft führt die Gedelfi z. B. auch die Verteilung von Importen durch, die durch Regierungsinitiative zustande kamen, und sie versucht bei Agrarschwemmen, den Absatz des Überangebotes zu intensivieren[26].

Entsprechend der historischen Aufgabenstellung und Entwicklung der Gedelfi entfallen auch heute noch etwa 60 % der Gedelfi-Einkäufe auf

---

[23] Das gilt insbesondere für das größte deutsche Massenfilialunternehmen, die Kaiser's Kaffee AG, der es auf Grund ihrer Nachfragestärke auch heute noch gelingt, ähnlich günstige Konditionen mit der Nahrungsmittelindustrie auszuhandeln wie die Gedelfi. Die Kaiser's Kaffee AG ist nicht Mitglied der Gedelfi. Auch die Filialunternehmung Frowein & Nolden GmbH, eine Beteiligungsgesellschaft des Unilever-Konzerns, ist bisher nicht der Gedelfi als Mitglied beigetreten.

[24] Vgl. Arbeitsgemeinschaft der Lebensmittelfilialbetriebe, a.a.O., S. 8. Dieser Marktanteil bezieht sich auf eine andere Marktabgrenzung als die von uns vorgestellte, er ist also für einen Vergleich nicht geeignet.

[25] Vgl. Nieschlag, Robert: a.a.O., S. 199.

[26] Vgl. „50 Jahre Gedelfi", a.a.O.

Markenartikel. Erst Ende 1964 wurde damit begonnen, ein Eigenmarkenprogramm unter dem Namen „Filia“ aufzubauen. Mit der Bildung von 5 Einkaufsgruppen innerhalb der Gedelfi, durch die man die Mitglieder in zwei westdeutsche, zwei süddeutsche und eine norddeutsche Gruppe aufgeteilt hat, wurde die Geschäftstätigkeit der Gedelfi organisatorisch zweckmäßig geordnet.

Ein ähnliches Gebilde wie die Gedelfi, jedoch von wesentlich geringerer Bedeutung ist die Gefina, eine Einkaufsvereinigung von Filialunternehmungen, die ausschließlich im Berliner Raum tätig ist. Andere Versuche, das Einkaufspotential verschiedener Unternehmungen zusammenzufassen, sind weitgehend ohne großen Erfolg geblieben[27].

Die Durchsetzung günstiger Konditionen bei den Herstellern scheint aber — nach den Ergebnissen der Konzentrationsenquête — auch ohne eine organisierte Form der Nachfragekonzentrierung möglich zu sein. So heißt es in Artikel 23. 1. 4 (Rechtsformen und Unternehmensverbindungen) der Konzentrationsenquête[28]: „Im übrigen wurde festgestellt, daß einige der befragten Firmen freundschaftlich zusammenarbeiten und Erfahrungen austauschen. Diese Unternehmen können auf Grund der Kontakte untereinander gegenüber Lieferanten mit größerem Gewicht auftreten. Diese Zusammenarbeit vollzieht sich unabhängig von dem Einkauf über die Gedelfi. Es handelt sich dabei um durchweg bedeutende regionale Unternehmen mit einem Umsatzvolumen von zusammen etwa einer Mrd. DM. Die Filialisten dieser Unternehmen sind fast über das ganze Bundesgebiet verstreut, ohne daß sich die Filialnetze nennenswert überschneiden.“

d) Ausmaß und Entwicklung der Nachfragekonzentration

Die Einkaufskonzentration zwischen den Filialgeschäften und ihren Zentralen ist praktisch eine 100 %ige (der im Einzelfall geringe Anteil des dezentralen Einkaufs von rasch verderblichen Waren — Frischobst, Frischgemüse — kann hier vernachlässigt werden). Zwischen den Filialunternehmungen und der Gedelfi hat sich seit 1950 der Nachfragekonzentrationsprozeß bemerkenswert rasch entwickelt. Während 1950 die

---

[27] So erwähnt Schulz die Gründung des Einkaufsringes „besser leben“ durch Konsul Herbert Eklöh. Nach Verkauf der Eklöh GmbH an die Argus GmbH, Köln — diese Gesellschaft befand sich zu je einem Viertel in der Hand der Warenhausunternehmungen Karstadt, Kaufhof, Horten und Hertie — schlief die Zusammenarbeit der im Einkaufsring verbliebenen Firmen wieder ein. Vgl. Schulz, H. J.: „Einkaufspolitik des Einzelhandels“, in: Die Ernährungswirtschaft, Heft 12, 1964, S. 863.

[28] Vgl. Bericht über das Ergebnis einer Untersuchung der Konzentration in der Wirtschaft. Bundestagsdrucksache IV/2320, Bonn, Oktober 1964, S. 244.

Gedelfi erst einen Umsatz von 16 Mill. DM tätigte, erzielte sie 1966 (einschließlich Gedelfi-Import) einen Jahresumsatz von 1 315 Mill. DM.

Diese Entwicklung macht den Bedeutungszuwachs der Gedelfi als Organ der Einkaufskonzentrierung der Lebensmittelfilialunternehmungen klar. Im Jahre 1950 dürften die Filialunternehmungen kaum mehr als 3 % ihres Warenbedarfes über die Gedelfi bezogen haben, Schulz[29] nennt für 1953 einen Anteilsatz von 4 %. Im Jahre 1964 waren es bereits etwa 20 %[30].

Tabelle 15

Umsatzentwicklung der Gedelfi in Mill. DM
(1949—1964)

Jahr	Gedelfi GmbH	Gedelfi Import
1949	8	—
1950	16	—
1954	136	—
1957	280	—
1958	290	29
1959	325	48
1960	381	64
1961	439	66
1962	538	70
1963	615	77
1964	754	73
1965	967	84
1966	1224	91

Quelle: Handelsblatt v. 24./25. 6. 1960 und vom 22. 5. 1963. Der Sortimenter vom 12. 6. 1964. FAZ vom 2. 6. 1965. Der Lebensmittel-Großhandel vom 2. 7. 1967.

e) Die Geschäftspolitik der Massenfilialbetriebe

Die Geschäftspolitik der Massenfilialbetriebe des Lebensmittelhandels war in den letzten Jahren und ist heute gekennzeichnet durch eine

[29] Vgl. a.a.O., S. 863.

[30] Vgl. Osel, W.: „Filialisten kaufen mehr bei der Gedelfi ein", in: Der deutsche Handel, 16. Jahrgang (1964), Nr. 98 vom 25. 5. 1964. Hier werden die Angaben des Geschäftsführers der Gedelfi zitiert, wonach die Mitglieder bereits im Jahre 1963 etwa 20 % ihrer Einkäufe bei der Gedelfi tätigten.

straffe Konzentration des Ladennetzes bei gleichzeitiger Schaffung von Großraumläden[31], die fast ausschließlich unter Anwendung des Selbstbedienungsprinzips betrieben werden. Kleine, vergleichsweise unrentable Filialen werden aufgegeben. Stellvertretend für die Verhältnisse bei den übrigen Massenfilialunternehmungen sollen die Zahlen des Großfilialisten C. Stüssgen den Trend der unternehmenspolitischen Entwicklung verdeutlichen[32]:

Merkmal	1957	1964
Filialen	93	68
Verkaufsfläche in qm	9449	19473
Beschäftigte[a)]	1029	1535
Umsatz in Mill. DM	91,4	205,9

a) Ohne das Personal der Hauptverwaltung, Fahrer usw., reines Ladenpersonal.

Innerhalb eines Zeitraumes von nur 7 Jahren hat sich das Filialnetz dieser Gesellschaft um 30,6 % vermindert bei gleichzeitiger Zunahme der Verkaufsfläche um 106 %. Der Umsatz wurde im gleichen Zeitraum um 125 % gesteigert[33].

Gleichzeitig mit der Aktivität der Großfilialisten auf der Einzelhandelsebene erfolgte auf der Beschaffungsseite eine zunehmende Einkaufskonzentration auf die Gedelfi. Nach Ansicht der Geschäftsführung dieser Einkaufsorganisation hat sich einerseits „das Gefühl für die Vorteile des gemeinsamen Einkaufs auch bei den Filialisten in den letzten Jahren verstärkt“[34], andererseits dürfte der „Grund für die intensivere

---

[31] Vgl. „Der Zug zum Supermarkt“, „Geschäftsberichte der Lebensmittelfilialbetriebe“, in: Lebensmittelzeitung Nr. 32 vom 7. August 1964.

[32] Zitiert bei Heimann, F. W.: „Ist der Kleinfilialbetrieb unzeitgemäß geworden?“, in: Blätter für Genossenschaftswesen, Jg. 112, Heft 8 vom 25. 4. 1966, S. 110.

[33] Die Untersuchungen innerhalb der Konzentrationsenquête bestätigen den repräsentativen Charakter der Stüssgenzahlen für die übrigen Großfilialen: „Die Lebensmittelfilialunternehmen mit mehr als 25 Millionen DM Umsatz im Jahre 1961 haben ihre Marktposition wesentlich verstärkt; sie konnten zwischen 1952 und 1961 ihre Verkaufsfläche mehr als verdoppeln und ihre Umsätze etwa verdreifachen.“ Auch der Frage, in welcher Weise die Unternehmungen die Mittel zu diesen Investitionen aufgebracht haben, ist die Konzentrationsenquête nachgegangen: „Die für die Umstellung auf Selbstbedienung erforderlichen hohen Investitionen konnten von diesen Lebensmittelfilialbetrieben auf Grund ihrer Ertragslage zum großen Teil aus Gewinnen finanziert werden.“ Vgl. Bericht über das Ergebnis einer Untersuchung der Konzentration in der Wirtschaft, a.a.O., S. 239.

[34] Vgl. Osel, W., a.a.O.

Kooperation darin zu sehen sein, daß bei stärkerem Konkurrenzdruck die Neigung zum Zusammengehen größer wird"[35].

Die verschärfte Konkurrenzlage sowie die Strukturveränderungen im Nahrungsmittelhandel brachten die Kleinfilialbetriebe in eine schwierige Lage. Der Kleinfilialbetrieb in seiner ursprünglichen Konzeption ist heute nicht mehr zeitgemäß. Er hat weder die finanziellen noch organisatorischen Voraussetzungen, sich gegen die Konkurrenz der modern geführten Großraumläden der Großfilialisten und der übrigen Betriebsformen durchzusetzen. Seine Überlebenschance besteht allein im Anschluß an bzw. der Kooperation mit finanzstarken Großhändlern oder Großfilialisten. „Der Kleinfilialbetrieb von ehedem wird sich auf Grund der veränderten Konkurrenzsituation, gefördert durch die zunehmende Leistungsfähigkeit der Freiwilligen Ketten und Genossenschaften im Dienstleistungssektor, zu einem ‚Einzelhandelsunternehmen mit verbundwirtschaftlicher Zentralsteuerung' wandeln. Die Funktionen Warenbeschaffung, Werbung, Finanzierung, Standortsicherung, betriebswirtschaftliche Beratung und Verkaufsförderung, die der Kleinfilialbetrieb ursprünglich selbst wahrnehmen mußte, werden in immer stärkerem Umfange ausgegliedert und auf die Großhandelsstufe vorverlegt. Diese Notwendigkeit ist Voraussetzung zur Erhaltung der Konkurrenzfähigkeit und sollte vom Einzelhändler nicht als Preisgabe seiner unternehmerischen Freiheit verstanden werden. Gleichzeitig sollte sie den Großhandel veranlassen, seinen derzeitigen Leistungsstandard, insbesondere im Dienstleistungsangebot, kritisch zu überprüfen und zu verbessern. Die Kleinfilialisten waren seit jeher gerade die Kaufleute, die auf ihre eigene Kraft vertrauten und nach Lösungen suchten, um am Markt zu überleben. Der Großhandel findet in ihnen dankbare Partner, die erkannt haben, daß sie auf seine Hilfe nicht verzichten können[36]."

3. Die Einkaufskontore des traditionellen Nahrungsmittelhandels

a) Entstehung und Aufgabenstellung der Einkaufskontore

Einkaufskontore sind Beschaffungsorgane des einzelwirtschaftlichen Großhandels. Sie sind als Reaktion auf das Aufkommen anderer Einkaufszentralen des Nahrungsmittelhandels (Edeka- und Rewe-Zentralen, Großeinkaufsgesellschaft Deutscher Konsumgenossenschaften, „GEG", Großeinkaufsgesellschaft Deutscher Lebensmittelfilialbetriebe, „Gedelfi") entstanden.

Die ersten Einkaufskontore des Nahrungsmittelgroßhandels wurden zwischen 1923 und 1935 gegründet, als die genannten Einkaufszentralen

---

[35] Vgl. „Filialisten kaufen mehr gemeinsam ein", in: Frankfurter Allgemeine Zeitung vom 2. 6. 1965.

[36] Heimann, F. W., a.a.O., S. 112.

den Einkauf der ihnen angeschlossenen Groß- bzw. Einzelhandlungen immer stärker auf sich konzentrierten und dadurch zu einer zunehmenden Konkurrenz für den traditionellen ungebundenen Großhandel wurden.

Durch die Gründung der Einkaufskontore gelang es dem traditionellen Nahrungsmittelgroßhandel — soweit er an den neuen gemeinsamen Beschaffungsorganen partizipierte — vielfach ebenso hohe Nachlässe auf den Beschaffungsmärkten durchzusetzen wie die Zentralen der Genossenschaften und die Einkaufszusammenschlüsse des Einzelhandels.

Ursprüngliche Aufgabe der Einkaufskontore war das Vermittlungsgeschäft, „wobei mit geringem Geschäftskapital und geringstem Risiko die Macht der geballten kaufkräftigen Nachfrage gegenüber dem Produzenten zur Geltung gebracht werden sollte“[37]. Das Vermittlungsgeschäft erfolgte zunächst durch den Abschluß sogenannter Empfehlungsabkommen zwischen den Einkaufskontoren und der Industrie bzw. den Lieferanten; hierbei sammelten die Kontore die Bestellungen ihrer Gesellschafter und gaben sie zusammengefaßt an die Hersteller weiter, welche die Gesellschafter unmittelbar belieferten und gegen sie berechneten.

Aber bereits vor dem zweiten Weltkrieg und verstärkt nach 1950 ist man von den ursprünglich fast ausschließlich getätigten Empfehlungsabkommen zu Arrangements mit der deutschen Industrie übergegangen, die nicht nur Delkredere und Finanzierungsübernahmen — letztere durch sofortige Kassazahlung — vorsahen, sondern die auch in vielen Fällen eine intensive Werbe- und Verkaufstätigkeit der Einkaufskontore zum Inhalt hatten[38]. Gleichzeitig wurde das Eigengeschäft aufgenommen und ausgebaut, ebenso von den meisten Einkaufskontoren das Importgeschäft. Das Schwergewicht der Tätigkeit der Einkaufskontore liegt im gemeinsamen Einkauf von homogenen Massengütern wie Salz, Öl, Tafelmargarine, Essig, Tee, Kaffee, Kakao, Zündwaren u. dgl. Im allgemeinen spielt das Streckengeschäft eine erhebliche Rolle.

b) Verbreitung und Bedeutung der Einkaufskontore — ihre Stellung zu den Freiwilligen Ketten

In der Bundesrepublik sind sieben Einkaufskontore des Nahrungs- und Genußmittelgroßhandels tätig. Es handelt sich um folgende Unternehmungen:

---

[37] Jubiläumsschrift des Einkaufskontors Essen, Essen 1950, S. 10.

[38] Die Industrie profitiert insbesondere von der Delkredere-Übernahme, die einer echten Kreditfunktion der Einkaufskontore gleichkommt. In der Nachkriegsvergangenheit wurde sie auf Grund ihrer Zusammenarbeit mit den einzelnen Einkaufskontoren wiederholt vor erheblichen finanziellen

— Gedelag, Gemeinschaft Deutscher Lebensmittel-Großhändler AG, Berlin-Charlottenburg
— Einkaufskontor des Großhandels Kaiserslautern GmbH, Baden-Baden
— Einkaufskontor des Nahrungsmittelgroßhandels GmbH, Frankfurt
— Coloniale, Zentralkontor des Bayerischen Sortimentsgroßhandels eGmbH, München
— Einkaufskontor Stuttgart des Südwestdeutschen Nahrungsmittelgroßhandels AG, Stuttgart
— Gegro, Einkaufsgemeinschaft von Sortimentsgroßhändlern, Hamburg
— Einkaufskontor des Kolonialwarengroßhandels GmbH, Essen.

Im Jahre 1958 haben sich die fünf ersten der aufgeführten Kontore in der GDE (= Gemeinschaft Deutscher Einkaufskontore des Nahrungsmittelgroßhandels) zusammengeschlossen[39].

Den Einkaufskontoren des Nahrungsmittelgroßhandels gehören heute beinahe alle bedeutenden Nahrungsmittelgroßhandelsfirmen der Bundesrepublik an, seien sie nun ungebundene Großhandlungen oder Kettengroßhandlungen. Verschiedentlich sind die Großhandlungen Gesellschafter bzw. Mitglied mehrerer Einkaufskontore.

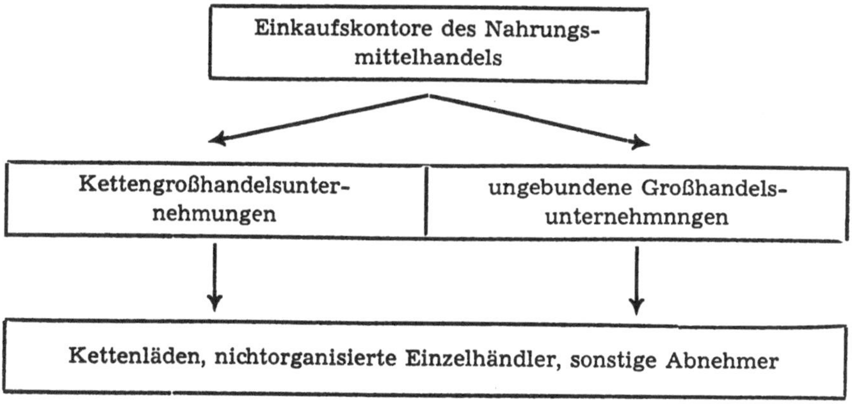

Verlusten bewahrt, als nicht vorauszusehende Zahlungseinstellungen durch die Einkaufskontore aufgefangen wurden. Vgl. „Der Sortimenter", Nr. 5/1962.

[39] Aufgabe der GDE ist es, die Arbeit der Einkaufskontore zu intensivieren. Dies geschieht durch laufenden Informations- und Erfahrungsaustausch über Markt- und Preissituationen und durch turnusmäßige Arbeitssitzungen der GDE-Kontore, bei denen auch Großkäufe und besondere Abmachungen mit der Industrie vorbereitet werden. Die GDE betreibt darüber hinaus eine intensive Öffentlichkeitsarbeit. Hinsichtlich der Konzentration der Nachfrage ist in der GDE allerdings kein gemeinsames Einkaufsinstrument zu sehen, sie ist vielmehr ein loser verbandsähnlicher Zusammenhalt der Einkaufskontore.

Aus der Tatsache, daß die Kettengroßhandlungen Mitglied der Einkaufskontore sind, wird eine gewisse Konkurrenzsituation zwischen den Kettenzentralen und den Einkaufskontoren ersichtlich. Zwar wurde bei der Gründung der Freiwilligen Ketten zwischen den Einkaufskontoren und den Kettenzentralen ein stillschweigendes Abkommen praktiziert, das zum Teil noch heute eingehalten wird, nämlich der „Einkauf den Einkaufskontoren — der Verkauf den Ketten“[40], doch ist diese Grundkonzeption verschiedentlich durchbrochen worden, wobei die Durchbrechung durch beide „Vertragspartner“ erfolgte. Einerseits versuchten einige Kettenzentralen selbst in größerem Stil einzukaufen, andererseits waren vereinzelt Bemühungen der Einkaufskontore festzustellen, in die Bereiche des Verkaufs einzudringen (Absatzförderung, Sonderangebote, Handelsmarken)[41]. Die Einkaufsbemühungen der Kettenzentralen haben vermutlich langfristig gesehen keine großen Erfolgsaussichten, da die Einkaufskontore die weitaus größere Einkaufskonzentration auf sich vereinigen können und zudem über wesentlich größere finanzielle Reserven verfügen. Verschiedentlich sind Fälle bekannt, in denen Kettenzentralen bei Einkaufskontoren einkaufen.

Die gelegentlich anzutreffende Meinung, daß die Einkaufskontore des Großhandels keine große Bedeutung erlangt hätten und „das Schicksal des selbständigen Großhandels bisher nicht entscheidend zu bestimmen vermochten“ (Nieschlag, Klepsch)[42], hatte allenfalls bis Ende der 50er Jahre Gültigkeit[43]. Von 1958 — damals wurde die 500-Mill.-DM-Grenze

[40] Vgl. „Arbeitsteilung zwischen Einkaufskontoren und Handelsketten stärkt den Großhandel“, in: Der Lebensmittelgroßhandel vom 16. 7. 1959, S. 6.

[41] Interessant ist das Urteil Geisbüschs, daß die Versuche der Einkaufskontore, Fischkonserven, gepackte Hülsenfrüchte u. ä. Produkte unter Gemeinschaftsmarken zu vertreiben, gescheitert seien. Vgl. Geisbüsch, Hans-Georg: Die organisierte Nachfrage. Organisation und Strategie marktbeeinflussender oder marktbeherrschender Nachfrager, FIW-Schriftenreihe Heft 18, Köln - Berlin - Bonn - München 1964, S. 135. Hier heißt es: „Diese Gemeinschaftsmarken haben sich nicht bewährt. Insbesondere seit dem Entstehen der Freiwilligen Handelsketten werden seitens des Großhandels die Kettenmarken in den Vordergrund gestellt, da sich diese als brauchbare Mittel für eine Sortimentsdifferenzierung erwiesen.“ Die GDE äußert sich zu den Handelsmarken der Einkaufskontore anders: „Die Einkaufskontore haben zum Teil eigene Handelsmarken entwickelt. Diese sind aber mit Rücksicht auf die gute Zusammenarbeit mit den meisten Firmen der deutschen Markenartikelindustrie nicht forciert worden. Die Handelsmarken der Einkaufskontore werden vorwiegend im internationalen Geschäft verwandt.“ Vgl. Schreiben der GDE an das Ifo-Institut für Wirtschaftsforschung, München, vom 9. 3. 1966.

[42] Vgl. hierzu Geisbüsch, Hans-Georg, a.a.O., S. 135.

[43] Insofern können wir uns der Kritik Geisbüschs an R. Nieschlag nicht anschließen, wenn er schreibt, daß er der Feststellung Nieschlags, die Einkaufskontore haben bisher keine große Bedeutung erlangt, nicht ganz folgen kann. Nieschlag geht von den Verhältnissen aus, die vor 1958 geherrscht haben und vermutet sogar: „Daß Vorbild und Konkurrenz der Freiwilligen Gruppen einen Wandel herbeiführen werden, ist nicht unwahrscheinlich.“ Nieschlag,

überschritten — bis 1964 haben sich die Umsätze der westdeutschen Einkaufskontore verdreifacht; sie betrugen 1964 knapp 1,5 Mrd. DM und repräsentierten 17,8 % (1957: 13,1 %) des gesamten Zentralgroßhandelsumsatzes im Nahrungsmittelhandel. Im Jahre 1966 setzten die Einkaufskontore mehr als 2 Mrd. DM um. Diese günstige Entwicklung wird sich vermutlich weiter fortsetzen, denn die Einkaufskontore werden für den Großhandel immer bedeutungsvoller, da die vergleichsweise geringe Eigenkapitalbasis der Großhandelsunternehmungen eine Entlastung in der Übernahme des Delkredere und der Finanzierung der Importe durch die Kontore findet.

c) *Ausmaß und Entwicklung der Nachfragekonzentration*

Über die Einkaufskonzentration, die zwischen den ungebundenen Großhandlungen und den Kettengroßhandlungen einerseits sowie den Einkaufskontoren andererseits besteht, lassen sich keine exakten Angaben machen. Zur Gewinnung einer größenordnungsmäßigen Vorstellung kann man jedoch die Umsätze des ungebundenen Sortimentsgroßhandels zuzüglich der Umsätze des Kettengroßhandels (von denen der Anteil, der über die Kettenzentralen bezogen wird, abgezogen ist) in einer um eine fiktive Großhandelsspanne bereinigten Form den Umsätzen der Einkaufskontore des Nahrungs- und Genußmittelgroßhandels gegenüberstellen. Operiert man dabei mit den vom Statistischen Bundesamt, Wiesbaden, ermittelten durchschnittlichen Rohertragsquoten im einzelwirtschaftlichen Nahrungs- und Genußmittelgroßhandel[44], so ergibt sich für 1957 ein Einkaufskonzentrationsgrad von 13,1 %, für 1964 ein solcher von 12,1 %. Entgegen den Erwartungen ist der Einkaufskonzentrationsgrad in diesem Zeitraum geringfügig zurückgegangen. Diese Tatsache erklärt sich durch die starke Sortimentserweiterung des Nahrungsmittelsortimentshandels um solche Artikel, in deren Beschaffung sich die Einkaufs-

---

Robert: Binnenhandel und Binnenhandelspolitik, Berlin 1958, S. 445. Dagegen stimmen wir Geisbüschs Kritik an Klepsch zu, denn die folgenden Ausführungen des letzteren sind unzutreffend: „Einkaufsvereinigungen von selbständigen Grossisten in loser Gruppenform bestehen heute noch. Soweit sie aber nicht gleichzeitig eine engere Bindung mit den Detailhandelskunden eingegangen sind und neben der Einkaufsfunktion nicht auch andere Funktionen, in erster Linie die Verkaufsförderung auf der Detailhandelsstufe gemeinsam ausüben, wie es für die Arbeitsweise freiwilliger Ketten und Gruppen typisch ist, dürfte ihnen in der Gegenwart keine große Bedeutung beizumessen sein." Klepsch, Hubert: Die Verkaufsrationalisierung in integrierten Organisationen des Lebensmittelhandels (Einkaufsgesellschaften, freiwillige Ketten), Diss., Köln 1961, S. 35/36.

[44] Für 1957 ermittelte das Statistische Bundesamt eine durchschnittliche Rohertragsquote von 11,4 %, für 1964 eine solche von 10,2 %. Vgl. Statistische Berichte (Stat. Bundesamt Wiesbaden), Arb.-Nr. V/23/66 vom 2. November 1960, S. 7, und Repräsentativstatistik (Fachserie F, Reihe 1, Großhandel), II. Wareneinkauf. Lagerbestand und Rohertrag 1964, April 1966, S. 10.

kontore nicht oder nur schwach einschalten können, nämlich durch die Erweiterung um Frischwaren (Obst, Gemüse, Frischfleisch). Würde man den Einkaufskonzentrationsgrad „sortimentsbereinigt" für die beiden Vergleichsjahre errechnen, so ergäbe sich für 1964 ein wesentlich höherer Wert als für 1957. Leider scheitert die Ermittlung an der Nichtverfügbarkeit der entsprechenden Umsatzziffern.

d) Bedeutung der Einkaufskontore im einzelnen

In der Arbeitsweise und der Art der Nachfragekonzentrierung bestehen zwischen den Einkaufskontoren zum Teil erhebliche Unterschiede, die jedoch im Rahmen dieser Arbeit nur gestreift werden können. Im folgenden soll auf die Bedeutung der einzelnen Kontore eingegangen und — soweit möglich — ihre unternehmenspolitische Zielsetzung skizziert werden, denn sie ist entscheidend für die Konzentration der Nachfrage.

aa) Die Gemeinschaft Deutscher Lebensmittelgroßhändler AG (Gedelag)

Das größte unter den westdeutschen Einkaufskontoren ist die „Gedelag, Gemeinschaft Deutscher Lebensmittelgroßhändler AG", mit Hauptsitz Berlin. Die Gemeinschaft deutscher Lebensmittel-Großhändler AG wurde 1923 gegründet und nahm 1929 den Namen Gedelag an. Im Jahre 1964 waren ihr 820 Großhandelsunternehmungen angeschlossen, darunter 120, die ihr Tätigkeitsgebiet in Westberlin hatten. Die Zentrale der Gesellschaft für die Bundesrepublik befindet sich in Hildesheim. Bezirksstellen wurden in Hamburg, Braunschweig, Bremen, Dortmund, Düsseldorf, Hannover und Osnabrück eingerichtet.

Das Tätigkeitsgebiet der Gedelag erstreckt sich im wesentlichen auf Niedersachsen, Schleswig-Holstein, Hamburg, Bremen, Teile von Nordrhein-Westfalen und West-Berlin. Einzelne Mitglieder befinden sich jedoch auch in anderen Bundesländern. Im Jahre 1964 erzielte die Gedelag einen Umsatz von 550 Mill. DM, 1966 lag das Umsatzergebnis über 600 Mill. DM. Die Gedelag betreibt neben dem Eigengeschäft vorwiegend das sogenannte Vertragsabkommensgeschäft auf Delkrederebasis. Nur in Einzelfällen betätigt sie sich im Lagergeschäft (z. B. bei Zucker und im Rahmen der Berliner Senatseinlagerungen). Sie schließt für ihre Mitglieder (Gesellschafter) mit den Produzenten Abnahmeverträge ab, in denen Zahlungs- und Delkrederebedingungen festgelegt werden, besorgt die Abrechnung und das Inkasso und übernimmt das volle Delkredere für die Großhandlungen.

Mit welchen Produzenten die Gedelag Lieferabkommen abgeschlossen hat, geht aus den sog. „Hausmitteilungen" hervor, die etwa zweimal im Jahr von der Zentrale erstellt und den Gesellschaftern übermittelt werden. Anhand dieser Aufstellung, die einem Lieferantenverzeichnis gleichkommt, erfolgen die Bestellungen bei den vertraglich gebundenen Produzenten. Die Hausmitteilungen 1963 (2. Auflage) wiesen 435 Vertragslieferanten aus.

Die Lieferanten verpflichten sich zu überprüfen, ob die bestellende Firma tatsächlich der Gedelag angehört. Nur dann dürfen die „Gedelag-Bedingungen" gewährt werden. Zum Zwecke der Überprüfung werden den Lieferanten in regelmäßigen Abständen Mitgliederverzeichnisse zugesandt. Über 50 % der Großhandelsgesellschafter der Gedelag gehören einer Freiwilligen Kette an, werden also auch von den Kettenzentralen beliefert. Damit befindet sich die Gedelag in Konkurrenz zu den Kettenzentralen. Kompliziert wird diese Situation durch die Tatsache, daß einige Gedelag-Gesellschafter noch zusätzlich Mitglieder bei anderen Einkaufskontoren sind.

Erwähnenswert ist der Handelsregistereintrag der Gedelag bezüglich ihres Tätigkeitsgebietes. Hiernach betreibt die Gesellschaft „Handel mit Gegenständen des täglichen Bedarfs, insbesondere der Lebensmittelbranche sowie Herstellung, Be- und Verarbeitung, Ein- und Ausfuhr der oben genannten Waren einschließlich ihrer Bewegung und Lagerung, Durchführung des Inkasso für Lieferungen von Vertragslieferanten. Die Gesellschaft kann sich an Unternehmen gleicher und ähnlicher Art beteiligen und sie erwerben"[45].

Nach unseren Informationen betätigt sich die Gedelag zur Zeit weder in der Be- und Verarbeitung noch im Exportgeschäft. Die weite Abstekkung des Handelsregistereintrags gibt allerdings Anhaltspunkte für die Geschäftskonzeption des Unternehmens, die eine künftige Betätigung auf den angesprochenen Gebieten nicht ausschließt.

bb) Das Einkaufskontor des Kolonialwarengroßhandels GmbH

Am Umsatz gemessen ist das „Einkaufskontor des Kolonialwarengroßhandels GmbH, Essen" nach der Gedelag das nächst bedeutende Kontor in Westdeutschland. Diese Gesellschaft wurde 1925 gegründet. Im Jahre 1965 erzielte sie einen Umsatz von 251 Mill. DM. Ihr angeschlossen waren im gleichen Jahr 196 Gesellschafter (ausschließlich Sortimentsgroßhändler), darunter alle im nordrhein-westfälischen Raum tätigen Kettengroßhändler. Das Tätigkeitsgebiet des Einkaufskontors Essen umfaßt den Raum Nordrhein-Westfalen, Osnabrück und greift teilweise auf das Gebiet Hannover/Hamburg über, wodurch gewisse Überschneidungen und damit eine Konkurrenzsituation zur Gedelag und zur Gegro bestehen. Bereits im Jahre 1950 waren die in Nordrhein-Westfalen tätigen

[45] Vgl. Handbuch der deutschen Aktiengesellschaften 1962/63, S. 2148/2149.

Lebensmittelgroßhändler der Zahl nach zu 25 %, dem Umsatz nach zu 80 % dem Einkaufskontor angeschlossen[46]. Grundsätzlich betreibt die Gesellschaft kein Eigengeschäft; Lager werden folglich nicht unterhalten. Von den übrigen deutschen Einkaufskontoren unterscheidet sich das Einkaufskontor Essen insbesondere dadurch, daß es ein stärkeres Gewicht auf die Finanzierung der Gesellschafter legt, denen die Möglichkeit geboten wird, Zahlungsverpflichtungen mit Wechseln zu Vorzugssätzen, die wesentlich günstiger sind als sie von der Hausbank des betreffenden Gesellschafters geboten werden könnten, nachzukommen. Auch für die Investitionsfinanzierung der Einzelhandelskunden der Gesellschafter gewährt das Einkaufskontor Kredite oder ist bei der Beschaffung der Einrichtung behilflich[47]. Das Verhältnis des Einkaufskontors Essen zu den Freiwilligen Ketten ist weniger durch ein Konkurrenzverhältnis als durch ein kooperatives Verhältnis gekennzeichnet. Im Jahre 1965 waren drei Präsidenten von Freiwilligen Ketten Mitglied des Aufsichtsrats der Gesellschaft. Auf Grund seiner hohen Finanzkraft hat das Einkaufskontor gegenüber den Kettenzentralen einen entscheidenden Vorzug. Während z. B. die Kettengroßhändler eventuell Importe ihrer Kettenzentrale vorfinanzieren müßten, brauchen sie die Importe des Einkaufskontors erst nach Erhalt der Ware zu bezahlen.

Wie die übrigen Einkaufskontore schließt das Einkaufskontor Essen Lieferabkommen mit den Produzenten ab; insgesamt bestand 1965 Geschäftsverkehr mit rd. 350 Herstellern unterschiedlicher Bedeutung; überwiegend waren es feste Vertragslieferanten, doch wurden auch Lieferabkommen mit anderen Produzenten geschlossen, deren Bindung an das Einkaufskontor in loserer Form bestand. Vertragsabkommen bestanden nicht nur für Nahrungsmittel, sondern auch für Waschmittel und andere Non-Food-Artikel (Gläser, Bürstenwaren, Textilien usw.)[48]. Nach Ansicht der Geschäftsleitung des Einkaufskontors Essen hat die Gesellschaft von allen westdeutschen Einkaufskontoren den höchsten Einkaufkonzentrationsgrad.

cc) Das Zentralkontor des Bayerischen Sortimentsgroßhandels eGmbH (Coloniale)

Die Coloniale („Zentralkontor des Bayerischen Sortimentsgroßhandels eGmbH"), München, wurde erst nach dem Zweiten Weltkrieg ins

---

46 Vgl. Jubiläumsschrift, a.a.O., S. 7.

47 Es besteht z. B. ein Abkommen mit BBC, wonach vom Einkaufskontor jährlich 500 Tiefkühltruhen abgenommen werden. BBC gewährt bei diesem Geschäft einen Rabatt von 40 %. Das Einkaufskontor gibt hiervon 39 % weiter an den abnehmenden Großhändler, in dessen Ermessen es liegt, in welcher Höhe seine Einzelhandelskunden hiervon profitieren.

48 Dies gilt im übrigen auch für alle anderen Einkaufskontore.

Leben gerufen (1947). Sie ging aus dem Einkaufskontor des Großhandels GmbH, Nürnberg, hervor, das 1928 gegründet wurde. Im Jahre 1964 gehörten der Coloniale 269 Unternehmungen des bayerischen Nahrungsmittelgroßhandels als Mitglieder an, unter ihnen alle bedeutenden Großhandlungen, so daß praktisch der gesamte bayerische Lebensmittelsortimentsgroßhandel in dieser Gesellschaft repräsentiert ist. Die Coloniale befaßt sich fast ausschließlich mit dem Zentralregulierungsgeschäft, wobei sich ihre Aufgabe auf die Übernahme des Delkredere und Inkasso für Warenbezüge von leistungsfähigen Vertragslieferanten sowie auf die Finanzierung dieser Bezüge zu günstigen Bedingungen beschränkt. Reine Empfehlungsabkommen ohne Zentralregulierung spielen kaum eine Rolle. Im Jahre 1966 stand die Coloniale mit 419 Vertragslieferanten in Geschäftsbeziehungen; sie tätigte 1964 einen Umsatz von 192 Mill. DM, 1966 einen solchen von 262 Mill. DM. Das Eigengeschäft der Coloniale besorgt ihre Tochtergesellschaft, die „Bayerische Lagerversorgung GmbH & Co (KG)“[49], deren Kommanditisten sich aus dem gleichen Personenkreis zusammensetzen wie die Coloniale-Mitglieder. Diese Gesellschaft erzielte 1964 einen Umsatz von 145 Mill. DM. Neben ihr existiert noch die Bayerische Lagerversorgung GmbH, die als Besitzgesellschaft — sie ist Komplementär der Bayerischen Lagerversorgung GmbH & Co. KG — keine Warengeschäfte betreibt; ihr gehören die Coloniale-Mitglieder als Gesellschafter an. Die BLV-GmbH & Co. (KG) verfügt, zusammen mit ihren Organgesellschaften, über Zweigniederlassungen in Bamberg, Bayreuth, Kempten, Passau, Regensburg, Amberg, Aschaffenburg, Augsburg, Grafenwöhr, Nürnberg, Offingen, Traunstein, Vilseck und Würzburg. „Auf Grund der Streuung über ganz Bayern, auf Grund der Kapitalausstattung und auf Grund der Tatsache, daß praktisch der gesamte bayerische Lebensmittelsortimentsgroßhandel als Kommanditist der KG und als Gesellschafter der GmbH angehört, konnte BLV im Interesse der Kommanditisten und des Berufsstandes Gemeinschaftsaufgaben übernehmen, die in dieser Form der einzelne Betrieb kaum hätte übernehmen können[50].“

dd) Die Einkaufsgemeinschaft von Sortimentsgroßhändlern GmbH (Gegro)

Der Lebensmittelsortimentsgroßhandel in Norddeutschland hat in der 1930 gegründeten „Gegro, Einkaufsgemeinschaft von Sortimentsgroß-

---

[49] Einschließlich zweier Organgesellschaften, die C & C-Großmarkt-GmbH, München, und die Großküchenbedarf-Vertriebs-GmbH, Plattenhardt bei Stuttgart.

[50] Vgl. „Doppeljubiläum der BLV“, in: Der Sortimenter, Fachblatt für den Lebensmittel-Sortimentsgroßhandel, Nr. 12/13, März 1965, S. 76.

händlern GmbH", sein gemeinsames Einkaufskontor. Anfang 1966 waren dieser Gesellschaft 96 Großhandelsbetriebe angeschlossen, die im wesentlichen im norddeutschen Raum, und zwar im Gebiet von der dänischen Grenze über Schleswig-Holstein, Hamburg und Niedersachsen bis westlich begrenzt durch die holländische Grenze und im Süden etwa begrenzt durch die Autobahnlinie Helmstedt—Hannover tätig sind. Einige wenige Gesellschafter haben ihren Sitz in Westberlin, Nordrhein-Westfalen und im Saarland[51].

Etwa 70 % der Gegro-Gesellschafter sind Kettengroßhändler, der Rest setzt sich aus ungebundenen C & C-Betrieben und sog. Kurz- und Konsumwarengroßhändlern zusammen. Im Jahre 1965 erzielte die Gesellschaft einen Umsatz von 186 Mill. DM. Wie bei den übrigen Einkaufskontoren besteht der wesentliche Teil der Tätigkeit der Gegro im Vermittlungsgeschäft. Es werden vorwiegend mit der deutschen Markenartikelindustrie einheitliche Verträge unterhalten, die außer der Vermittlung von Aufträgen für die Vertragslieferanten die zentrale Regulierung aller anfallenden Rechnungen bei gleichzeitiger Übernahme des Delkredere zum Inhalt haben. Die für diese Leistungen empfangenen Vergütungen seitens der Industrie werden in beachtlichem Umfange in Form einer verbindlich zugesagten Rückvergütung an die Gesellschafter weitergegeben. Besondere Eigenheiten der Gegro sind ihre starke Importtätigkeit (insbesondere Weine, daneben Obst, Gemüse, Fisch und Fleischkonserven) sowie ihre Einkaufsaktivität auf den Hamburger Südfrucht-Auktionen. Darüber hinaus betätigt sich eine Abteilung der Gegro-Gesellschaft im Auftrage Hamburger und Bremer Importeure als sogenannter Hamburger Platz-Agent, wobei ein recht großes Sortiment von Nahrungs- und Genußmitteln vermittelt wird. Ähnlich wie beim Vertragslieferantengeschäft schließt diese Tätigkeit die Zentralregulierung und die Delkredereübernahme ein.

Das Verhältnis der Gegro zu den Kettenzentralen ist ebenfalls ein mehr kooperierendes denn konkurrierendes.

„Ganz offenbar besteht in einem gewissen, jedoch nicht überzubewertenden Umfang eine gewisse Konkurrenzsituation zu den Handelsketten, andererseits betätigt sich die Gegro gemeinsam mit den Ketten im Einkauf, insbesondere der sogenannten Auktionsartikel. Hierbei kommt es nicht selten vor, daß die Gegro für verschiedene Ketten Artikel einkauft, die unter dem jeweiligen Schutzzeichen der verschiedenen Handelsketten auf den Markt gelangen[52]."

[51] Im selben Gebiet ist z. T. die Gedelag tätig, so daß es zu Überschneidungen und Konkurrenzsituationen kommt.

[52] Auskunft der Gegro an das Ifo-Institut, München.

ee) Das Einkaufskontor des Nahrungsmittelgroßhandels GmbH

Die maßgebenden Nahrungsmittelgroßhändler im Rhein/Main-, Mosel-, Nahe- und Saargebiet gehören dem „Einkaufskontor des Nahrungsmittelgroßhandels GmbH", Frankfurt/Main an. Dieses Kontor wurde 1927 gegründet. Seit seiner Gründung pflegt die Gesellschaft — im Gegensatz zu den übrigen Einkaufskontoren — das Eigengeschäft und verfügt über 15 eigene Lager[53]. Im Jahre 1966 machte das Lagergeschäft etwa 10 % des Gesamtumsatzes aus, der mit 260 Mill. DM angegeben wird. Im gleichen Jahr waren dem Kontor 152 Nahrungsmittelgroßhandlungen als Gesellschafter angeschlossen. Die Geschäftsverbindung mit der inländischen Industrie beschränkt sich nicht nur auf die Delkredere- und Finanzierungsübernahme, sondern umfaßt auch eine individuelle Werbe- und Verkaufstätigkeit für diese Lieferanten.

ff) Das Einkaufskontor des südwestdeutschen Nahrungsmittelgroßhandels

Das „Einkaufskontor Stuttgart des Südwestdeutschen Nahrungsmittelgroßhandels AG" ist erst 1947 gegründet worden. Auch sein Tätigkeitsgebiet erstreckt sich auf „Beschaffung, Vermittlung, Bewegung und Lagerung von Nahrungs- und Genußmitteln und verwandten Waren im In- und Ausland für den Lebensmittelsortimentsgroßhandel"[54]. Im Jahre 1965 tätigte die Gesellschaft einen Umsatz von ca. 145 Mill. DM, davon entfielen ca. 35 Mill. DM auf Importwaren. Dem Einkaufskontor sind rd. 190 Großhandlungen angeschlossen. Neben dem Hauptlager, das sich auf einem 15 000 qm großen Grundstück in Ditzingen bei Stuttgart befindet, unterhält das Einkaufskontor zwei Niederlassungen mit Lägern in Mannheim und Ulm, sowie zwei Spediteurläger in Freiburg und Radolfzell, ferner einen voll automatisierten Abpackbetrieb in Ulm. Die Gesellschaft arbeitet mit ca. 500 Vertragslieferanten, davon etwa 180 im Non-Food-Sektor, letztere insbesondere zur Bedienung der rd. 70 angeschlossenen C & C-Betriebe, zusammen. Vom Eigengeschäft des Kontors abgesehen, wird auch hier das Prinzip der Rahmenverträge mit Einschluß der Zentralregulierung und Delkredereübernahme praktiziert. Im Zuge des Importgeschäfts wurde die Gesellschaft Mitglied des Warenvereins der Hamburger Börse sowie des Vereins Hanseatischer Reisimporteure und Reishändler e. V., Hamburg. Von 1958 bis 1965 hat das Unternehmen seine Umsätze nahezu vervierfachen können.

---

[53] In den Jahren 1945 bis 1949 konnte das Einkaufskontor Frankfurt dank seiner ausgedehnten Lagerhaltung die Lebensmittelbestände der US-Armee für das Land Hessen übernehmen und über seine Gesellschafter in den Einzelhandel zur Verteilung bringen.

[54] Vgl. Handbuch der deutschen Aktiengesellschaften 1961/62, S. 2346/2347.

gg) Das Einkaufskontor des Großhandels Kaiserslautern

Das „Einkaufskontor des Großhandels Kaiserslautern GmbH", Sitz Baden-Baden, ist unter den Einkaufskontoren des Nahrungsmittelgroßhandels in der Bundesrepublik das kleinste. Ende 1964 waren ihm 80 Großhandlungen angeschlossen, die gleichzeitig die Gesellschafter der GmbH sind. Im Gegensatz zu den Schwesterunternehmungen betreibt dieses Einkaufskontor keine Importgeschäfte; seine Geschäftstätigkeit besteht fast ausschließlich in der Vermittlung von Vertragsabschlüssen zwischen inländischen Herstellern und Handelsbetrieben, insbesondere Markenartikelproduzenten und den angeschlossenen Großhandlungen. Dabei wird ebenfalls nach dem Prinzip der Rahmenverträge mit Zentralregulierung und Delkredereübernahme verfahren. Die Umsätze der Gesellschafter mit dem Vertragslieferanten erscheinen beim Kontor nur als durchlaufende Posten.

4. Die Freiwilligen Zusammenschlüsse

a) Die Begriffe „Freiwillige Kette" und „Freiwillige Gruppe"

Unter dem Begriff der Freiwilligen Handelskette verstehen wir den Zusammenschluß von *mehreren* selbständigen Großhändlern mit einer Vielzahl selbständiger Einzelhändler, wobei es zum Wesen der Handelskette gehört, daß eine nationale Kettenzentrale vorhanden ist. Demgegenüber ist unter einer Freiwilligen Handelsgruppe der Zusammenschluß *eines* selbständigen Großhändlers mit einer Vielzahl selbständiger Detaillisten zu verstehen[55].

Nach Stadtaus[56] wird eine Freiwillige Handelskette von folgenden entscheidenden Merkmalen gekennzeichnet:

---

[55] Auf die Begriffsverwirrungen, die sich in der Literatur um die Freiwilligen Zusammenschlüsse finden — die zum Teil auf die Übersetzung der amerikanischen Begriffe „Voluntary Chains" und „Voluntary Groups" zurückzuführen sind — kann nicht eingegangen werden. Vgl. hierzu die Ausführungen bei Ruberg, C., H. Müller, K.-H. Neuroth: Zwei Partner — ein Ziel. Moderne Formen der Zusammenarbeit zwischen Groß- und Einzelhandel, R. G. H. Band I, Köln 1958, S. 34 ff., Kathrein, Oswald: Die freiwilligen Zusammenschlüsse ... a.a.O., S. 5 ff., und Schierholt, Horst: Freiwillige Filialbetriebe, Hamburg 1963, S. 8 ff.

[56] Vgl. Stadtaus, Ulrich: Die Führung einer freiwilligen Handelskette im Lebensmittelhandel. Vertriebswirtschaftliche Abhandlungen des Instituts für Industrielle Verbrauchsforschung und Vertriebsmethoden an der Technischen Universität Berlin, Berlin 1962, S. 10. Ähnlich definiert auch H. Klepsch: Die Verkaufs-Rationalisierung in integrierten Organisationen des Lebensmittelhandels (Einkaufsgesellschaften, Freiwillige Ketten), Diss., Köln 1961, S. 52.

— Zusammenschluß von mehreren selbständigen Großhändlern mit einer Vielzahl selbständiger Detaillisten.

— Existenz einer nationalen Kettenzentrale, die über beiden Partnern steht.

— Vertragliche Bindungen zwischen Detaillist und Grossist (der Einzelhändler muß grundsätzlich einem Idealverein beitreten und Beiträge leisten).

— Führung eines gemeinsamen Namens, mit dem die Ladengeschäfte gekennzeichnet werden, unter dem die Konsumentenwerbung betrieben wird und unter dem eigene Handelsmarken auf den Markt gebracht werden.

— Gebietsschutz auf der Großhandelsstufe und möglichst auch auf der Einzelhandelsebene.

b) Entstehung und Aufgabenstellung der Freiwilligen Zusammenschlüsse

Im Nahrungsmittelhandel der Bundesrepublik Deutschland ist die Zusammenarbeit von Groß- und Einzelhandel in Form Freiwilliger Handelsketten und Freiwilliger Handelsgruppen seit etwa 1950 zu beobachten. Diese Art der Kooperation wurde erstmals in den USA praktiziert[57]; sie fand über Holland den Weg nach Europa und in die Bundesrepublik. In Westdeutschland ist die Initiative zur Gründung der Freiwilligen Ketten von Großhändlern ausgegangen, die durch den Wettbewerbsdruck der Einkaufsgenossenschaften, Filialunternehmungen und Konsumgenossenschaften in Bedrängnis gerieten[58]. In einem wirtschaftspolitischen Manifest der Freiwilligen Kette „Fachring“ heißt es: „Die Aufgabe der freiwilligen Zusammenschlüsse ist es, dem immer stärkeren Konkurrenzdruck der Filialgeschäfte und Konsumgenossenschaften ein wirkungsvolles Instrumentarium zur Erhaltung des selbständigen Groß-

---

[57] Im Jahre 1916 erfolgte die Gründung der „Purchasing and Distributing Company“ in San Franzisko, die als die erste Freiwillige Handelskette angesehen wird. Die übrigen großen amerikanischen „Voluntary Chains“ entstanden zwischen 1920 und 1930 („Red and White“, „I. G. A.“ = The Independent Grocers Alliance of America, „Clover Farm Stores“, „Nation Wide Stores“, „Quality Stores Group“). Vgl. Beckman, Theodore N., Nathanael H. Engle: Wholesaling-Principles and Practice, New York 1951, S. 270.

[58] Vgl. Vaterrodt, Klaus: Die freiwilligen Zusammenschlüsse zwischen Groß- und Einzelhandlungen als Möglichkeit der Rationalisierung im Handel, Diss., Köln 1956, S. 45.

Tabelle 16: **Freiwillige Zusammenschlüsse zwischen Groß- und Einzelhandel im Nahrungs- und Genußmittelhandel der Bundesrepublik Deutschland**

(im Bezugsjahr 1965)

Name	Sitz der Kettenzentrale	Zahl der angeschl. Großhandlgn.	Zahl der angeschl. Einzelhandlgn.	Gründungsjahr	Tätigkeitsgebiet
I. Freiwillige Ketten					
Afu	Mannheim	62	4000	1958 [a)]	Bundesrepublik
A & O	Offenburg/Baden	51	8000	1954	Bundesrepublik
Centra	Köln	42	5000	1955	Bundesrepublik
Eika[b)]	Plattling/Niederbayern	29	2650	1952	Bayern
Fachring	Wiesbaden-Biebrich	54	4900	1957	Bundesrepublik
IFA[c)]					
Grossia[b)]	Lengerich/Westfalen	13	1250[d)]	1959	Niedersachsen/Nordrhein-Westfalen
Hanse[e)]	Köln-Lindenthal	43	2800[f)]	1960	nördl. der Linie Koblenz, Kassel, Süddeutschland
Himmelreich	Porz/Rhein	2	1300	1956	Mittelrhein und Ruhrgebiet
Insel	Düsseldorf	13	750	1960	Nordrhein-Westfalen
Liba	Lindern/Rheinland	3	500	1955	Nordrhein-Westfalen
Spar	Frankfurt/Main	50	11466	1953	Bundesrepublik
T.I.P.	Düsseldorf	51	7800	1955	Bundesrepublik
Végé[g)]	Frankfurt/Main	37	5900	1957	Bundesrepublik
Vivo	Frankfurt/Main	48	9800	1954	Bundesrepublik
Vorteil	Köln-Deutz	42	5000	1958	Bundesrepublik
Elgro	Osnabrück	rd. 80	rd. 8000	1952	Norddeutschland

Name	Sitz der Kettenzentrale	Zahl der angeschl.		Gründungsjahr	Tätigkeitsgebiet
		Großhandlgn.	Einzelhandlgn.		
II. Freiwillige Gruppen					
BMA	Bernhard Müller KG, Augsburg	1	1 200	1953	Bayern
Kathra[h)]	Kathra Leistungsgruppe e. V., München	1	2000	1964	Bayern
Geba	Großeinkaufsgesellschaft Hugo Munk KG, Welzheim	1	etwa 800	1949	Frankfurt und Umgebung
Koma	Koch & Mann GmbH, Wuppertal-Elberfeld	1	2 565	1956	Nordrhein-Westfalen, z. T. Rheinland-Pfalz und Hessen
Lutter	Wilhelm Lutter GmbH, Düsseldorf	1	770	1954	Düsseldorf und Umgebung

a) 1951 Gründung der „Afu-Werbegemeinschaft".

b) Eika und Grossia haben 1963 eine Interessen- und Werbegemeinschaft gegründet.

c) Fachring befindet sich auf dem Weg zur einheitlichen Bezeichnung IFA in allen europäischen Mitgliedsländern.

d) Mit Grossia gekennzeichnet. Etwa die gleiche Zahl Einzelhändler wird noch zusätzlich bearbeitet.

e) Hanse und Util wurden nach einer anfänglichen Arbeitsgemeinschaft im Sommer 1964 zur Hanse — Freiwillige Handelskette zusammengeschlossen. Util wurde 1962 (nach Vorarbeiten seit 1958) in Köln gegründet.

f) Als System-Einzelhändler. Die Gesamtzahl der belieferten Einzelhändler beträgt 5 700.

g) Die 1953 gegründete Edelstolz-Gemeinschaft wurde 1957 in die VéGé aufgenommen.

h) Kathra wurde von der Franz Kathreiners Nachfolger AG, München, nach deren Ausscheiden aus A & O gegründet.

Quelle: Disch, Wolfgang K. A.: Der Groß- und Einzelhandel in der Bundesrepublik, Köln und Opladen 1966, S. 131/132; Der deutsche Lebensmittelhandel (Entwicklung, Struktur, Marktdaten), Ausarbeitung der Carl-Gabler-Werbegesellschaft, München 1965, S. 47.

und Einzelhandels entgegenzusetzen[59]." Disch[60] stellt fest, daß sich die Klein- und Mittelbetriebe des Groß- und Einzelhandels in der Organisation der Freiwilligen Kette zusammengeschlossen haben, um die Arbeitsweise der Konzentrationsformen nachzuahmen. Durch systematische Kooperation der Groß- und Einzelhändler soll eine Rationalisierung der Geschäftsbeziehungen der beiden Handelsstufen, eine Konzentration im Bereich der Beschaffung und damit eine Senkung der Einkaufspreise des Groß- und Einzelhandels, eine Bereinigung der Sortimente und Beschleunigung des Lagerumschlags sowie eine Erhöhung der Absatzeffizienz erreicht werden. Die Zielsetzung: Senkung der Kosten und Steigerung der Wettbewerbsfähigkeit umreißt im wesentlichen die Aufgabenstellung der Freiwilligen Zusammenschlüsse.

c) Verbreitung und Wachstum der Freiwilligen Zusammenschlüsse

Zwischen 1950 und 1965 wuchsen die Freiwilligen Zusammenschlüsse (Ketten und Gruppen) stärker als alle übrigen Konzentrations- und Kooperationsformen des Nahrungsmittelhandels. Während im Jahre 1953 die in Freiwilligen Ketten und Freiwilligen Gruppen zusammengeschlossenen Einzelhändler kaum einen Marktanteil von 5 % des gesamten Lebensmitteleinzelhandelsumsatzes auf sich vereinigten, waren es 1966 bereits 30—32 %. Mit Ruberg u. a.[61] läßt sich die Plötzlichkeit und das Tempo dieser Entwicklung daraus erklären, daß zwangsläufige Veränderungen durch viele Umstände lange Zeit hindurch aufgeschoben wurden und nunmehr ein beschleunigtes Nachholen fortschrittlicher Neugestaltungen, die sich außerhalb Deutschlands (insbesondere in den USA) ziemlich organisch vollzogen hatten, erfolgte. Auf Grund des Nachholcharakters der Entwicklung wird von diesen Autoren die Bezeichnung „Revolution im Handel" als falsch bezeichnet.

Im Jahre 1965 waren in Westdeutschland 21 Freiwillige Kettenzusammenschlüsse tätig, von denen 5 unter der Führung nur eines Großhändlers standen. Tab. 16 gibt einen Überblick über die Freiwilligen Ketten und Freiwilligen Gruppen in Westdeutschland. Nur 9 der Freiwilligen Ketten haben eine Verbreitung, die das gesamte Bundesgebiet erfaßt, die restlichen Ketten sind regional begrenzt tätig, ebenso wie die Freiwilligen Gruppen.

---

[59] Zitiert bei Kathrein, Oswald: Die Freiwilligen Zusammenschlüsse zwischen Groß- und Einzelhandlungen des Lebensmittelmarktes der Bundesrepublik und ihre Bedeutung für die Handelsstruktur, Marburg-Lahn 1958, S. 10.

[60] Vgl. Disch, Wolfgang, K. A.: „Freiwillige Ketten im Europamarkt", in: Aktuelle Absatzwirtschaft, Hamburg 1964, S. 48.

[61] Vgl. Ruberg, C., H. Müller, K. H. Neuroth, a.a.O., S. 11.

d) Der Organisationsaufbau der Freiwilligen Zusammenschlüsse

Im Organisationsaufbau der Freiwilligen Zusammenschlüsse zeigen sich z. T. erhebliche Unterschiede, wenn auch die Kernelemente bei allen Organisationen übereinstimmen. Die Freiwilligen Ketten sind im nationalen Bereich dreistufig organisiert (Einzelhandelsstufe, Großhandelsstufe, Kettenzentrale), die Freiwilligen Gruppen zweistufig (Einzelhandelsstufe, Leitgrossist). Oertel[62] und in Anlehnung an ihn Schierholt[63] haben in übersichtlicher Form eine Systematisierung der Aufbauformen der Freiwilligen Zusammenschlüsse vorgenommen, der wir uns im folgenden anschließen wollen.

Als Kernzelle aller Zusammenschlüsse ist das Belieferungsverhältnis zwischen einem Großhändler und den ihm angeschlossenen Einzelhändlern anzusehen. Dieses Belieferungsverhältnis — die materielle Bindung — wird im Falle einer Freiwilligen Kette bzw. einer Freiwilligen Gruppe erweitert um ein Betreuungsverhältnis — die ideelle Bindung.

Skizze 1: Herkömmliche Methode der Zusammenarbeit zwischen Groß- und Einzelhandel

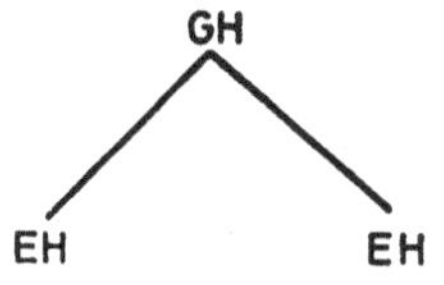

GH = Großhändler
EH = Einzelhändler

Skizze 2: Methode der Zusammenarbeit in Freiwilligen Zusammenschlüssen

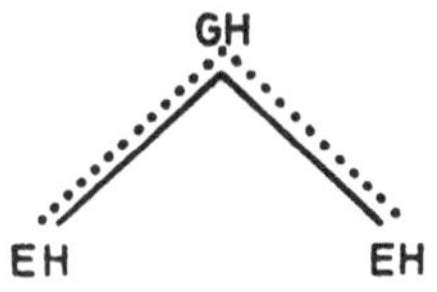

— = materielle Bindung
... = ideelle Bindung

Die ideelle Bindung tritt nach außen in Erscheinung durch den Zwang zur Führung von Organisationszeichen (Symbolen), die Aufnahme einer gewissen Zahl von Organisationsartikeln (Eigenmarken) sowie die Gebietsabgrenzung zwischen den Großhändlern (im Falle der Freiwilligen Kette) und den Einzelhändlern (im Falle der Freiwilligen Kette und der Freiwilligen Gruppe), wobei die Bindungen im Einzelfall streng oder weniger streng gehandhabt werden[64].

Das ideelle Bindungsverhältnis strebt zwei Ziele an: Einmal soll der Einzelhändler von seinen kaufmännischen Nebenaufgaben, wie Werbung,

[62] Oertel, Hans: Die freiwilligen Zusammenschlüsse im Lebensmittelhandel, Diss., Nürnberg 1960, S. 34 f.

[63] Vgl. Schierholt, Horst: Freiwillige Filialbetriebe. Rechtliche und wirtschaftliche Bindungen in freiwilligen Zusammenschlüssen zwischen selbständigen Groß- und Einzelhändlern, Köln 1963, S. 16—19.

[64] Vgl. Ruberg, C., H. Müller, K. H. Neuroth, a.a.O., S. 39.

Ladengestaltung usw. entlastet werden, um sich ganz dem Verkauf widmen zu können, zum anderen soll eine mittelständische Interessenvertretung geschaffen werden[65].

Der unter Skizze 2 dargestellten Aufbaustufe entspricht die Organisationsform der Freiwilligen Gruppe W. Lutter-GmbH, Düsseldorf (Vgl. Tab. 16). Nicht alle Freiwilligen Gruppen weisen diese Aufbaustufe auf. Freiwillige Zusammenschlüsse mit sehr großer Zahl von Systemkunden[66] gliedern die ideelle Bindung häufig aus und übertragen sie einer besonderen, rechtlich selbständigen Organisation, in der sowohl die Einzelhändler als auch ihr Großhändler vertreten sind und die zum eigentlichen Bindeglied wird.

Trennung der materiellen und ideellen Bindung

Skizze 3

a) Freiwillige Gruppe

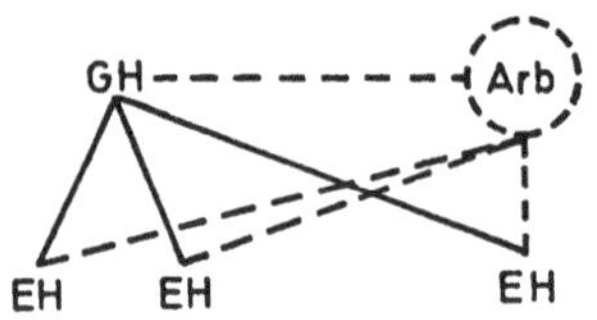

Skizze 4

b) Freiwillige Kette

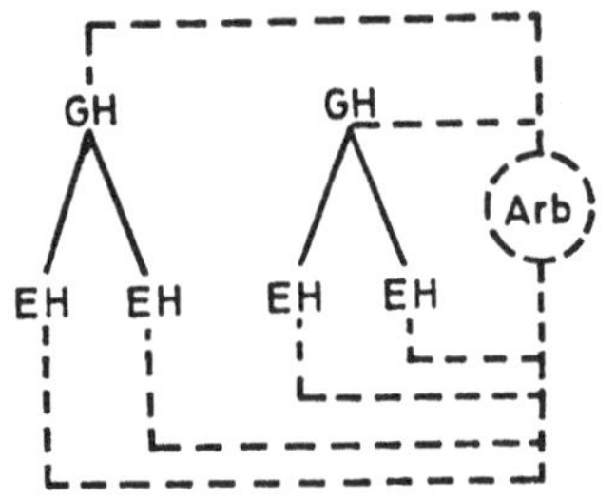

Arb = Arbeitsgemeinschaft der Groß- und Einzelhändler mit überwiegend ideellen Aufgaben

Der Skizze 3 entsprechend sind — nach Schierholt — die Freiwilligen Gruppen BMA (Bernhard Müller KG) und Koma (Koch & Mann GmbH) aufgebaut, während die Freiwilligen Ketten Grossia, Eika und Vorteil eine Organisationsform aufweisen, wie sie mit Skizze 4 dargestellt ist[67]. Der Organisationsaufbau der großen Freiwilligen Ketten Afu, Centra, Fachring, Spar und Vivo, die alle über eine größere Zahl von Großhändlern verfügen, ist durch eine weitere Zentralisierung charakterisiert (Skizze 5). Hier sind Bezirkszentralen eingerichtet, über denen eine nationale Zentrale steht. Diese Zentralisierung gilt sowohl für das ideelle als auch das materielle Bindungsverhältnis:

---

[65] Vgl. Schierholt, Horst, a.a.O., S. 16.

[66] Unter Systemkunden versteht man diejenigen Kunden des Kettengrossisten, die eine ideelle Bindung eingegangen sind.

[67] Einen von Skizze 4 leicht abweichenden Organisationsaufbau hat die Freiwillige Kette Liba, denn hier sind die Großhändler nicht Mitglied der Arbeitsgemeinschaft.

Skizze 5

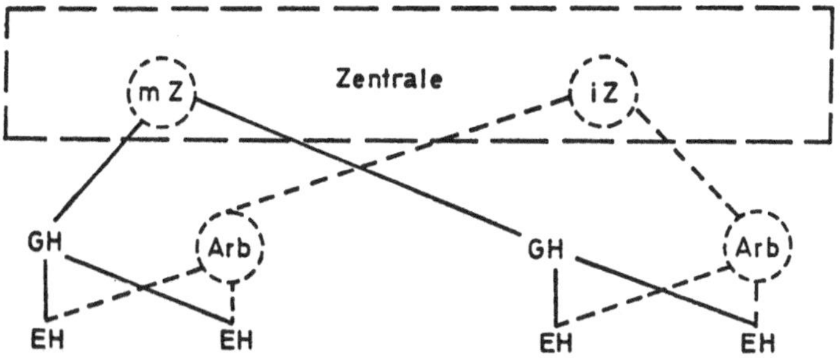

mZ = materieller Zusammenschluß der Großhändler
iZ = zentraler Zusammenschluß der Arbeitsgemeinschaften mit überwiegend ideellen Aufgaben

Noch etwas anders gelagert ist der Aufbau der Freiwilligen Ketten A & O sowie Tip. Bei diesen Ketten fällt die in Skizze 5 gezeichnete Arb-Stufe weg, da alle Groß- und Einzelhändler direkt in der iZ-Zentrale organisiert sind. Das materielle Bindungsverhältnis umfaßt allerdings, wie bei den übrigen großen Freiwilligen Ketten, eine Organisierung auch in Bezirksgruppen.

e) *Ausmaß und Entwicklung der Nachfragekonzentration*

Die organisatorisch sehr verschiedenen Formen der Freiwilligen Zusammenschlüsse sowie die Unterschiede in der Straffheit des Aufbaues machen es schwierig, einen Überblick über die Einkaufs- und Auftragskonzentration innerhalb dieser Gemeinschaftsorganisationen zu gewinnen. Hinzu kommt, daß bei den meisten Freiwilligen Ketten das materielle Bindungsverhältnis — und dieses bestimmt den Grad der Einkaufskonzentration — der Kettengroßhändler nicht abgegrenzt ist mit der Bindung zu den vorgelagerten Kettenzentralen (Bezirkszentralen und Bundeszentrale). Vielmehr haben, wie bereits erwähnt, die meisten Kettengrossisten eine starke Bindung zu den Einkaufskontoren des Nahrungsmittelgroßhandels, die auf der Zentralgroßhandelsstufe tätig sind und als direkte Konkurrenten zu den auf gleicher Stufe tätigen Kettenzentralen anzusehen sind. Die Einkaufskontore haben gegenüber den Kettenzentralen den bemerkenswerten Wettbewerbsvorteil, daß sie die untereinander konkurrierenden Großhändler *aller* Freiwilligen Ketten beliefern und dadurch die Möglichkeit haben, eine weitaus höhere Einkaufskonzentration auf sich zu vereinigen als die Kettenzentralen.

Die materielle Bindung der Kettengroßhandlungen an die Einkaufskontore des Nahrungs- und Genußmittelgroßhandels bedeutet innerhalb der Gesamtanlage des vorgestellten Stufenaufbaues des funktionellen Nahrungs- und Genußmittelgroßhandels (vgl. Abb. 1 S. 25) einen Bruch und zwar deshalb, weil der vertikale Ablauf der Einkaufskonzentration und damit der Nachfragekonzentrierung der Freiwilligen Zusammenschlüsse auf der Zentralgroßhandelsstufe aufgesplittert ist.

Im Marktablaufschema ist die Aufsplitterung durch den schrägstehenden Pfeil angedeutet, im deskriptiven Teil findet sie ihre Berücksichtigung in Kapitel III. 3.

In diesem Kapitel soll aus Gründen der Übersichtlichkeit nur die Einkaufskonzentration innerhalb der Kettenorganisation behandelt werden.

Sieht man einmal von den Unterschieden der einzelnen Kettenzusammenschlüsse ab, so läßt sich generell sagen, daß die Einkaufskonzentration zwischen den Systemkunden und den Kettengroßhändlern relativ stark, zwischen den Kettengroßhändlern und den vorgelagertenKetteninstitutionen (Bezirks- bzw. Bundeszentralen) relativ schwach ist. Über das Ausmaß der Einkaufskonzentration finden sich in der Fachliteratur recht unterschiedliche Angaben, die Ketten selbst sind mit Veröffentlichungen sehr zurückhaltend. Diederichs spricht von einer durchschnittlichen Einkaufskonzentration von 50 bis 60 % zwischen dem Ketteneinzelhandel und dem Kettengroßhandel[68], Kathrein glaubt, daß bereits 1957/58 eine Einkaufskonzentration von etwa 60 % im Durchschnitt sämtlicher Freiwilligen Handelsvereinigungen erreicht worden sei[69]. Er erwähnt, daß der Konzentrationsgrad bei den Spar-Einzelhändlern von 65 % im Jahre 1954 auf 84,5 % im Jahre 1955 angestiegen sei, bei einzelnen Großhandelsbezirken sogar bis auf 98 %. Schierholt stellt fest, daß die Grenzen einer maximalen Konzentration unter 70 % liegen, da der Einzelhändler auf eine Warenbelieferung durch Spezialgroßhandlungen und -hersteller nicht verzichten kann[70]; die völlige Konzentration des Warenbezugs des Einzelhändlers bei seinem Großhändler bleibe daher ein Ideal. Schierholt erwähnt, daß die Einzelhändler der A & O, des Fachrings und der Spar ihren Warenbedarf zu etwa 50 % bei den Zusam-

[68] Diederichs, Erich, H.: „Hauptprobleme der modernen Kooperation im Handel", in: Kooperation und Konzentration der Unternehmungen im Wettbewerb. Herausgeg. von der deutschen Gesellschaft für Betriebswirtschaft, Berlin 1964, S. 137. Diederichs schreibt: „Im Regelfall rechnet man heute (1964, der Verf.) mit einer Einkaufskonzentration von 50—60 vH, bezogen auf den Gesamteinkauf der Einzelhändler, d. h. in dieser Höhe deckt der Einzelhändler seinen Bedarf bei dem Leitgrossisten. Der Rest des Bedarfs entfällt auf Sortimentsabweichungen bzw. Spezialsortimente, die von Leitgrossisten zumeist nicht geführt werden. Diese Zahlen entsprechen etwa den ähnlich gelagerten Ergebnissen der Einkaufsgenossenschaften."

[69] Vgl. Kathrein, Oswald, a.a.O., S. 54.

[70] Vgl. Schierholt, Horst, a.a.O., S. 54, er bezieht sich bei dieser Aussage auf Oertel, a.a.O., S. 56.

menschlußgroßhändlern decken[71]. Im Falle der Spar befindet er sich in Widerspruch zu Kathrein. Nach unseren Ermittlungen ist die durchschnittliche Einkaufskonzentration zwischen Ketteneinzel- und Kettengroßhandel wesentlich niedriger und liegt für das Jahr 1963 bei 31 %. Dieser Wert ergibt sich wie folgt: Geht man davon aus, daß der Kettengroßhandel 1963 einen Großhandelsumsatz an Systemkunden in Höhe von 5,25 Mrd. DM (= 75 %)[72] des Gesamtumsatzes der Kettengroßhandlungen, vgl. Tab. 8) erzielt hat, so kann man diesen Umsatzwert den Umsätzen des Ketteneinzelhandels gegenüberstellen. Die Gegenüberstellung ist jedoch nur sinnvoll, wenn der Ketteneinzelhandelsumsatz um die Einzelhandelsspanne bereinigt ist. Unter Zugrundelegung der durchschnittlichen Handelsspanne von knapp 20 % im Lebensmitteleinzelhandel ergibt sich eine durchschnittliche Einkaufskonzentration von 31 %. Dieser Wert wird bestätigt durch die Ergebnisse der Konzentrationsenquête, die vom Bundesamt für Gewerbliche Wirtschaft durchgeführt wurde und die — allerdings für 1961 — einen Einkaufskonzentrationsgrad ausweist, der „zwischen 20 und 40 %" liegt[73].

Über die Einkaufskonzentration zwischen den Großhandelsmitgliedern einer Freiwilligen Kette und ihren Kettenzentralen sind die Angaben bzw. Schätzungen in der Fachliteratur wesentlich spärlicher. Aengenendt nennt einen Wert von etwa 10 %[74], Schulz einen solchen von 5 bis 10 %[75]. Diese Werte dürften, nach den Ermittlungen des Ifo-Instituts für

---

[71] Als Informationsquellen dienen ihm persönliche Auskünfte der Freiwilligen Zusammenschlüsse sowie eine Veröffentlichung von W. Disch in: „Wirtschaftsdienst" 1962/V. Bezugsjahr ist vermutlich 1961.

[72] Der Ansatz von 75 % erfolgte auf Grund der Erfahrungen im Rahmen der sogenannten Konzentrationsenquête der Bundesregierung. Für 1959 wurde ein Anteil von 67,3 % des Großhandelsumsatzes der Freiwilligen Ketten ermittelt, der auf Systemkunden entfiel, für 1961 ein Anteil von 72,4 %. Vgl. Bericht über das Ergebnis einer Untersuchung der Konzentration in der Wirtschaft. Bundestagsdrucksache IV/2320, Bonn, Oktober 1964, S. 266. Unter Berücksichtigung der tendenziellen Zunahme des Anteils der Systemkunden am Umsatz der Kettengroßhändler halten wir den angesetzten Wert für realistisch.

[73] Vgl. Bericht über das Ergebnis einer Untersuchung der Konzentration in der Wirtschaft, a.a.O., S. 263 ff. Hier heißt es: „Die bei den Ketteneinzelhändlern ermittelte Konzentration des Einkaufs auf ihre Großhändler war im Durchschnitt erheblich geringer als bisher angenommen wurde. Die Untersuchungen haben ergeben, daß der Grad der Bindung der Einzelhändler an die Ketten von Kette zu Kette unterschiedlich ist."

[74] Die Verfasserin bezieht sich dabei auf 2 Zeitungsartikel: „Kartellamt schreibt an jede Handelskette", in: Deutsche Zeitung mit Wirtschaftszeitung, Nr. 44, 21. 2. 1961, und „Gemeinwirtschaftlicher Einkauf unbedenklich", in: Frankfurter Allgemeine Zeitung, Nr. 37, vom 12. 3. 1962. Vgl. Aengenendt, Renate: Die freiwilligen Handelsketten in der Bundesrepublik Deutschland. Ihre wirtschaftspolitische und mittelstandspolitische Bedeutung. Abhandlung zur Mittelstandsforschung, Köln - Opladen 1962, S. 46.

[75] Vgl. Schulz, H. J.: „Einkaufspolitik des Einzelhandels", in: Die Ernährungswirtschaft, Heft 12, 1964, S. 864.

Wirtschaftsforschung, München, eher zu hoch als zu niedrig liegen. Innerhalb einer Auftragsuntersuchung[76] stellte dieses Institut Erhebungen über die Bezugswege bei ausgewählten Kettengroßhandlungen an, wobei eine sehr schwache Einschaltung der Kettenzentralen in die Warenbezüge festgestellt wurde[77]. Die schwache Auftragskonzentration der Großhandelsmitglieder bei ihren Kettenzentralen wird auch von Geisbüsch[78] bestätigt, der die geringe Einschaltung der Zentralen in die Warenbezüge der Kettengroßhändler auf die starke Stellung der Einkaufskontore des Nahrungs- und Genußmittelgroßhandels zurückführt[79].

f) Die Geschäftspolitik der Freiwilligen Zusammenschlüsse

Die Geschäftspolitik der Freiwilligen Zusammenschlüsse hat sich in jüngster Zeit im allgemeinen — bei differenzierter Entwicklung im Einzelfall — die Prinzipien der Großbetriebsformen des Handels, insbesondere diejenigen des Großfilialismus, zu eigen gemacht. Die Phase, in welcher der Kettengroßhändler eine möglichst große Zahl von Systemkunden anzuwerben und zu beliefern suchte, ist längst abgelöst durch das Prinzip „Konzentration durch Selektion“[80], dem jene Abnehmer im Einzelhandel zum Opfer fallen, deren Aufträge unterhalb einer bestimmten Größenordnung bleiben. Darüber hinaus suchen vor allem die größeren Ketten den „Gruppenwillen“ innerhalb ihrer Organisation zu festigen[81]. In diesem Bestreben kommt ihnen die Entwicklung des Wettbewerbs auf den Einzelhandelsmärkten zu Hilfe, die vom Einzelhändler ein ständiges Mitgehen mit neuzeitlichen Vertriebstechniken verlangt und ihn unter einen permanenten Modernisierungszwang stellt. Da die erforderlichen Investitionen die finanzielle Leistungsfähigkeit der Einzelhändler bei weitem übersteigt, geraten sie in zunehmende Abhängigkeit zu ihren finanzstarken Leitgrossisten, die Kalkulation, Sortiment, Abnahmemengen, Werbung usw. nach ihren Vorstellungen diktieren können[82]. Durch

---

[76] Vgl. Batzer, E., M. Eli, H. Laumer, a.a.O., S. 19 f.

[77] Da nur ein Teil des Großhandelssortiments in die Erhebung einbezogen wurde — entsprechend der Zielsetzung dieser Untersuchung — ist die Rückschließung auf einen durchschnittlichen Einschaltungsgrad, der das gesamte Sortiment einbezieht, nicht möglich.

[78] Geisbüsch, Hans-Georg: Die organisierte Nachfrage. Organisation und Strategie marktbeeinflussender oder marktbeherrschender Nachfrager, a.a.O., S. 137.

[79] Der Kritik Geisbüschs an O. Kathrein und H. Klepsch, die den Kettenzentralen eine starke Stellung im gemeinsamen Einkauf zuerkannten (vgl. Geisbüsch, a.a.O., S. 138, Fußnote 252), schließen wir uns an.

[80] Vgl. Woll, Artur: Der Wettbewerb im Einzelhandel, Berlin 1964, S. 176.

[81] Diederichs, Erich, H.: a.a.O., S. 138, stellt fest, daß die bisherige Entwicklung den straff geführten Ketten mit der Durchsetzung ihres Gruppenwillens eine wesentliche Stärkung ihrer Marktstellung eingebracht hat.

[82] Die Bevormundung der Einzelhändler durch die Bezirksgroßhändler der

die Ausgliederung der betrieblichen Funktionen des Einzelhandels wird der Ketteneinzelhändler faktisch zum „Filialleiter“ seines eigenen Geschäftes[83].

Entgegen den Entwicklungstendenzen in den übrigen Organisationsformen des Nahrungsmittelhandels scheinen die Freiwilligen Ketten die Nachfragekonzentration zwischen Kettengroßhandel und Kettenzentralen nicht gezielt steigern zu wollen. Vielmehr schalten die Kettengroßhändler in ihren Warenbezug die Einkaufskontore des Nahrungs- und Genußmittelgroßhandels stärker ein als ihre eigenen Zentralen. Dies hat vermutlich den bereits erwähnten Grund, daß die Einkaufskontore des Nahrungs- und Genußmittelgroßhandels die untereinander konkurrierenden Großhändler *aller* Freiwilligen Ketten beliefern, wodurch sie die Möglichkeit haben, eine weitaus höhere Einkaufskonzentration auf sich zu vereinigen als die Kettenzentralen, dadurch also günstigere Bezugsbedingungen bieten können.

Die Kettenzentralen verlieren durch diese Entwicklung allerdings nicht ihre Existenzberechtigung. Ihnen obliegen Aufgaben wie Dokumentierung des „Gruppenwillens“, Gemeinschaftswerbung, Good-Will-Aktionen, Durchsetzung von Eigenmarken, sowie z. T. Verhandlungen mit der Markenartikelindustrie.

5. Die einkaufsgenossenschaftlichen Organisationen des Lebensmittelhandels

a) Entstehung und Aufgabenstellung der Einkaufsgenossenschaften

Die ersten Einkaufsgenossenschaften des Lebensmittelhandels sind bereits Ende des vorigen Jahrhunderts gegründet worden[84] und zwar zunächst zum Zwecke der Sammlung von Einzelbestellungen sowie zur gemeinsamen Wahrnehmung preisgünstiger Offerten und Empfehlungen von Lieferanten. Andere Aufgaben (genossenschaftliche Lagerhaltung, Beratung, Kreditgewährung, Werbung) kamen erst später hinzu. Die ersten Gründungen entstanden durchweg auf lokaler Basis. Sie gingen

---

Freiwilligen Ketten wurde in einem Artikel in der Zeitschrift der Rationalisierungsgemeinschaft des Handels durch die RGH (Heft 5, Köln 1963, S. 2) kritisiert. Darin wird festgestellt, daß durch verschiedene Maßnahmen der Kettengroßhändler den Einzelhändlern die Möglichkeit der Einkaufsdisposition genommen wird. Vgl. Geisbüsch, a.a.O., S. 110—111.

[83] Dieses Pseudo-Verhältnis wird beendet durch Arbeitsunfähigkeit, Tod, Zahlungsschwierigkeiten und ähnliche Ereignisse, wodurch das Einzelhandelsgeschäft gänzlich an den Kettengroßhändler übergeht. Durch Verpachtung oder Einstellung eines Filialleiters erfolgt der Übergang zum Filialsystem.

[84] 1888 in Frankfurt/Oder, in den folgenden Jahrzehnten im gesamten Reichsgebiet.

von selbständigen Lebensmitteleinzelhändlern aus, die sich in der Genossenschaft eine Dispositionszentrale schufen, welche — wenn auch in abgewandelter Form — Großhandelsaufgaben zu erfüllen hatte. Erst als der selbständige mittelständische Einzelhandel zunehmend die Konkurrenz der Filialunternehmungen, der Konsumgenossenschaften, der Einheitspreisgeschäfte und der Warenhäuser spürte, trat die Einkaufsgenossenschaft als Mittel der Einkaufskonzentration und damit als Wettbewerbsmittel immer stärker in den Vordergrund[85].

In der Bundesrepublik Deutschland existieren heute zwei überregional tätige einkaufsgenossenschaftliche Organisationen des Lebensmittelhandels: die Edeka-Gruppe und die Rewe-Gruppe.

Im Jahre 1907 gründeten eine Reihe örtlicher Genossenschaften die Edeka-Zentrale eGmbH als Zentralgenossenschaft[86], um durch diesen Zusammenschluß ihrerseits einen gemeinschaftlichen Einkauf bei den Vorlieferanten durchführen zu können.

Im Jahre 1920 wurde von westdeutschen Einkaufsgenossenschaften selbständiger Lebensmitteleinzelhändler die A. G. Westkauf, die spätere Rewe-Zentrale, gegründet. Der regionale Schwerpunkt der Rewe-Genossenschaften lag ursprünglich in Rheinland-Westfalen[87], heute sind Rewe-Großhändler jedoch im gesamten Bundesgebiet tätig.

Waren die Einkaufsgenossenschaften zunächst in erster Linie existenzsichernd eingestellt, so wurde die Defensiveinstellung bald aufgegeben

---

[85] „Die Einkaufsgenossenschaften basieren auf dem Prinzip der ‚Funktionsausgliederung', das sie im Bereich des Einzelhandels als erste voll verwirklicht haben. Nach diesem Grundsatz verzichten die Händler darauf, *sämtliche* Funktionen eines Unternehmers selbst auszuüben. Einen Teil der Aufgaben — zunächst nur den Wareneinkauf — übertragen sie auf die Genossenschaft, während in den übrigen Bereichen der unternehmerischen Tätigkeit die volle Selbständigkeit erhalten bleibt. Damit erlangen sie grundsätzlich jene Vorteile der Arbeitsteilung, die sonst nur für Großbetriebe und -unternehmen erreichbar sind. Die Kleinen suchen sich, wie Hirsch schreibt, ‚durch Anpassung an die Vorzüge der Großen zu retten' (Hirsch, J.: Der moderne Handel, seine Organisation und Formen und die staatliche Binnenhandelspolitik, GdSV/II, 2. Auflage, Tübingen 1925, S. 278), was auf eigene Initiative hin so leicht nicht geschehen wäre. Da sie im Konkurrenzkampf auf die Dauer nur die Wahl haben, ihre Existenz zu verlieren oder ihre Selbständigkeit einzuschränken, sind sie im allgemeinen bereit, den ‚Preis' einer verminderten Selbständigkeit für die Existenzerhaltung zu zahlen. Aber auf diesem Weg gibt es kein Zurück. Jede weitere Konkurrenzverschärfung nötigt sie, in der einmal eingeschlagenen Richtung weiterzugehen." Woll, Artur: Der Wettbewerb im Einzelhandel, a.a.O., S. 169.

[86] Der Name „Edeka" entstand aus der Abkürzung der Firma einer Berliner Genossenschaft: „Einkaufszentrale der Kolonialwarenhändler" (= E. d. K.).

[87] Der Name Rewe soll die Abkürzung für Rheinland-Westfalen andeuten. Er wurde beibehalten, weil er zur Werbekonstante der angeschlossenen Genossenschaften geworden war. Vgl. Menzel, Bernhardt: Die Rewe-Gruppe, Auftrag der Gegenwart, Köln 1962, S. 16.

und von einer bewußt absatz- und marktwirtschaftlichen Orientierung abgelöst. Heute sind die Einkaufsgenossenschaften nach den Freiwilligen Ketten die umsatzmäßig zweitstärkste Organisationsgruppe unter den westdeutschen Organisationsformen des Lebensmittelhandels. Die Edeka-Organisation ist darüber hinaus in Westeuropa die größte Gruppe unter allen genossenschaftlichen Zusammenschlüssen des Handels.

b) Die Entwicklung der Nachfragekonzentration

Die Entwicklung der Nachfragekonzentration innerhalb der Edeka-Organisation und innerhalb der Rewe-Organisation geht aus folgenden Zahlen hervor: Zwischen 1957 und 1965 sind die Umsätze der in örtlichen Edeka- und Rewe-Einkaufsgenossenschaften zusammengeschlossenen Einzelhändler um 92 % gestiegen. Im gleichen Zeitraum steigerten die örtlichen Edeka- und Rewe-Genossenschaften ihre Umsätze um 147 %, die Edeka- und Rewe-Zentralen die ihrigen um 182 %. Die unterschiedliche und von Stufe zu Stufe stärkere Umsatzzunahme bedeutet, daß der Einkaufskonzentrationsgrad fortlaufend größer geworden ist, denn einerseits haben die Edeka- und Rewe-Einzelhandelsfirmen einen immer größeren Anteil ihrer gesamten Warenbezüge bei den örtlichen Einkaufsgenossenschaften gedeckt und andererseits haben die örtlichen Einkaufsgenossenschaften ihre Einkäufe in noch stärkerem Maße auf die Edeka- und Rewe-Zentralgenossenschaften konzentriert. Tab. 17 und Abb. 4 machen diesen Vorgang deutlich. Das Ausmaß der Nachfragekonzentration ist unter den Abschnitten c) bb) und d) bb) behandelt.

c) Die Edeka-Organisation

aa) Organisationsaufbau und Zusammenarbeit

Die Edeka-Organisation besteht aus der Edeka-Zentrale eGmbH[88], den Edeka-Genossenschaften und den Edeka-Lebensmitteleinzelhändlern:

Stand: 1966

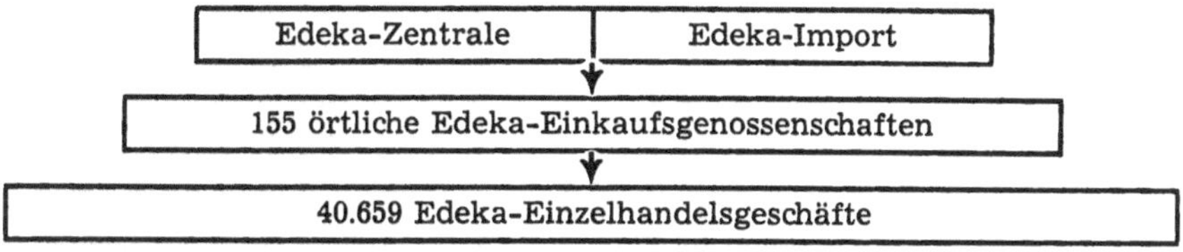

[88] Einschließlich der beiden Tochtergesellschaften, „Edeka-Zentral-Kellereien GmbH“ und „Edeka Frucht-Kontor GmbH“. Vgl. Edeka-Pressedienst, Mai 1963.

Tabelle 17: **Umsatzentwicklung der Edeka-Organisation und der Rewe-Organisation auf der Zentralgroßhandelsstufe, der örtlichen Großhandelsstufe und der Einzelhandelsstufe**
(1957—1965, in Mrd. DM)

Stufe	Gruppe	1957	1958	1959	1960	1961	1962	1963	1964	1965
Zentral-großhandel	Edeka-Zentralen	1,126	1,267	1,443	1,657	1,914	2,184	2.387	2,603	3,003
	Rewe-Zentralen	0,363	0,427	0,487	0,587	0,754	0.871	0,930	1,033	1,201
	Summe	1,489	1,694	1,930	2,244	2,668	3,055	3,217	3,636	4,204
	Index	100	114	130	151	179	205	223	244	282
örtlicher Großhandel	Edeka-Genossenschaften	1,681	1,905	2,016	2,380	2,734	3,092	3,351	3,642	4,151
	Rewe-Genossenschaften	6,617	0,624	0,706	0,833	0,972	1,114	1,207	1,326	1,516
	Summe	2,298	2,529	2,722	3,213	3,706	4,206	4,558	4,968	5,667
	Index	100	110	116	140	161	183	198	216	247
Einzel-handel	Edeka-Einzelhandelsgeschäfte	4,7 . .	4,9 . .	5,5 . .	6,0 . .	6,6 . .	7,1 . .	7,5 . .	8,1 . .	8,9 . .
	Rewe-Einzelhandelsgeschäfte	1,8 . .	2,0 . .	2,2 . .	2,4 . .	2,6 . .	2,9 . .	3,0 . .	3,3 . .	3,6 . .
	Summe	6,5 . .	6,9 . .	7,7 . .	8,4 . .	9,2 . .	10,0 . .	10,5 . .	11,4 . .	12,5 . .
	Index	100	106	118	129	142	154	162	175	192

Quelle: Berechnungen anhand von Unterlagenmaterial aus den Edeka- und Rewe-Geschäftsberichten, den Jahrbüchern des Deutschen Genossenschaftsverbandes sowie aufgrund direkter Auskünfte der Zentralorganisationen.

Umsatzentwicklung der Einkaufsgenossenschaften des Lebensmittelhandels (Edeka, Rewe) 1957 - 1965

1957 = 100

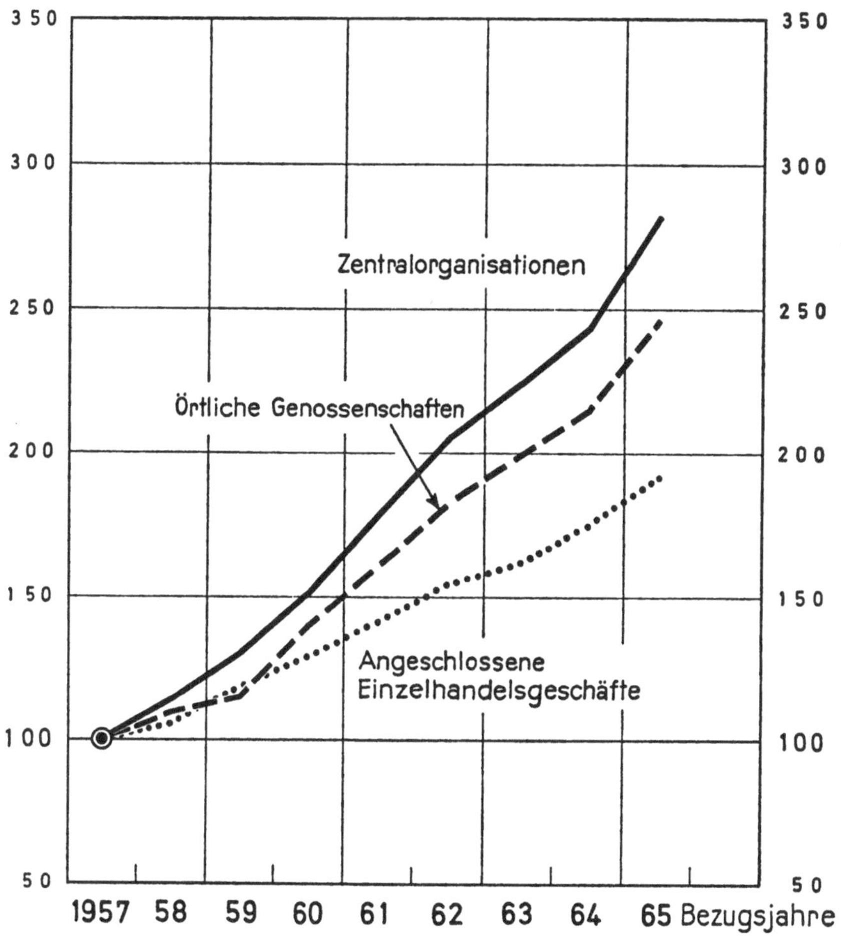

Quelle: Berechnungen anhand der Angaben in der Tabelle 17

IFO-INSTITUT für Wirtschaftsforschung München 6/67

Abbildung 4

Aus der Edeka-Zentrale wurde 1947 die Import-Abteilung ausgegliedert und als Edeka-Import-eGmbH verselbständigt. Sie ist die zentrale Einkaufsinstitution der örtlichen Genossenschaften für ausländische Waren[89].

Zwischen der Edeka-Zentrale und den örtlichen Edeka-Genossenschaften besteht kein Bezugs- oder Abnahmezwang. Unbeschadet ihrer Zugehörigkeit zum Edeka-Verband sind die örtlichen Genossenschaften selbständige kaufmännische Unternehmungen in genossenschaftlicher Rechtsform mit eigenen Verwaltungsorganen, die unter eigener Verantwortung geführt werden[90]. Auch zwischen den örtlichen Einkaufsgenossenschaften und ihren Mitgliedern besteht grundsätzlich kein Abnahmezwang, die gegenseitigen Geschäftsbeziehungen beruhen auf dem Grundsatz der Freiwilligkeit. Als Genossenschaftsmitglieder der regionalen Genossenschaften unterliegen die Einzelhändler jedoch dem Genossenschaftsgesetz, das die sonstigen Rechte und Pflichten der Genossen regelt.

bb) Das Ausmaß der Nachfragekonzentration

Trotz der auf Freiwilligkeit beruhenden Zusammenarbeit zwischen den Gruppen-Mitgliedern ist der Einkaufskonzentrationsgrad in der Edeka-Organisation beachtlich hoch. Wie bereits dargestellt, hat sich die Einkaufskonzentration in den zurückliegenden Jahren von Stufe zu Stufe stärker entwickelt. Im Jahre 1965 sind die Edeka-Zentrale und die Edeka-Import an den Gesamtbezügen der 167 angeschlossenen örtlichen Edeka-Genossenschaften, gerechnet zu Großhandelseinstandspreisen, mit rd. 80 % beteiligt gewesen[91]. Während hier bereits ein gewisser Sättigungspunkt erreicht zu sein scheint, ist die Einkaufskonzentration zwischen den Edeka-Einzelhandelsgeschäften und ihren örtlichen Genossenschaften noch wesentlich ausbaufähiger. Die durchschnittliche Einkaufsquote betrug 1964 54 %, im Jahre 1961 hatte sie 49 % betragen. Diese Entwicklung wird als unbefriedigend angesehen[92].

cc) Die Geschäftspolitik der Edeka-Organisation

Wie auch bei den anderen Handelsgruppen, ist es Hauptziel der Edeka-Geschäftspolitik, eine optimal durchorganisierte Ein- und Verkaufsgemeinschaft zu erreichen.

---

[89] Die Edeka-Import eGmbH unterhält 6 Zweigniederlassungen sowie ein Büro in Bonn. Darüber hinaus gehört ihr eine Tochtergesellschaft, die „Kolonialwareneinfuhr GmbH“ an. Vgl. Edeka-Pressedienst, Mai 1963.

[90] Vgl. Scheer, Werner: Die Absatzwirtschaft der Einkaufsgenossenschaften im Lebensmittelhandel, Diss., Mannheim 1953, S. 11.

[91] Vgl. Edeka Jahresbericht 1965, S. 9.

[92] Vgl. Diederichs, Erich H.: „Tätigkeit des Edeka-Verbandes und seine Aufgaben“, in: 58. Edeka-Verbandstag, Berlin 1965, S. 34.

Edeka-Organisation

(Stand: Ende 1966)

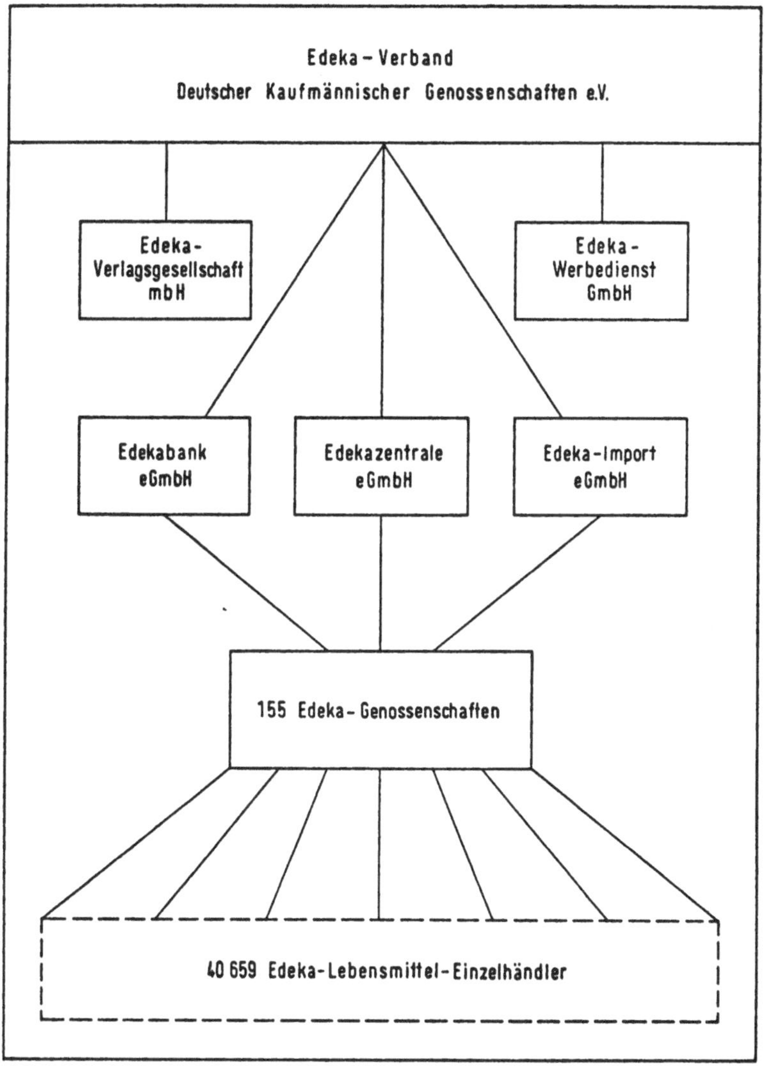

Quelle: Jahresberichte der Edeka

IFO-INSTITUT für Wirtschaftsforschung 44/68

Abbildung 5

Der seit Jahren wirksame Gruppenwettbewerb habe die Grenzen einer primär nur warengeschäftlich bezogenen Tätigkeit sichtbar gemacht und erfordere ein aus gemeinsamer Einsicht bestimmtes Handeln auf allen Stufen der Edeka-Organisation, heißt es im Tätigkeitsbericht des Edeka-Verbandes[93]. Unter Einsatz der neuesten betriebswirtschaftlichen Erkenntnisse und Methoden sollen leistungsfähige Full-Service-Genossenschaften aufgebaut, der Einkaufskonzentrationsgrad der ihnen angeschlossenen Einzelhandelsfirmen soll beträchtlich gesteigert werden. Dies will man durch Verschmelzung umsatzschwächerer Genossenschaften erreichen. Bis 1970 will man die Zahl der Edeka-Genossenschaften auf 80 reduzieren. Die Full-Service-Genossenschaft soll auf Grund ihrer Vollsortimentierung in der Lage sein, den gesamten Bedarf der Anschlußfirmen, die sich möglichst auf das Selbstbedienungsprinzip umzustellen haben, befriedigen zu können[94].

Von den heute rd. 40 000 Edeka-Einzelhandelskaufleuten werden bis 1980 nach den Vorstellungen der Edeka-Spitze rd. 15 000 ausscheiden,

---

[93] Vgl. Diederichs, Erich H., a.a.O., S. 21.

[94] Als maßgebende Wachstumsgruppe innerhalb des angestrebten Vollsortiments wird das Frischwarensortiment, insbesondere die Warengruppe Obst und Gemüse, angesehen. Nach Ausbau des Obst- und Gemüsegeschäfts unter Lösung der damit verbundenen betriebsorganisatorischen und rentabilitätsmäßigen Probleme will man sich verstärkt der Warengruppe Frischfleisch und Frischwurst zuwenden. Ohne eigenbetriebliche Leistungen der Genossenschaften wird dies nicht möglich sein, die Errichtung eigener Abteilungen zur Fleischverarbeitung und Verwertung ist daher erforderlich. Nach Ansicht der Edeka-Organisation haben die bisherigen Erfahrungen auf dem Frischfleisch- und Frischwurstsektor gezeigt, daß auch leistungsfähige industrielle Vorlieferanten das Betreuungsproblem organisatorisch nicht bewältigen können und auf diesem Wege für die Einzelhändler kaum eine echte Rentabilität zu erreichen ist. Die Frischfleisch- und Frischwurstversorgung der Einzelhändler müsse daher weitgehend von den örtlichen Genossenschaften übernommen werden. Eine Genossenschaft, die sich nur gelegentlich oder am Rande mit dem Frischwarensektor befaßt und dieses Sortiment nicht zielstrebig auszubauen versucht, hat nach Ansicht der Edeka-Zentralorganisation auf die Dauer keine ausreichende wirtschaftliche Grundlage für eine erfolgreiche Weiterentwicklung und kann ihre Mitglieder mit dem traditionellen Warenangebot nicht mehr voll befriedigen. Der Erfolg der Einzelhandelsfirmen hänge heute schon in hohem Maße vom Obst- und Gemüse-Geschäft sowie vom übrigen Frischwarensortiment ab. Bei diesen Warengruppen komme es darauf an, ein qualitativ hochwertiges Angebot zu schaffen, was eine starke Konzentration der örtlichen Genossenschaften auf die entsprechenden Spezialabteilungen erforderlich mache. Man ist sich bei der Edeka-Zentralorganisation darüber im klaren, daß die örtlichen Genossenschaften nicht alle mit dem Ausbau des Frischwarensortiments verbundenen Organisations- und Finanzierungsprobleme gleichzeitig lösen können und empfiehlt daher den systematischen Aufbau der einzelnen Abteilungen Schritt für Schritt. Die Edeka-Zentralorganisationen (Edeka-Verband und Edeka-Zentrale) wollen zur Unterstützung der örtlichen Genossenschaften eine gemeinsame Planung für den Aufbau von Frischwarenabteilungen erarbeiten. Vgl. die Ausführungen des geschäftsführenden Vorstandsmitglieds der Edeka, Erich H. Diederichs, auf dem Edeka-Verbandstag 1964 (Karlsruhe) und 1965 (Berlin).

weil ihre Nachfolge und Standorte nicht gesichert seien oder weil andere Voraussetzungen fehlten, um im Strukturwandel des Lebensmitteleinzelhandels erfolgreich bestehen zu können.

Dem Wettbewerb um günstige Standorte für Edeka-Supermärkte in neuen Wohngebieten bzw. in neu zu errichtenden Einkaufszentren gilt die besondere Aufmerksamkeit der Edeka-Gruppe. Mitte 1967 wurde als Gemeinschaftsgründung der Edeka und der Deutschen Genossenschaftskasse die „Immobilien-Treuhand AG" ins Leben gerufen, eine Bauträgergesellschaft, deren Gegenstand die Errichtung und Finanzierung von Einkaufs- und Gewerbezentren ist.

Den neuen Entwicklungen in der Nahrungsmitteldistribution (Cash and Carry, Discountwelle) hat sich die Edeka-Gruppe rasch angepaßt. Die Unternehmenspolitik sieht in einer hohen Anpassungsflexibilität die beste Garantie für Erfolge im Markt. Ende 1967 verfügte die Edekagruppe an der Verkaufsfront über vier nebeneinander arbeitende Vertriebstypen:

— die traditionellen Nachbarschaftsläden, von denen diejenigen mit Verkaufsflächen von 150 bis 400 qm nach wie vor Hauptumsatzträger sind, mit breitem Lebensmittelsortiment, einschließlich Frischwaren
— Discount-Supermärkte mit 500 qm und mehr Verkaufsfläche und einem Niedrigpreis-Sortiment ohne Frischwaren
— sog. Delta-Märkte mit 800 bis 1300 qm Verkaufsfläche
— Verbrauchermärkte (Allueda-Märkte), mit 1000 qm Verkaufsfläche, einem breiten Lebensmittel- und Nichtlebensmittelsortiment. Diese Märkte können auch als Discount-Warenhäuser bezeichnet werden.

Im Jahre 1967 verfügte die Edeka über 60 bis 80 Discount-Supermärkte, 20 Delta-Märkte und 6 Discount-Warenhäuser. Auf der Großhandelsstufe waren 40 C & C-Läger tätig. Diese Vertriebstypen sollen in den kommenden Jahren verstärkt ausgebaut werden.

d) Die Rewe-Organisation

aa) Organisationsaufbau und Zusammenarbeit

Die Rewe-Organisation ist ähnlich strukturiert wie die Edeka-Organisation. An der Spitze stehen zwei Zentralgenossenschaften, die Rewe-Zentrale deutscher Lebensmittelgroßhandelsgenossenschaften eGmbH und die Rewe-Zentralimport eGmbH. Zu den auf der örtlichen Großhandelsstufe tätigen Großhandelsgenossenschaften zählen eine Reihe Demika-Genossenschaften[95].

[95] Bei den Demika-Genossenschaften handelt es sich um die „Einkaufsgenossenschaften deutscher Milchkaufleute", eine Genossenschaftsgruppe, die sich 1957 der Rewe-Organisation angeschlossen hat. Das Sortiment der Demika-Genossenschaften ist stark auf Molkereiprodukte ausgerichtet.

Stand: Ende 1966

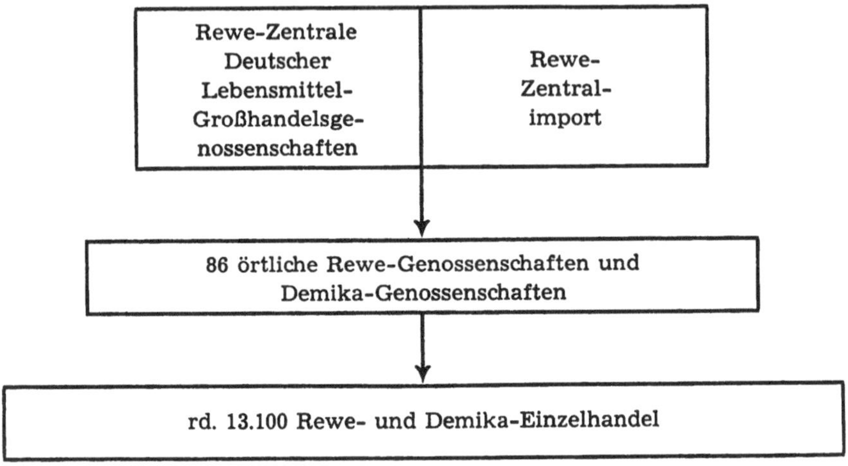

Wie auch in der Edeka-Organisation besteht zwischen den örtlichen Genossenschaften und den Zentralen sowie zwischen den Einzelhandelsmitgliedern und den örtlichen Großhandlungen kein Bezugszwang. Die örtlichen Genossenschaften — überwiegend Großhandlungen mit ausgebauter Lagerhaltung — sind selbständige Unternehmen, die ihre Warengeschäfte auf eigenes Risiko betreiben. Sie werden von der Rewe-Zentrale sowohl durch spezielle Marktberichte als auch durch Einkaufsveranstaltungen, die zusammen mit den Vertragslieferanten alle drei bis vier Wochen in der Zentrale oder bezirksweise stattfinden (Warenbörsen), eingehend über die Marktlage informiert. Bei den Einkaufsveranstaltungen können sich die Genossenschaften nicht nur über die Marktlage, die Preise und die Lieferbedingungen orientieren, sondern auch durch die Warenmusterschau der Lieferanten zu einer eingehenden Vorstellung über die Qualität der angebotenen Waren gelangen. Im Rahmen dieser Veranstaltungen kommt Saisonabschlüssen und Sonderangeboten eine besondere Bedeutung zu.

Die Rewe-Zentrale befaßt sich grundsätzlich nicht mit Eigenproduktion und beschränkt sich auf einen eng begrenzten Kreis von Eigenmarken. Die Herstellermarke wird bewußt gefördert. Der Rewe-Zentrale ist eine Zentralrösterei angeschlossen, von der aus der größte Teil der Rewe-Einzelhandelsgeschäfte regelmäßig im Wege des Direktversandes von Köln aus mit Röstkaffee beliefert wird. Ferner gehören zur Rewe-Zentrale Zentralkellereien, in denen in- und ausländische Weine abgefüllt werden.

Neben der Erfüllung der Funktionen einer Warenhandelszentrale führt die Rewe-Zentrale eine weitgehende Betreuung der örtlichen Genossenschaften und deren Mitglieder in Form eines Finanzierungsdienstes, der betriebswirtschaftlichen Beratung, der Ladenmodernisierung und Bauberatung, der Fernbuchhaltung sowie der Werbung durch.

bb) Das Ausmaß der Nachfragekonzentration

Der Einkaufskonzentrationsgrad zwischen den Rewe-Zentralen und den örtlichen Rewe-Genossenschaften sowie zwischen diesen und ihren Einzelhandelsmitgliedern ist beachtlich hoch. Zwischen 1957 und 1964 ist der Umsatz der Rewe-Zentralen mit den Genossenschaften von 363 Mill. DM auf 1 033 Mill. DM gestiegen (Umsatz 1966: 1 260 Mill. DM). Setzt man zu diesen Ziffern die Gesamtumsätze der örtlichen Genossenschaften (1957: 617 Mill. DM, 1964: 1 326 Mill. DM) in Beziehung, wobei eine fiktive Großhandelsspanne von 10 %[96] berücksichtigt werden soll, so ergibt sich für 1957 ein Einkaufskonzentrationsgrad von rd. 65 %, für 1964 ein solcher von gut 86 %! Der Grad der Nachfragekonzentration konnte also zwischen der Zentralgroßhandelsstufe und der örtlichen Großhandelsstufe im Betrachtungszeitraum erheblich gesteigert werden. Wie auch bei der Edeka-Gruppe ist die Nachfragekonzentration zwischen den Rewe-Genossenschaften und ihren Einzelhandelsmitgliedern wesentlich schwächer. Im Jahre 1964 entfielen von den Gesamtbezügen der Rewe-Einzelhändler auf die Rewe-Genossenschaften — ebenso wie bei der Edeka — 54 %[97].

cc) Die Geschäftspolitik der Rewe-Organisation

Die Zielsetzungen der Rewe-Geschäftspolitik unterscheiden sich nicht von denjenigen der Edeka-Organisation. Die Straffung der Rewe-Organisation soll durch eine weitere verstärkte Einkaufs- und Auftragskonzentration erreicht werden. Leistungsschwächere örtliche Genossenschaften sollen sich diesem Ziel unterordnen und zu leistungsstarken Einheiten fusionieren. Auf der Einzelhandelsstufe werden großflächige Ladeneinheiten sowie das Selbstbedienungsprinzip angestrebt, denn „das Durchsetzungsvermögen und die Höhe der Zuwachsraten großräumiger Selbstbedienungsläden haben gezeigt, daß der Verbraucher diesen Ge-

---

[96] Dieser Wert orientiert sich an den vom Stat. Bundesamt für den einzelwirtschaftlichen Nahrungs- und Genußmittelgroßhandel ermittelten Rohertragsquoten (vgl. Fußnote 44, S. 75), die allerdings nur annäherungsweise Hilfsgrößen sein können.

[97] Dieser Einkaufskonzentrationsgrad errechnet sich aus dem Verhältnis des Umsatzes der Rewe-Genossenschaften zu den um eine Einzelhandelsspanne von 25 % bereinigten Umsätzen der Rewe-Einzelhändler. Vgl. Umsatzangaben in Tab. 17.

Organisation der REWE-GRUPPE

(Stand: Ende 1966)

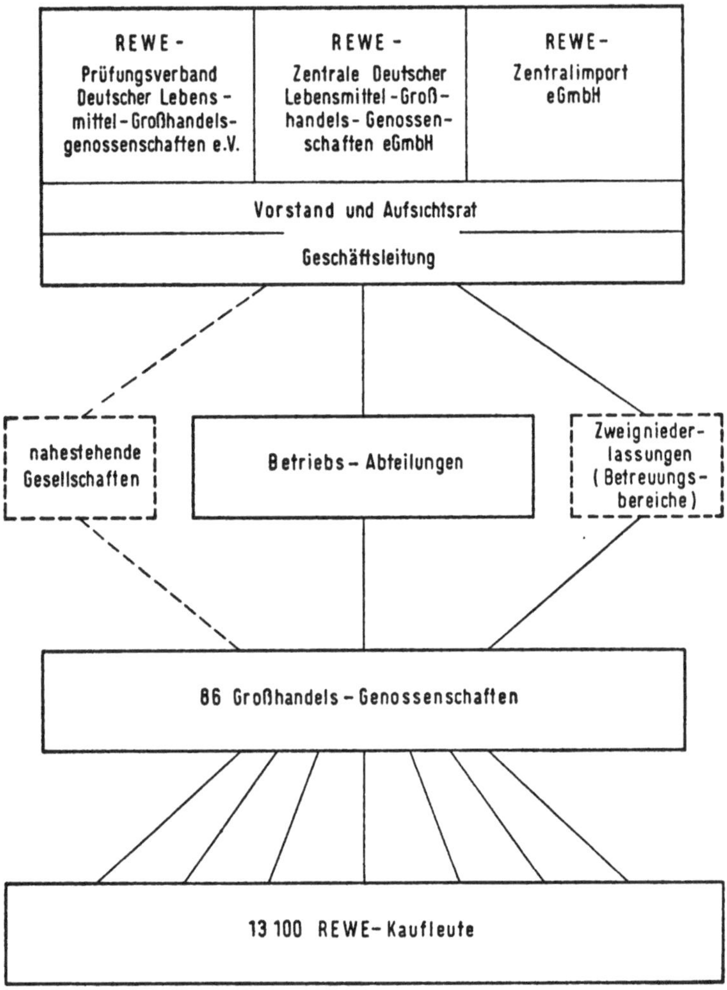

Quelle: Menzel, Bernhard: Die REWE-Gruppe, Auftrag der Gegenwart, Köln 1962 und REWE-Jahresberichte

IFO-INSTITUT für Wirtschaftsforschung 45/68

Abbildung 6

schäftstyp in der Versorgung mit Massengütern, auch gehobener Qualität, den Vorzug gibt"[98]. Das Größenproblem habe sich damit für den Erfolg eines Lebensmitteleinzelhandelsgeschäftes im Konkurrenzkampf als entscheidend erwiesen. Die Umstellung der Rewe-Einzelhändler auf großräumige SB-Läden erfolgt weitgehend mit finanzieller Unterstützung der Dachorganisation[99]. So heißt es im Rewe-Geschäftsbericht für 1962: „Das Kapital ist heute — neben der Arbeitskraft — als die Grundlage der Erweiterungs- und Rationalisierungsinvestitionen der wichtigste Wettbewerbsfaktor; sein Vorhandensein, die Beschaffungsmöglichkeit und sein Einsatz sind heute schlechthin ausschlaggebend im Hinblick auf den Wettbewerb des mittelständischen Einzelhändlers mit den in- und ausländischen Großunternehmen. Deshalb muß — in Erfüllung des Förderungsauftrages der Genossenschaftsgruppe — ein ganz bedeutender Anteil unserer finanziellen Kräfte, weitab von dem rein warenwirtschaftlich kaufmännischen Einsatz und unter gewissen Einbußen dieser Potenz, für den Existenzauf- und -ausbau der Einzelhandelsmitglieder Verwendung finden. In den letzten zehn Jahren wurden hierfür rd. 81 Mill. DM derartiger Kredite im Revolving von jährlich etwa 15 Mill. D-Mark herausgelegt. Wir haben also für den Lebensmitteleinzelhändler nicht nur bessere Möglichkeiten des Wettbewerbs auf dem warenwirtschaftlichen Sektor mit allen Nebenerscheinungen der Werbung, Warendarbietung usw., sondern auch auf der Wettbewerbsebene des Kapitaleinsatzes zu schaffen[100]."

Im Zuge der Anpassung der Rewe-Gruppe an den Wettbewerb sowie die Wandlungen im Handel hat Mitte 1967 die Rewe-Genossenschaft München, eine der bedeutendsten Mitgliedsgenossenschaften der Rewe-Zentralorganisationen, ihr Warengeschäft der neugegründeten „Rewe-Handelsgesellschaft mbH & Co Warenvertriebs KG" übertragen, einer Gesellschaft, an der die Rewe-Einzelhändler als Kommanditisten beteiligt sind. Diese Konstruktion — bei weiteren Rewe-Genossenschaften bestehen ähnliche Pläne — soll es den Genossenschaften ermöglichen, künftig auch außerhalb des herkömmlichen Mitgliedergeschäfts aktiv zu werden und die so erwirtschafteten Gewinne als wirksame Förderung ihren Kaufleuten zukommen zu lassen.

---

[98] Vgl. Rewe-Geschäftsbericht für 1964, S. 8.

[99] Hierzu wurde die Rewe-Verkaufsgesellschaft GmbH gegründet, deren Aufgabe es ist, Objekte zu erschließen, Läden einzurichten und sich als stiller Gesellschafter zu beteiligen, bis der Rewe-Kaufmann die nötige Eigenkapitalbasis für die Erschließung von Kapitalmarktmitteln geschaffen hat.

[100] Vgl. Rewe-Geschäftsbericht für 1962, S. 13.

6. Das Nahrungsmittelhandwerk

a) Entwicklung des Nahrungsmittelhandwerks zum Verteiler von Handelswaren

Der Strukturwandel im Nahrungsmittelhandel hat das Nahrungsmittelhandwerk in starkem Maße erfaßt. Die Bäckereien und Fleischereien sind in den Jahren seit 1960 zu einem bedeutenden Verteilernetz auch für solche Nahrungsmittel geworden, die früher nicht vom Nahrungsmittelhandwerk geführt wurden. Der Anteil sogenannter Handelswaren, das sind Waren, die im eigenen Handwerksbetrieb weder hergestellt noch weiterbearbeitet werden, ist von den Bäckereien und den Fleischereien seit 1950 verdoppelt worden. Die Handelsumsätze des Bäckerhandwerks machten im Jahre 1949 17,1 % der Gesamtumsätze der Bäckereien aus, im Jahre 1964 bereits 36,0 %[101]. Im gleichen Zeitraum stieg der Anteil des Handelswarensortiments am Gesamtumsatz des Fleischerhandwerks von 6,5 % auf 11,5 % an[101].

Diese Entwicklung erfolgte als Reaktion auf das Eindringen der modernen Betriebsformen des Handels in das spezifische und traditionelle Bäcker- und Fleischerfachsortiment. Heute gibt es in der Bundesrepublik Deutschland kaum mehr einen Supermarkt oder ein größeres Selbstbedienungsgeschäft, in dem keine Frischfleischabteilung eingerichtet ist oder in dem das Backwarenangebot fehlt.

Die rasche Anpassung des Nahrungsmittelhandwerks an die dynamische Entwicklung im Lebensmittelhandel öffnete den Nahrungsmittelproduzenten einen interessanten zusätzlichen Verteilermarkt auf der Einzelhandelsstufe. In Westdeutschland gab es 1966 etwa 51 000 handwerkliche Bäckereibetriebe und 40 000 Fleischereien, die zum großen Teil als Mitglied von Einkaufsgenosenschaften ihren Einkauf auf vorgelagerte Organisationen konzentrieren. Ende 1966 waren in 177 örtlichen Bäckergenossenschaften 35 900 handwerkliche Bäckereibetriebe zusammengeschlossen[102], wovon schätzungsweise 30 % gleichzeitig noch als Mitglied einer Einkaufsgenossenschaft des Lebensmittelhandels (Edeka, Rewe) oder einer Freiwilligen Handelskette angehörten. Von den rd. 40 000 Fleischereien in der Bundesrepublik waren 1966 32 000 Betriebe in 166 örtlichen Einkaufsgenossenschaften des Fleischerhandwerks zusammengeschlossen.

Da die örtlichen Bäcker- und Fleischereinkaufsgenossenschaften ebenfalls über eigene Einkaufsorganisationen verfügen, existieren auch hier vertikale Konzentrationsgruppen, die als beachtliche Nachfrager dem

---

[101] Vgl. Statistisches Bundesamt: Statistik der Bundesrepublik Deutschland, Band 12, Handwerkszählung vom 30. 9. 1949; Industrie und Handwerk, Fachserie D, Reihe 7, Beschäftigte und Umsatz im Handwerk.

[102] Vgl. Jahrbuch des Deutschen Genossenschaftsverbandes für 1966.

Die Organisationsformen des Nahrungsmittelhandwerks
(Stand: 1966)

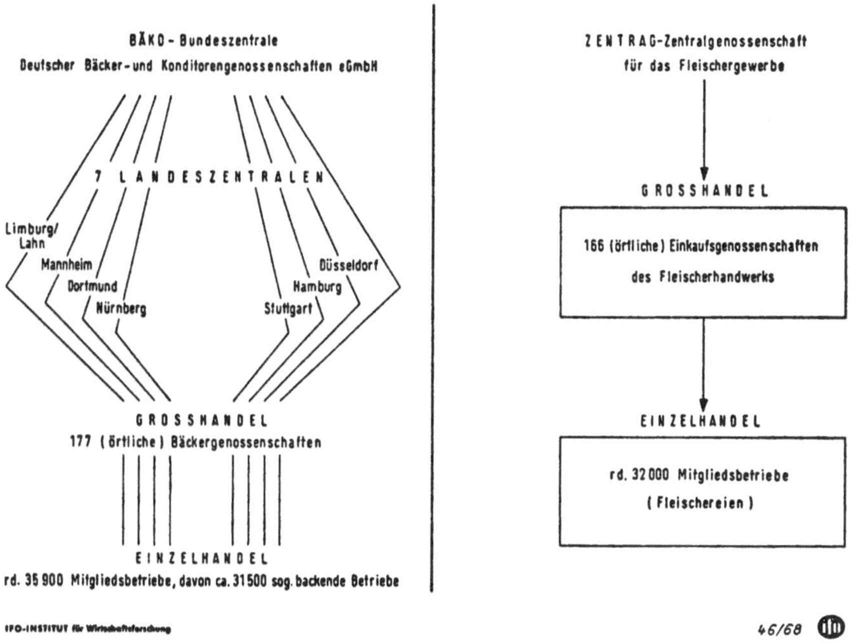

Abbildung 7

industriellen und landwirtschaftlichen Angebot an Nahrungsmitteln gegenübertreten. Der Zusammenhalt zwischen den einzelnen Stufen ist bei weitem nicht so straff wie bei den anderen Organisationsformen des funktionellen Nahrungsmittelhandels. Sowohl die Bäcker- als auch die Fleischergruppe befinden sich aber in einer Phase der Formierung, der langsamen Herausbildung einer Gruppendisziplin.

b) Die Bäcker-Organisation

Die Nachfragekonzentration innerhalb des Bäckerhandwerks ist dreistufig organisiert: die örtlichen Bäckergenossenschaften haben in wenigen Landeszentralen ihre gemeinsamen Beschaffungsorgane, die Landeszentralen sind in der Bäko-Bundeszentrale zusammengefaßt. Im Marktablaufschema wurden die Landeszentralen und die Bäko-Bundeszentrale — sie hieß 1964 noch Bägeno-Zentrale — aus Gründen der einheitlichen Systematik auf der Zentralgroßhandelsstufe zusammengefaßt, da sich die Landeszentralen bei verschiedenen Geschäftsarten (z. B. Eigengeschäft) auf der gleichen Stufe wie die Bundeszentrale betätigen.

aa) Struktur der örtlichen Einkaufsgenossenschaften des Bäckerhandwerks

Die örtlichen Einkaufsgenossenschaften des Bäckerhandwerks unterscheiden sich hinsichtlich ihrer Größenstruktur sowie hinsichtlich ihrer Leistungen gegenüber den Mitgliedern in starkem Maße. Nach Umsatzgrößenklassen aufgegliedert tätigten im Jahre 1963 36 % der insgesamt 187 Einkaufsgenossenschaften Umsätze von weniger als 2 Mill. DM; auf sie entfiel ein Umsatz von 85 Mill. DM, der nur gut 9 % des Gesamtumsatzes aller Bäckergenossenschaften darstellte. Dagegen waren 21 Genossenschaften, die einen Gesamtumsatz von 371 Mill. DM tätigten, mit gut 41 % am Gesamtumsatz der Bäckergenossenschaften beteiligt. Im Vergleich zu den Einkaufsgenossenschaften der Edeka und der Rewe sind die Durchschnittsleistungen der Bäckergenossenschaften recht bescheiden. Im Jahre 1963 betrug der Durchschnittsumsatz pro örtliche Genossenschaft bei der Edeka 17,3 Mill. DM, bei der Rewe 13,0 Mill. DM, bei den Bäckergenossenschaften aber erst 4,6 Mill. DM. Hinsichtlich der Einkaufskonzentration sind die Unterschiede ähnlich stark. Während der Durchschnittsumsatz der Genossenschaft je Mitglied bei der Edeka 77 100 DM, bei der Rewe 97 200 DM betrug, lag er bei den Bäckergenossenschaften bei 28 500 DM. Tab. 18 gibt einen Überblick über die unterschiedlichen Struktur- und Leistungsmerkmale bei den Einkaufsgenossenschaften der Edeka, der Rewe und der Bäcker.

Tabelle 18

Struktur- und Leistungsvergleich der Bäckergenossenschaften mit den Edeka- und Rewe-Genossenschaften

(1963)

Struktur- und Leistungsmerkmale	Edeka	Rewe	Bäcker
Anzahl der Genossenschaften	194	93	195
Gesamtumsatz aller örtlichen Genossenschaften in Mill. DM	3350	1207	901
Durchschnittsumsatz pro örtliche Genossenschaft in Mill. DM	17,3	13,0	4,6
Anzahl der Genossenschaftsmitglieder	43600	13683	31536
Gesamtumsatz aller Genossenschaftsmitglieder in Mill. DM	7500	3050	4453
Durchschnittsumsatz der Genossenschaft je Mitglied in 1 000 DM	77,1	97,2	28,2

Quelle: Informationsdienst der volks- und betriebswirtschaftlichen Abteilung der Bägeno-Zentrale deutscher Bäckergenossenschaften eGmbH, Frankfurt/Main vom 24. 6. 1964.

Das Handelswarensortiment der Genossenschaften ist zum Teil sehr unterschiedlich, insbesondere in dem Bereich, der nicht dem „backwarennahen“ Sortiment (z. B. Süßwaren, Kaffee, Tee, Kondensmilch) angehört. Bei im Einzelfalle sehr divergierenden Anteilssätzen entfallen heute im Durchschnitt etwa 30 % des Gesamtumsatzes der örtlichen Bäckergenossenschaften auf Handelswaren[103]. Verschiedene Genossenschaften verfügen z. B. über ein ausgebautes Frischdienstgeschäft, andere Genossenschaften führen entsprechende Erzeugnisse überhaupt nicht. Obst- und Gemüsekonserven sind mittlerweile von beinahe allen Genossenschaften in den Warenkreis aufgenommen worden. Verschiedene Artikel werden als eigene Handelsmarken vertrieben, so die Mehlklein-Packung „Bäckerblume“ und die unter der Bezeichnung „Bäko“ laufenden Marken für Kaffee, Marmelade und Gelatine.

Das große Umsatzgefälle unter den örtlichen Bäckergenossenschaften, das uneinheitliche Warensortiment und das noch vergleichsweise wenig ausgeprägte Gruppenbewußtsein der Einkaufsgenossenschaften sind starke Hemmnisse für eine vertikale Organisation, die einen hohen Straffheitsgrad und eine starke Einkaufskonzentrierung anstrebt.

Die Bemühungen der den örtlichen Einkaufsgenossenschaften vorgelagerten Organisationsformen — die Landeszentralgenossenschaften des Bäckerhandwerks und die Bäko-Bundeszentrale — sind seit einigen Jahren auf den Abbau dieser Hemmnisse gerichtet; sie unterstützen alle Konzentrationsbestrebungen auf der örtlichen Großhandelsebene und regen die Zusammenlegung kleinerer Genossenschaften zu größeren Einheiten an, die als leistungsstarke Full-Service-Genossenschaften zwar weiter die Funktion der Einkaufskonzentrierung wahrnehmen und intensivieren, darüber hinaus aber den Mitgliedern ein umfangreiches Programm an Dienst- und Betreuungsleistungen bieten sollen. Seit 1960 ist die Zahl der örtlichen Bäckergenossenschaften ständig zurückgegangen.

bb) Größenordnung der Landeszentralgenossenschaften des Bäckerhandwerks

Insgesamt existieren in der Bundesrepublik 7 Landeszentralgenossenschaften, die ihren Sitz in den Städten Limburg, Mannheim, Dortmund, Nürnberg, Stuttgart, Hamburg und Düsseldorf haben, regional also gut über das Bundesgebiet gestreut sind. Die Größenordnung dieser Organisationen geht aus der folgenden Tabelle hervor:

---

[103] Nach den Ergebnissen eines von der Bägeno-Zentrale im Jahre 1963 durchgeführten Betriebsvergleichs erreichte der Anteilssatz der Handelswaren am Gesamtumsatz bei einigen Genossenschaften mehr als 60 %.

Tabelle 19

Die Zentralgenossenschaften des Bäckerhandwerks
(1964)

Landes-zentralen	Umsätze in Mill. DM	Anzahl der angeschlossenen Genossenschaften	Mitglieder-zahl	Anzahl der backenden Betriebe
Limburg	61,2	11	2916	2625
Mannheim	99,9	27	7290	6549
Stuttgart	113,6	35	4678	4329
Nürnberg	134,3	28	6950	6516
Düsseldorf	156,8	26	4836	4244
Hamburg	165,8	29	6924	5887
Dortmund	221,8	36	4077	3101
Insgesamt	953,4	192	37571	33251

Quelle: Bägeno-Zentrale, Bericht über das Geschäftsjahr 1964, S. 8.

Die Landeszentralen sind im Eigengeschäft und im Vermittlungsgeschäft tätig. Im Gegensatz zur Bäko-Bundeszentrale importieren sie in starkem Umfang.

cc) Aufgabenstellung und Ziele der Bäko-Bundeszentrale

Die Aufgabenstellung der Bäko-Bundeszentrale deutscher Bäcker- und Konditorengenossenschaften eGmbH, die bis 1965 unter der Bezeichnung „Bägeno-Zentrale Deutscher Bäckergenossenschaften eGmbH“ tätig war[104], geht aus § 1 ihrer Geschäftssatzung hervor: „Der Gegenstand des Unternehmens ist: Einfuhr, Großhandels-, Makler- und Vermittlertätigkeit, der Abschluß von Lieferungsverträgen, die Übernahme von Delkredere- und Zentralregulierung, die Errichtung von zweckdienlichen Betrieben sowie die Beteiligung an und Anpachtung von solchen sowie die Förderung der wirtschaftlichen Interessen der Mitglieder zur Steigerung ihrer betrieblichen Leistungsfähigkeit mit den hierfür geeigneten Mitteln. Die Ausdehnung des Geschäftsbetriebes auf Nicht-Mitglieder ist zulässig[105].“

---

[104] Sie wurde folglich unter diesem Namen in das Marktablaufschema aufgenommen.

[105] Vgl. Bägeno-Zentrale. Bericht über das Geschäftsjahr 1964, S. 4.

Im Jahre 1964 betrug der Umsatz der Bägeno 138,6 Mill. DM, das bedeutete gegenüber 1955 (22,2 Mill. DM Umsatz) eine Steigerung um 524 %. Etwa 40 % des Gesamtumsatzes entfallen auf Handelswaren.

Die Aufteilung des Umsatzes auf die verschiedenen Geschäftsarten ermöglicht einen Überblick über die Schwerpunkte der Geschäftstätigkeit der Bäko-Bundeszentrale. Der Umsatz setzte sich 1963 und 1964 wie folgt zusammen:

Tabelle 20

Die Geschäftsarten der Bäko-Bundeszentrale

Geschäftsart	1963 DM	1964 DM	Veränderung in % gegenüber 1963
a) Eigengeschäfte	3819560	3726836	— 2,4
b) Vermittlungsgeschäfte mit Zentralregulierung und Delkredere	112177031	129949931	+ 15,8
c) Vermittlungsgeschäfte ohne Zentralregulierung und Delkredere	4506321	4953099	+ 9,9
Insgesamt	120502912	138629866	+ 15,0

Quelle: Bägeno-Zentrale, Bericht über das Geschäftsjahr 1964, S. 11.

Die Übersicht zeigt, daß das Vermittlungsgeschäft mit Zentralregulierung und Delkredere bei weitem die bedeutendste Geschäftstätigkeit der Bäko-Bundeszentrale ist. Import-Geschäfte werden nur von Fall zu Fall getätigt.

Aus dem Eigengeschäft will sich die Bundeszentrale zugunsten der Landeszentralen mehr und mehr zurückziehen. Im Zuge einer Neuorientierung des Warengeschäftes und im Zuge der Schaffung einer absatzpolitischen Konzeption für die gesamte Wirtschaftsorganisation des Bäckerhandwerks beabsichtigt die Bundeszentrale, ihre betriebswirtschaftliche Arbeit erheblich zu intensivieren und die Aufgaben des ideellen Bereiches (Werbung, Good-Will, Verkaufsförderung, Schaffung eines Gruppenbewußtseins) zu übernehmen. 1966 hat der Bäko-Prüfungsverband seine Tätigkeit aufgenommen. Ende 1966 gehörten ihm 5 zentrale Einkaufsgenossenschaften und 65 Lokalgenossenschaften an.

dd) Die Nachfragekonzentration in der Bäcker-Organisation

Der Grad der Einkaufskonzentrierung innerhalb der Vertikalgruppe der Bäckergenossenschaften läßt sich nicht angeben, da die Informationen hierzu nicht ausreichend sind. Auch die Bägeno hat hierüber keine Berechnungen angestellt, sie stellt aber in ihrem Jahresbericht 1964 fest: „Wir dürfen aus der erneut gestiegenen Zuwachsrate, die doch erheblich über der unserer Bäckergenossenschaften liegt, die für uns erfreuliche Schlußfolgerung ziehen, daß im Berichtsjahr unsere Bäckergenossenschaften ihre Einkaufskonzentration bei uns weiter erheblich verstärkt haben[106]."

c) Die Fleischer-Organisation

Die Fleischergruppe ist dreistufig organisiert: Das Fleischerhandwerk auf der Einzelhandelsstufe, die Fleischergenossenschaften auf der örtlichen Großhandelsstufe und die Zentrag (Zentralgenossenschaft für das Fleischergewerbe) als Bundeszentrale der örtlichen Fleischergenossenschaften auf der Zentralgroßhandelsstufe.

Trotz des zusätzlichen Wettbewerbs durch die Frischfleischabteilungen des Lebensmitteleinzelhandels hat das Fleischerhandwerk in den letzten Jahren seinen Marktanteil festigen können. Dies geschah mit Hilfe einer systematisch betriebenen Sortimentsausweitung von Handelswaren. Zwar war man sich im Fleischergewerbe stets einig, daß die Fleischerei Fachgeschäft bleiben müsse, doch folgte man konsequent dem Erfolgsprinzip der ärgsten Konkurrenten, der Supermärkte, nämlich „alles unter einem Dach" anzubieten. So wurde das Fleischwarenangebot insbesondere um Fleisch-, Gemüse- und Suppenkonserven, Tiefkühlgeflügel und Tiefkühlkost, Fette, Teigwaren, Hülsenfrüchte und Feinkostartikel ausgeweitet.

aa) Struktur der örtlichen Einkaufsgenossenschaften des Fleischerhandwerks, Bedeutung anderer Fleischereinkaufsgesellschaften

Ende 1966 gab es in der Bundesrepublik Deutschland 166 Einkaufsgenossenschaften des Fleischerhandwerks, die auf der örtlichen Groß-

---

[106] Bägeno-Zentrale, Bericht über das Geschäftsjahr 1964, S. 11.

handelsstufe tätig waren und die einen Umsatz von über 500 Mill. DM (1964: 421 Mill. DM) erzielten[107]. Darüber hinaus existierten etwa 12 Einkaufsgesellschaften des Fleischerhandwerks, die nicht in genossenschaftlicher Rechtsform betrieben werden und die ebenfalls auf der örtlichen Großhandelsstufe tätig sind. Diese Unternehmungen erzielten 1964 einen Umsatz von schätzungsweise 110 Mill. DM, so daß der Gesamtumsatz auf der örtlichen Großhandelsstufe in diesem Jahr 530 Mill. DM betrug. Das traditionelle Sortiment der örtlichen Fleischereinkaufsgesellschaften, auf das auch heute noch ein großer Teil des Umsatzes entfällt, setzt sich aus Fleischereibedarfsartikeln, Maschinen und sonstigen Hilfsmitteln zusammen. Die Aufgabenstellung der Fleischergenossenschaften hat sich auf Grund der Vorgänge auf der Einzelhandelsstufe spürbar gewandelt: Das Geflügel-, Tiefkühlkost- und Feinkostgeschäft wurde aufgenommen, auch in das Fleischgeschäft schaltete man sich zunehmend ein. Diese Entwicklung ließ den Anteil der Handelswaren am Gesamtsortiment ständig steigen. Nur diejenigen Genossenschaften konnten in den letzten Jahren größere Umsatzsteigerungen erzielen, denen es gelang, im Fleischgeschäft bzw. im Handelswarengeschäft Fuß zu fassen[108].

bb) Aufgabenstellung und Ziele der Zentrag-Zentralgenossenschaft

Die Aufgabenstellung der Zentrag ist eine ähnliche wie diejenige der Bäko-Bundeszentrale: Import, Großhandels-, Makler- und Vermittlertätigkeit, der Abschluß von Lieferungsverträgen sowie die Übernahme von Delkredere und Zentralregulierung. Darüber hinaus hat die jüngste Entwicklung im Nahrungsmittelhandel die Zentrag zu der Erkenntnis geführt, daß eine Zentralgenossenschaft die Zusammenarbeit mit ihren Mitgliedsgenossenschaften durch den Ausbau und die Pflege des Dienstleistungsbereiches intensivieren muß. „Dieser Zeitforderung entsprechend haben wir den Ausbau zweier neuer Abteilungen begonnen, und zwar: Betriebswirtschaftlicher Beratungsdienst, Werbung/Verkaufsförderung. Unser Betriebswirtschaftlicher Beratungsdienst hat es sich zum Ziel gesetzt, bei den Rationalisierungsbestrebungen unserer Mitgliedsgenossenschaften beratend mitzuhelfen und für einen zwischengenossenschaftlichen Erfahrungsaustausch zu sorgen[109]." Endziel der Zentrag ist es, eine Dienstleistungsgenossenschaft mit weit umfassendem

---

[107] Vgl. Jahrbücher des Deutschen Genossenschaftsverbandes für 1964 und 1966.

[108] Vgl. Geschäftsbericht der Zentralgenossenschaft des Fleischergewerbes für das Jahr 1962.

[109] Vgl. Geschäftsbericht der Zentralgenossenschaft des Fleischergewerbes für das Jahr 1964.

Tätigkeitsgebiet für die Mitgliedsorganisationen und darüber hinaus für das Fleischergewerbe zu werden[110].

Im Jahre 1964 erzielte die Zentrag einen Umsatz von 88 Mill. DM (1966: 127 Mill. DM). Gegenüber 1957 bedeutete dieses Ergebnis eine Steigerung um 316 %. Etwa die Hälfte des Umsatzes wurde im Vermittlungsgeschäft (Delkredere mit Zentralregulierung) getätigt, die andere Hälfte im Eigengeschäft, das nach und nach erheblich abgebaut werden soll. Bereits 1963 lag der Anteil der reinen Handelswaren am Gesamtumsatz bei ca. 50 %[111]; er dürfte bis 1967 noch spürbar angestiegen sein. Die Zentrag vertreibt eine Reihe von Artikeln des Lebensmittelsortiments (Obst- und Gemüsekonserven, Margarine) unter Verwendung von Eigenmarken (Bezeichnung der Marke: Gilde), die bisher, im Gegensatz zu den Bäko-Erfahrungen, sehr erfolgreich gewesen sind.

Die Geschäftspolitik der Zentrag ist bestimmt durch das Trachten nach einer Straffung der gesamten Fleischerorganisationsgruppe sowie einer immer stärkeren Nachfragekonzentration. So heißt es im Geschäftsbericht: „Es gibt für die Zentrag zwei Möglichkeiten, auf allen in Frage kommenden Warensektoren ihre Umsätze zu steigern und damit erhöhte Marktbedeutung im Interesse des Fleischergewerbes zu gewinnen:

1. den Anteil der Zentrag am Umsatz der Wirtschaftsorganisationen des Fleischergewerbes zu erhöhen,

2. die Wirtschaftsorganisationen des Fleischergewerbes nach Möglichkeit darin zu unterstützen, ihren eigenen Anteil am Gesamtumsatz der Fleischereibetriebe zu erhöhen.

Es steht außer Zweifel, daß auf beiden Wegen noch starke Umsatzreserven sowohl für die örtlichen Wirtschaftsorganisationen als auch für die Zentrag erschlossen werden können. Eine Reihe von Einzelmaßnahmen und Projekten bieten sich an und wurden von der Zentrag aufgegriffen, um auf diesem Wege weiterzukommen[112].“

Zu diesen Maßnahmen gehören zum Beispiel die direkte fachliche und marktinformatorische Betreuung der örtlichen Genossenschaften durch die Zentrag, die Abhaltung von Warenbörsen, Mustermessen, gemeinsamen Informationsreisen sowie die Kontaktherstellung zwischen den Zentrag-Mitgliedern und leistungsfähigen Produzenten.

---

[110] Vgl. Geschäftsbericht der Zentralgenossenschaft des Fleischergewerbes für das Jahr 1964.

[111] Auskunft der Zentrag.

[112] Geschäftsbericht der Zentralgenossenschaft des Fleischergewerbes für das Jahr 1963.

Zwischen den Nahrungsmittelherstellern und der Zentrag ist die Zusammenarbeit in den Jahren seit 1960 erheblich intensiviert worden. Nach Auskunft der Zentrag bestanden vor 1960 in Kreisen der Nahrungsmittelindustrie mit Rücksicht auf die alten Verbindungen zum Lebensmittelhandel noch spürbare Hemmungen gegen eine solche Partnerschaft, die allerdings in den nachfolgenden Jahren zunehmend abgebaut werden konnten. Heute sei die Bereitschaft, mit den Fleischergenossenschaften zusammenzuarbeiten, außerordentlich groß.

cc) Die Nachfragekonzentration in der Fleischer-Organisation

Die Fleischer beziehen zu einem großen Teil das Handelswarensortiment bei den Fleischergenossenschaften; diese wickeln ihre Warenbezüge zunehmend über die Zentrag ab. Leider stehen weder über den Anteil der Handelswaren am Gesamtsortiment genaue Angaben zur Verfügung noch über die Einkaufskonzentration innerhalb der Fleischer-Organisation. Auf Grund der Angaben in den Geschäftsberichten der Zentrag kann jedoch geschätzt werden, daß die Einkaufskonzentration beim Handelswarensortiment zwischen den örtlichen Einkaufsgenossenschaften und der Bundeszentralgenossenschaft im Jahre 1964 bei 45 bis 50 % lag.

7. Die Lebensmittelabteilungen der Waren- und Kaufhäuser

a) Bedeutung und Entwicklung

In den Absatz von Nahrungsmitteln haben sich innerhalb des letzten Jahrzehnts die Waren- und Kaufhäuser in starkem Maße eingeschaltet. Die ursprünglich als „Lockabteilungen" eingerichteten Lebensmittelabteilungen der Warenhäuser hatten in den letzten Jahren regelmäßig stärkere Umsatzzuwachsraten als der Nahrungsmitteleinzelhandel insgesamt. Zwischen 1950 und 1966 hat sich die Zahl der Lebensmittelabteilungen der Warenhauskonzerne Karstadt, Kaufhof, Horten, Hertie sowie der Kleinpreisunternehmungen Kaufhalle und Kepa beinahe verdoppelt, ihre Umsätze haben sich mehr als verdreizehnfacht.

Die Lebensmittelabteilungen der aufgezählten Unternehmungen sind während der letzten Jahre in der Regel zu großflächigen Supermärkten ausgebaut worden, die sich zu Hauptmagneten der Warenhäuser entwickelt haben; auf sie entfiel 1965 im Durchschnitt ein Fünftel der Gesamtumsätze der betreffenden Warenhäuser[113].

---

[113] Vgl. o. Verf.: „Lebensmittelabteilungen der Warenhäuser und Versandunternehmen mit Zuwachsrekord", in: Das Fachblatt für Selbstbedienung, Heft 12, 1965, S. 37.

Tabelle 21

Entwicklung der Lebensmittelabteilungen der Warenhauskonzerne

(von 1949 bis 1966)

Jahr	Zahl der Lebensmittelabteilungen	Lebensmittelumsatz der Abteilungen		Lebensmitteleinzelhandel insgesamt Vdg. gegen Vorjahr in %
		in Mill. DM	Vdg. gegen Vorjahr in %	
1950	127	109	.	.
1951	138	173	+ 58,7	+ 11,0
1952	142	203	+ 17,3	+ 5,4
1953	144	235	+ 15,8	+ 6,0
1954	150	283	+ 20,4	+ 7,3
1955	153	320	+ 13,1	+ 8,0
1956	154	379	+ 18,4	+ 9,3
1957	159	420	+ 10,8	+ 6,8
1958	173	484	+ 15,2	+ 4,8
1959	186	592	+ 22,3	+ 6,1
1960	197	656	+ 10,8	+ 5,7
1961	207	785	+ 19,7	+ 7,4
1962	209	899	+ 14,5	+ 6,4
1963	214	950	+ 5,7	+ 2,4
1964	233	1145	+ 10,7	+ 5,7
1965	242	1374	+ 20,0	+ 8,2
1966	248	1476	+ 7,4	+ 5,2

Quelle: Geschäftsberichte der Arbeitsgemeinschaft der Lebensmittelfilialbetriebe e. V., Bonn, Stat. Berichte des Stat. Bundesamtes, Wiesbaden, Arb.-Nr. V/18, Die monatlichen Umsatzindices des Einzelhandels im Bundesgebiet von 1950—1961, Veränderungsraten ab 1. 1. 1962: Stat. Bundesamt, Fachserie F, Reihe 3, Einzelhandel I. Umsätze, Meßzahlen.

b) Die Organe der Nachfragekonzentration

Die Einkaufskonzentrationsorgane der Lebensmittelabteilungen sind die Warenhauszentralen, die in unser Marktablaufschema als auf der örtlichen Großhandelsstufe arbeitend eingereiht wurden. Über diese Zentralen werden haltbare Lebensmittel disponiert, während Frischwaren wegen ihrer Verderblichkeit weitgehend dezentral beim lokalen Fachgroßhandel bezogen werden. Die „Kaufring eGmbH“ oder ein anderes Beschaffungsorgan des Zentralgroßhandels wird in den Warenbezug nicht eingeschaltet. Eine Zusammenarbeit der Konzernzentralen im Einkauf kommt gelegentlich vor, dürfte sich aber nicht zur Regel ausweiten — nicht zuletzt wegen der aus wirtschaftspolitischen Gründen von den Warenhauskonzernen geübten Zurückhaltung.

Die kleineren Warenhäuser — über die Zahl ihrer Lebensmittelabteilungen existieren keine Angaben — verfügen auf der Zentralgroßhandelsstufe in der „Kaufring eGmbH" über ein ähnliches Instrument zur Einkaufskonzentration wie z. B. die Lebensmittelfilialbetriebe in der Gedelfi oder das Bäckerhandwerk in der Bäko-Bundeszentrale.

Die Kaufring eGmbH ist allerdings erst nach 1960 als Einkaufsorgan für Lebensmittel bedeutend geworden, als verstärkt diese Waren in das Sortiment aufgenommen wurden. Bereits im Jahre 1964 erzielte sie einen Lebensmittelumsatz von 220 Mill. DM (= 16 % ihres Gesamtumsatzes)[114].

Der Zusammenhang zwischen der Kaufring eGmbH und den kleineren Waren- und Kaufhäusern beschränkt sich auf eine reine Auftragskonzentration zur Erzielung hoher Nachlässe auf den Beschaffungsmärkten. Einflüsse auf ihre Marktpartner — seien sie betriebswirtschaftlicher oder rechtlicher Art — nimmt die Kaufring eGmbH nicht[114]. Der Zusammenarbeit in den übrigen vertikalen Organisationsformen des Nahrungsmittelhandels ist die Zusammenarbeit dieser Gesellschaft mit den Waren- und Kaufhäusern nur bedingt vergleichbar.

Exkurs: Der internationale Einkauf

Wie in der Einführung bereits angedeutet wurde, hat der internationale gemeinsame Einkauf bisher noch keine große Bedeutung erlangt, obwohl alle Handelsgruppen über internationale Verbindungen verfügen und Anstrengungen zur Förderung der internationalen Aktivität auf diesem Sektor unternehmen. Erst nach 1964 stellten sich größere Erfolge ein. Bis dahin blieb die Zusammenarbeit mehr oder weniger auf Erfahrungsaustausch und gegenseitige Unterrichtung über die nationalen Märkte und gemeinsamen Einkaufsmöglichkeiten beschränkt[1].

---

[114] Vgl. Lebensmittelzeitung vom 12. 2. 1965.

[1] So schreibt H. J. Schulz Ende 1964: „Der internationale Einkauf befreundeter Organisationen ist bisher über Ansätze nicht hinausgekommen. Zwar haben alle bedeutenden freiwilligen Ketten in der Bundesrepublik internationale Verbindungen, und seit Jahren wird auf die Bedeutung des gemeinschaftlichen Einkaufes auf dieser Ebene hingewiesen. Es wurden auch einige internationale Marken geschaffen. Doch können die bisherigen realen Ergebnisse nur enttäuschend gewesen sein." Schulz, H. J.: „Einkaufspolitik des Einzelhandels", in: Die Ernährungswirtschaft, Heft 12, 1964, S. 864. Was hier für die Freiwilligen Ketten gesagt wird, trifft nach unseren Beobachtungen auch weitgehend auf die übrigen Handelsorganisationen zu.

Die Hemmnisse, die sich einer zügigen Entwicklung des gemeinsamen internationalen Einkaufs in den Weg stellen, liegen neben den Beschränkungen des freien Handelsverkehrs (Zollschranken, Kontingente u. dgl.) insbesondere in der Art des Angebotes, das sich i. d. R. an den Bedürfnissen der nationalen Nachfrage orientiert. Da die Verbraucherwünsche in den einzelnen Ländern keineswegs immer die gleichen sind, wirft der gemeinsame internationale Einkauf Abstimmungs- und Anpassungsprobleme hinsichtlich Produktqualität, Produktdifferenzierung und Verpackung auf. Je nach Produkt ist die Situation eine andere. Bei Massennahrungsgütern gestaltet sich eine „Harmonisierung" im allgemeinen schwieriger als bei Spezialitäten.

Die Hemmnisse, die dem gemeinsamen internationalen Einkauf entgegenstehen, werden von den Handelsorganisationen nicht für unüberwindlich gehalten. Ihre verstärkten Bemühungen in der unmittelbaren Vergangenheit machen deutlich, daß sie sich zielstrebig auf größere Wirtschaftsräume einzurichten beginnen[2]. Da alle Anzeichen dafür sprechen, daß dem gemeinsamen internationalen Einkauf in den kommenden Jahren eine große Bedeutung zukommen wird, wollen wir versuchen, einen Überblick über die bisherigen Einrichtungen zur internationalen Kooperation bzw. zum international organisierten Einkauf zusammenzustellen.

Bereits fortgeschritten sind die Bemühungen der in der GDE[3] zusammengeschlossenen Einkaufskontore des Nahrungsmittelgroßhandels. Im Jahre 1961 gründeten sie gemeinsam mit ihren in der United Nordic Inc. vereinigten Schwesterorganisationen in Dänemark, Finnland, Norwegen und Schweden die Eufoda (European Food Distributors Association, Frankfurt/M. — Stockholm). Zwei Jahre später schloß sich die französische Organisation Sopegros S. A. der Eufoda an, 1965 folgte das belgische Einkaufskontor Sodeac N. V. Mit etwa 1800 Firmen gehörten 1966 nahezu alle maßgebenden freien Nahrungsmittelgroßhändler (einschließlich Kettengroßhändler) der betreffenden Länder über ihre Einkaufskontore diesem gemeinsamen internationalen Organ an[4]. Bezüglich des Aus-

[2] Dabei beschränkt man sich nicht auf kleinere Freihandelsräume, sondern denkt in größeren Kategorien. In einer 1966 erschienenen Broschüre der European Food Distributors Association (Eufoda), dem Zusammenschlußorgan westeuropäischer Einkaufskontore (vgl. S. 71 f.) heißt es z. B.: „Die Eufoda sieht es als erforderlich an, daß die bisherigen Markträume der EWG und EFTA in einem großen europäischen Handelsgebiet zusammengeführt werden. Zur Förderung der größtmöglichen Freizügigkeit des Handelns gehört, daß die Kennedy-Runde nicht nur fortgesetzt, sondern auch mit gutem Erfolg abgeschlossen wird." Vgl. Eufoda, Kopenhagen 1966, S. 5.

[3] Gemeinschaft Deutscher Einkaufskontore des Nahrungsmittelgroßhandels, vgl. S. 73.

[4] Vgl. o. V.: „Eufoda — Schlüssel zum europäischen Markt", in: Der Lebensmittel-Großhandel europe, Nr. 640, vom 12. 3. 1964, sowie Eufoda, Kopenhagen 1966, a.a.O., S. 1—12.

maßes des internationalen gemeinsamen Warenbezugs durch die Eufoda existieren keine quantitativen Angaben. Der Erfahrungsaustausch über gemeinsame Einkaufsmöglichkeiten scheint aber nach wie vor eine größere Rolle zu spielen als der tatsächlich durchgeführte gemeinschaftliche Einkauf[5].

Das internationale Einkaufsorgan der Edeka-Gruppe war bis September 1967 die 1964 gegründete „Inter-Einkauf". Dieser agenturmäßig betriebenen Gesellschaft, deren Federführung bei der Edeka/Hamburg lag, gehörten Anfang 1967 18 genossenschaftliche zentrale Einkaufsgesellschaften aus 12 europäischen Ländern an, die mehr als 100 000 europäische Einzelhändler betreuen.

Die „Inter-Einkauf" verfolgte drei Aufgaben: die Zusammenfassung der Einkäufe der Mitgliedsgesellschaften auf den internationalen Märkten, die Förderung der Ausfuhr von Erzeugnissen der Ernährungsindustrie in den Mitgliedsländern nach anderen Ländern der Gemeinschaft und die Verbreitung der Handelsmarken von Mitgliedsorganisationen in anderen Ländern der Inter-Einkauf sowie die Schaffung neuer Handelsmarken[6]. Unter dem gemeinsamen Symbol „Euco" (Europäische Cooperation) trat die „Inter-Einkauf" nach außen sichtbar in Erscheinung[7]. Wenn auch über das quantitative Ausmaß des gemeinsamen internationalen Einkaufs durch die „Inter-Einkauf" keine Angaben gemacht wurden, so schienen die Erfolge vielversprechend zu sein[8]. Dies wäre um so verständlicher als seit Jahrzehnten zwischen den europäischen Einkaufsgenossenschaften ein ständiger Erfahrungs- und Informationsaustausch besteht, so daß Abstimmungs- und Anpassungsprobleme rascher gelöst werden können als bei anderen Handelsgruppen. Im September 1967 wurde die „Inter-Einkauf" durch die „Euco-GmbH", Sitz Hamburg, ab-

---

[5] „Erstes Ziel dieser internationalen Kontorgruppe ist ein intensiver Erfahrungsaustausch über alle mit dem Importgeschäft zusammenhängenden Probleme und die gegenseitige Unterstützung im Ausland. Gerade auf diesem Gebiet konnte die EUFODA in letzter Zeit bedeutende Fortschritte erzielen. So wurden insbesondere auch deutsche Lieferanten mit den anderen europ. Kontoren zusammengeführt und mit diesen beträchtliche Umsätze getätigt." o. V.: „Eufoda aktiv", in: Der Sortimenter, vom 9. 7. 1965.

[6] Vgl. o. V.: „Zwei Jahre Inter-Einkauf", in: Der Lebensmittel-Großhandel, Nr. 793 vom 11. 12. 1966, S. 5.

[7] „Als Europäische Cooperation selbständiger Lebensmittel-Kaufleute, in Kurzbezeichnung als ‚Euco' herausgestellt und in deutsch, englisch sowie französisch gleichlautend verwendungsfähig, wird diese Gruppe schrittweise die Voraussetzungen für eine zusätzliche Gemeinschaftswerbung schaffen und — soweit realisierbar — die Gemeinsamkeiten auch auf den Bereich der Eigenmarken eines Tages ausdehnen." Diederichs, E. H.: „Entwicklungskonzeptionen der Edeka Organisation", in: Blätter für Genossenschaftswesen, Jg. 112, Heft 14, Juli 1966, S. 200.

[8] „Die im Oktober 1964 gegründete ‚Inter-Einkauf' hat sich in der kurzen Zeit ihres Bestehens sehr erfreulich entwickelt." Vgl. o. V.: „Einkauf für Europa", in: Lebensmittelzeitung Nr. 49 vom 9. 12. 1966.

gelöst. Gegenstand des Unternehmens ist der Kontraktabschluß im Auftrag ihrer Mitglieder mit den namhaftesten Produzenten in allen Erzeugerländern, insbesondere mit den Weltkonzernen der Ernährungswitschaft, darüber hinaus die Verwertung des Warenzeichens Euco sowie die Entwicklung internationaler Handelsmarken unter der einheitlichen Bezeichnung „Euco Quality". Gleichberechtigte Mitglieder der Euco GmbH waren im Gründungszeitpunkt: Die Cenko, Soc. Coop. (Belgien), die Kesko Oy (Finnland), das Comptoir Coopératif d'Achats, Unico (Frankreich), die Organisation Codec (Frankreich), die British Isles Company, Four Square Foods Ltd. (Schottland), die C. V. Unika (Holland), die Køff Kjøp A/S (Norwegen), die Adeg-Zentrale eGmbH (Österreich), die Usego (Schweiz), die Igreg (Schweiz), die Conauta (Spanien) und die Edeka[9].

Die Rewe-Organisation ist nicht Mitglied der „Euco GmbH". Sie hat 1965 zusammen mit vier anderen europäischen Genossenschaftsorganisationen[10] die Arbeits- und Interessengemeinschaft „Eurogroup" gegründet, durch die man die traditionelle Zusammenarbeit zu straffen und neu zu ordnen suchte: „Während die Mehrzahl der Geschäfte bislang jeweils aufgrund bilateraler Kontakte zustande kam, sollen diese Kontakte in Zukunft grundsätzlich multilateral gesteuert werden und somit alle beteiligten Organisationen umschließen. Oder deutlicher: Bisher kauften in der Regel jeweils die zur Eurogroup gehörenden Organisationen aus zwei Ländern gemeinsam ein oder vermittelten sich gegenseitig Einkaufsanregungen. In Zukunft treten bei wechselndem Tagungsort die dafür abgeordneten Warenhandelsfachleute aller fünf beteiligten Zusammenschlüsse regelmäßig zusammen, um die Möglichkeiten gemeinsamer Abschlüsse zu realisieren[11]." Auch diese Arbeitsgemeinschaft tritt durch Verwendung eines Gemeinschafts-Emblems („Eurogroup") und gemeinsamer Eigenmarken nach außen in Erscheinung. Mitte 1967 erhielt die Arbeitsgemeinschaft mit der Gründung der Firma „Eurogroup International", Sitz Paris, ihre institutionelle Arbeitsgrundlage. Gesellschafter der Firma sind Londis (Großbritannien), Trica (Dänemark), Ica (Schweden), Sperwerverbond (Holland), Una (Frankreich) und Rewe (Bundesrepublik Deutschland).

Die Massenfilialunternehmungen verfügen noch nicht über ein gemeinsames internationales Einkaufsorgan. Zwar ist die Gedelfi Mitglied der CIES (Comité International des Entreprises à Succursales), eine

---

[9] Vgl. Pressedienst der Edeka vom 6. 7. 1967.

[10] Es handelt sich um die Una (Frankreich), den Sperwer-Verbond (Niederlande), die Ica (Schweden) und die Londis (Großbritannien). Etwas später kam die Trica (Dänemark) hinzu. Einschließlich der Rewe werden von diesen Organisationen etwa 27 000 Einzelhändler betreut.

[11] Vgl. o. V.: „EUROGROUP — Direktionskonferenz in Hilversum", in: Lebensmittel-Zeitung vom 15. 4. 1966.

internationale Arbeitsgemeinschaft der Filialbetriebe, doch haben die Ankündigungen dieser Gemeinschaft, die internationale Zusammenarbeit zu verstärken[12], offensichtlich noch nicht zu nennenswerten Erfolgen geführt. Erwähnenswert ist jedoch die enge Zusammenarbeit der Gedelfi mit dem französischen Einkaufsorgan der Filialbetriebe, „Paridoc", wenn auch die Kooperation weniger im gemeinsamen Einkauf als in der gegenseitigen Zurverfügungstellung von Marktinformationen und Geschäftsverbindungen besteht[13].

Auch die Konsumgenossenschaften bedienen sich noch nicht einer gemeinsamen Gesellschaft zum internationalen Einkauf. Allerdings besteht zwischen den 18 konsumgenossenschaftlichen Großeinkaufsgesellschaften Westeuropas eine gute Zusammenarbeit. Sie haben einen Großeinkaufsausschuß (GGA — Genossenschaftlicher Großeinkaufsausschuß) gebildet, in dessen Auftrag z. Z. insbesondere Textilien, Spielzeug und Sportartikel im Fernen Osten sowie Bekleidungsartikel in Israel gekauft werden. Bei Nahrungsmitteln spielte der Gemeinschaftseinkauf bisher kaum eine Rolle[14].

Die Versuche der Freiwilligen Ketten, den internationalen Einkauf zu konzentrieren, sind bisher ebenso wenig erfolgreich gewesen wie ihre Bemühungen, den nationalen Einkauf in ihren Zentralen stärker zusammenzufassen. Fast alle in mehreren Ländern tätige Freiwilligen Ketten wie Spar, Vivo, Centra, Ifa, Végé, A & O International und Afu unterhalten zwar jeweils ein gemeinsames internationales Einkaufsbüro, die Schwierigkeiten, mit denen diese Büros zu kämpfen haben, sind jedoch die gleichen wie die der nationalen Kettenzentralen; unter ihnen sind die starken Bindungen der Kettengroßhändler an die Einkaufskontore des Nahrungsmittelgroßhandels hervorzuheben[15].

Die beiden Organisationen des Nahrungsmittelhandwerks verfügen über keine internationalen Einkaufsorgane. Mit ihrer Einrichtung wird erst zu rechnen sein, wenn die Straffung des Organisationsaufbaues im nationalen Bereich weiter fortgeschritten ist und die Bundesorgane einen größeren Handlungsspielraum haben[16].

---

[12] Vgl. Batzer, Erich: „Starker Wandlungsprozeß im Lebensmittelhandel", in: Wirtschaftskonjunktur, 17. Jahrgang, Heft 4, 1965, S. 40.

[13] Vgl. o. V.: „Engere deutsch-französische Zusammenarbeit der Filialbetriebe", in: Das Fachblatt für Selbstbedienung, Heft 11, November 1965, S. 17.

[14] Ansatzpunkte sind allerdings vorhanden. Kaffee und Tee werden z. T. gemeinschaftlich bezogen. Unter dem Markennamen „Cirkel" vertreiben die Konsumgenossenschaften in 8 westeuropäischen Ländern eine bestimmte Sorte Kaffee und Tee einheitlich. Auch Obstkonserven aus Kalifornien und Australien werden im Gemeinschaftseinkauf bezogen und unter einheitlichem Namen (Warenmarke: „rainbow") vertrieben.

[15] Vgl. die Ausführungen auf S. 92 f.

[16] Der Bäckergruppe ist es nach längeren und schwierigen Verhandlungen

Die Kaufring e. G. m. b. H. bedient sich beim Einkauf von Nahrungsmitteln keines internationalen Beschaffungsorgans.

Wie der Überblick, der keinen Anspruch auf Vollständigkeit erhebt, zeigt, sind die institutionellen und organisatorischen Voraussetzungen für einen verstärkten gemeinsamen internationalen Einkauf in einigen Fällen bereits schon gegeben, in anderen Fällen im Aufbau begriffen.

im Jahre 1965 aber gelungen, zusammen mit den belgischen, holländischen, schweizerischen und österreichischen Bäckergenossenschaften die übernationale Spitzenorganisation „Baco-Europa" (Sitz Brüssel) zu gründen, deren Aufgabe es ist, die wirtschaftliche Zusammenarbeit zwischen den europäischen Bäckergenossenschaften zu intensivieren und, soweit es sich um lebenswichtige Belange des Bäckergenossenschaftswesens handelt, an der EWG-Gesetzgebung mitzuarbeiten und den betriebswirtschaftlichen Erfahrungsaustausch auf der bäckergenossenschaftlichen Großhandelsebene zu vertiefen. Vgl. Rundschreiben der Bägeno-Zentrale, o. Dat., sowie Bericht der Bägeno-Zentrale über das Geschäftsjahr 1964, S. 14.

Zweiter Hauptteil

Auswirkungen der Nachfragekonzentration

I. Auswirkungen auf den Wettbewerb im Nahrungsmittelhandel

1. Der Wettbewerb im Nahrungsmittelhandel

Nach unseren empirischen Beobachtungen ist die Wettbewerbssituation im Nahrungsmittelhandel seit etwa 1950 durch außerordentliche Anstrengungen der Marktteilnehmer und damit durch zunehmende Schärfe gekennzeichnet gewesen. Diese Entwicklung hält auch heute noch an, ein Nachlassen des Kampfes um Marktanteile und Wettbewerbsvorsprünge konnte nicht registriert werden.

Während Kathrein und Nieschlag diese Beobachtungen bestätigen[1, 2], stellen andere Autoren[3] Erstarrungstendenzen des Wettbewerbs im Einzelhandel und damit auch im Nahrungsmitteleinzelhandel fest.

Wie kann es zu diesem Widerspruch kommen?

Da der empirische Befund über den Wettbewerb weitgehend der gleiche sein muß, liegt die Erklärung in der unterschiedlichen Auffassung über den Begriff Wettbewerb und der unterschiedlichen Abgrenzung der Märkte, auf denen sich Wettbewerb abspielt.

Wie Woll feststellt, wird der Begriff „Wettbewerb" zur Erfassung von Tatbeständen verwendet, die sich deutlich voneinander unterscheiden und — wenn überhaupt — oft in einer nur losen Beziehung miteinander stehen[4]. Als Beispiele unter vielen kann man die Aufspaltung des Wett-

---

[1] Kathrein, Oswald: Nachfrage im Wettbewerb. Schriftenreihe „Der Betrieb". Düsseldorf 1960. Auf S. 19 heißt es: „Die gegenwärtige Situation (des Wettbewerbs im Handel, der Verf.) ist durch eine *außerordentliche Dynamik und Stärke der Wettbewerbsanstrengungen* gekennzeichnet, . . ."

[2] „Doch kann es kein Zweifel sein, daß sich der Preiswettbewerb im Handel in den vergangenen Jahren erheblich verstärkt hat und von den Großstädten aus, wo er sich zuerst durchgesetzt hat, immer weiter vorgedrungen ist." Nieschlag, Robert: Binnenhandel und Binnenhandelspolitik, a.a.O., S. 69.

[3] z. B. Woll, Artur, a.a.O., S. 48, der aber die modernen Vertriebsformen hierbei ausklammert, Bachmann, Hansruedi: Die jüngere Entwicklung im Einzelhandel, Winterthur 1959.

[4] Vgl. Woll, Artur, a.a.O., S. 31, der zur Problematik des Wettbewerbsbegriffes folgendes Zitat von F. Machlup (Wettbewerb, [III] Wirtschaftstheo-

bewerbsbegriffes in Preis- und Nichtpreiswettbewerb[5] nennen oder seine Ausdehnung auf „vertikale" bzw. „totale" Konkurrenzverhältnisse[6] oder etwa den Wettbewerbsbegriff von Sölter (Stufenwettbewerb), der den Wettbewerb als nicht verhaltens-, sondern strukturbezogen determiniert[7].

Wie bereits diese wenigen Ausführungen deutlich machen, ist es im Hinblick auf unsere Thematik wichtig, einen Überblick über die bisherigen Erkenntnisse der Wettbewerbstheorie und der Wettbewerbspolitik zu geben. Erst dann sollen die empirisch vorgefundenen Verhältnisse analysiert werden. Auf diesem Wege erscheint es am ehesten möglich, den Einfluß der Nachfragekonzentration auf den Wettbewerb im Nahrungsmittelhandel klarzulegen.

Festzuhalten ist, daß sich die bisherigen wettbewerbstheoretischen und -politischen Erklärungsversuche auf den Einzelhandel insgesamt beziehen, die Aussagen jedoch uneingeschränkte Gültigkeit für den Lebensmitteleinzelhandel haben.

a) Die bisherigen wettbewerbstheoretischen und wettbewerbspolitischen Erklärungsversuche

aa) Das Modell der vollkommenen Konkurrenz

Die Wirtschaftstheorie unterscheidet die Begriffe „vollkommene Konkurrenz" und „unvollkommene Konkurrenz"[8].

Die Theorie der vollkommenen Konkurrenz basiert auf einer Modellvorstellung über eine Marktform, bei der zahlreiche Bedingungen gegeben sein müssen[9].

---

retische Betrachtung, in: Handwörterbuch der Sozialwissenschaften, 41. Lieferung, Bd. XII, S. 36) anführt: „Selbst wenn man sich auf eine marktanalytische Betrachtung beschränkt, ist Wettbewerb kein eindeutig definierbarer Begriff, sondern ein ausgedehnter Begriffskomplex, der eine Vielfalt von Relationsbegriffen einschließt."

[5] Vgl. Lohmann, M.: Einführung in die Betriebswirtschaftslehre, 4. Aufl., Tübingen 1964, S. 114.

[6] Vgl. Scheubrein, Harald: Horizontale, vertikale und totale Konkurrenz. Schriftenreihe der Gesellschaft für Konsumforschung e. V., Band 7, Nürnberg 1958.

[7] Vgl. Sölter, Arno: Nachfragemacht und Wettbewerbsordnung, Schriftenreihe „Der Betrieb", Düsseldorf 1960, S. 43.

[8] bzw. „vollkommener" und „unvollkommener" Wettbewerb. Das Wort Wettbewerb ist eine Verdeutschung von Konkurrenz und wird häufig synonym verwendet.

[9] Eine Vielzahl von Anbietern und Nachfragern, Homogenität des Gutes, keine Präferenzen der Marktteilnehmer, zweckrationales Verhalten aller Wirtschaftenden, unendlich große Anpassungsgeschwindigkeit aller Markt-

Unter der Voraussetzung des Modells der vollkommenen Konkurrenz existieren im Handel weder Standortvorteile noch Produktdifferenzierung, weder Präferenzen persönlicher und sachlicher Art, noch ist der Zugang zum Markt einem oder einigen der Marktbeteiligten (Händler und Verbraucher) versperrt. Auf dem Markt bildet sich unter diesen Prämissen — hinzu kommen vollkommene Markttransparenz sowie die Homogenität der Güter — ein Gleichgewichtspreis, auf den die Marktbeteiligten keinen Einfluß haben. „Der Absatz wird durch die allgemeine Marginalbedingung bestimmt, d. h. durch die Gleichheit des Marktpreises mit den Kosten der Grenzbetriebe. Angesichts der Homogenität der Güter ist eine Werbung als Mittel der Absatzsteigerung sinnlos. Der einzelne Händler kann also — da er auf die Höhe des Preises keinen Einfluß hat — seinen gegebenen Gewinn nur noch dadurch erhöhen, daß er seine Kosten senkt. Für einen Einzelhändler, der ein Sortiment von Waren anbietet, bedeutet dies eine Spezialisierung auf diejenigen Artikel, deren durchschnittliche Kosten die relativ größte Differenz zum Gleichgewichtpreis aufweisen. Diese Gewinnerhöhung wird jedoch durch das Auftreten neuer Konkurrenten auf dem Markt wieder beseitigt; gegebenenfalls werden Grenzbetriebe zum Ausscheiden aus dem Markt gezwungen[10]."

Da das in sich geschlossene und erklärungstheoretisch einwandfreie Modell der vollkommenen Konkurrenz keine oder nur geringe Aussagekraft im Hinblick auf die Verhältnisse der Wirtschaftswirklichkeit hat, ist es erforderlich, nach anderen Erklärungsversuchen Ausschau zu halten.

Es sei erwähnt, daß Eucken unter dem Begriff der vollkommenen Konkurrenz etwas anderes versteht als soeben dargestellt. Er befindet sich damit nicht in Übereinstimmung mit Chamberlin, Robinson, Stackelberg, Schneider, Jöhr u. a.[11]. Auf das von ihm vertretene Wettbewerbskonzept wird in Abschnitt cc) eingegangen.

bb) Erklärungsversuche der unvollkommenen Konkurrenz

Wie Woll in seiner Untersuchung über den Wettbewerb im Einzelhandel feststellt, betonen die meisten Autoren, die sich mit dem Einzel-

---

teilnehmer an geänderte Bedingungen, unendliche Teilbarkeit der Produktionsfaktoren und des Gutes, freier Zugang zum Markt, vollkommene Markttransparenz. Vgl. Borchardt, Knut, und Wolfgang Fikentscher: Wettbewerb, Wettbewerbsbeschränkung und Marktbeherrschung. Abhandlungen aus dem gesamten Handelsrecht, Bürgerlichen Recht und Konkursrecht, Stuttgart 1957, S. 2. Vgl. Gutenberg, Erich: Grundlagen der Betriebswirtschaftslehre, Band II: Der Absatz, Berlin 1955, S. 150.

[10] Marzen, Walter: Preiswettbewerb und Verbraucherpolitik, Saarbrücken 1964, S. 114.

[11] Vgl. Borchardt, Knut, und Wolfgang Fikentscher, a.a.O., S. 1.

handel beschäftigen, die Unvollkommenheit des Marktes, die darin gesehen wird, daß die Waren nicht homogen sind, Präferenzen örtlicher, zeitlicher und personeller Art zwischen Käufern und Verkäufern bestehen und die Marktübersicht der Käufer begrenzt ist. Bereits J. St. Mill, Macleod, Cairnes und Marshall stellen fest, daß im Einzelhandel die Voraussetzungen der Konkurrenz nur in einem beschränkten Umfang gelten, im deutschen Schrifttum weist als erster Hirsch auf die Unvollkommenheit des Marktes im Einzelhandel hin[12].

„Im Gegensatz zu den Kriterien eines vollkommenen Marktes sind die Märkte des Handels durch teiloligopolistische und oligopolistische Merkmale gekennzeichnet. Es gibt keinen einheitlichen Einzelhandelsmarkt für Konsumgüter, der die obigen Bedingungen (gemeint sind diejenigen der vollkommenen Konkurrenz, d. Verf.) erfüllt. Der Gesamtmarkt des Einzelhandels zerfällt vielmehr — bedingt durch persönliche und sachliche Präferenzen verschiedenster Art — in zahlreiche Teilmärkte. Das Vorhandensein einer großen Zahl von Einzelhandelsbetrieben ist kein Kriterium für einen besonders regen Preiswettbewerb, da immer nur die wenigen Einzelhandelsbetriebe eines solchen Marktes untereinander im Wettbewerb stehen. Das Lebensmittelgeschäft im Vorort konkurriert nicht mehr mit dem gleichartigen Laden in der Stadtmitte und der Absatz- und Konkurrenzradius eines Fachgeschäftes geht oft nicht über die Stadtgrenze hinaus. Besonders bei den Einzelhandelsgeschäften des täglichen Bedarfs sorgt der Standortvorteil für einen fest umrissenen Kundenkreis, denn Bequemlichkeit, Zeitmangel und Gewohnheit veranlassen die Konsumenten, in der Regel im nächstliegenden Laden einzukaufen. Der Wettbewerb im Einzelhandel spielt sich also grundsätzlich auf räumlich eng begrenzten Teilmärkten ab[13].“

In der Wettbewerbsliteratur sind eine ganze Reihe von Erklärungsversuchen des unvollkommenen Wettbewerbs anzutreffen[14], von denen aber keine als umfassende Theorie angesprochen werden kann.

Immerhin gelingt es diesen Versuchen, einzelne Seiten zu erklären und darüber hinaus aufzuzeigen, daß einige der Wirkungen, die bei vollkommener Konkurrenz zu erwarten sein müßten, nicht eintreten. „Vor allem bildete sich in den meisten Formen des Wettbewerbs nicht der dichte Zusammenhang zwischen Preisen und Kosten aus, den man ursprünglich

[12] Vgl. Woll, Artur, a.a.O., S. 26 f.

[13] Marzen, Walter, a.a.O., S. 114/115.

[14] Zu erwähnen sind vor allem die Theorien von E. H. Chamberlin (The Theory of Monopolistic Competition, Cambridge [Mass.] 1932), J. Robinson (The Economics of Imperfect Competition, London 1933), von Stackelberg (Marktform und Gleichgewicht, Wien 1934), H. Smith (Retail Distribution, Oxford 1937, 2. A. 1948) und A. E. Ott (Ein statisches Modell der Preisbildung im Einzelhandel, in: Jahrbücher für Nationalökonomie und Statistik, Band 172, Stuttgart 1960, S. 1).

als charakteristisch für die Konkurrenzwirtschaft angesehen hat[15]." Nach Stackelberg besteht der unvollkommene Markt aus einer Vielzahl vollkommener „Elementarmärkte", die nicht selten eine monopolistische Angebotsstruktur aufweisen. J. Robinson stellt fest, daß der Bereich des Einzelhandels aus einer Welt von Monopolen bestehe, für die der „monopolistische Wettbewerb" (Chamberlin) als kennzeichnend angesehen wird (M. Hall)[16].

So wertvoll diese Erklärungsversuche im einzelnen auch sind, es fehlt an einer umfassenden und allgemeingültigen Theorie des unvollkommenen Marktes und damit der Preisbildung im Einzelhandel. Ott kritisiert dies wie folgt: „Es ist eine auffallende und beunruhigende Tatsache, daß bis jetzt noch keine umfassende und allgemein anerkannte Theorie der Preisbildung im Einzelhandel existiert. Der Einzelhandel stellt eine derart wichtige Wirtschaftsgruppe dar, und die Preisbildung im Einzelhandel ist wirtschaftspolitisch, wie jeder Blick in eine Tageszeitung lehrt, von einer solchen Bedeutung, daß das Fehlen einer allgemein anerkannten Theorie als ein wirklicher Mangel empfunden werden muß[17]."

cc) Die Wettbewerbskonzeption von Eucken

Von besonderer Bedeutung ist die Wettbewerbskonzeption von Walter Eucken, da sie einmal ihrenNiederschlag im GWB gefunden hat und damit einen erheblichen Beitrag zur Gestaltung der Wirtschaftsordnung in der BRD leistet, zum anderen, weil sie realitätsbezogener ist als die bisher beschriebenen Erklärungsversuche.

Im Gegensatz zur angelsächsischen Interpretation der vollkommenen Konkurrenz (perfect competition), die zumeist das sogenannte statische Modell des Wettbewerbsgleichgewichts an einem Markt zu klären versucht[18], ist vollkommene Konkurrenz für Eucken eine „durchaus dynamische Kategorie"[19], ein beständiger Anpassungsprozeß. Eucken spricht dann von vollkommener Konkurrenz, wenn die Unternehmen und Haushalte die Preise dem Markt entnehmen müssen, weil ihr Markteinfluß so

---

[15] Wessels, Th.: „Über wirtschaftspolitische Konzeptionen des Wettbewerbs", in: Wirtschaft, Gesellschaft, Kultur. Hrsg. F. Grieß und F. W. Meyer, Berlin 1961. Zitiert bei Woll, Artur, a.a.O., S. 29.

[16] Vgl. die eingehenden Ausführungen bei Woll, Artur, a.a.O., S. 26 f.

[17] Ott, Alfred E.: Ein statisches Modell der Preisbildung im Einzelhandel, a.a.O., S. 1.

[18] Vgl. Hoppmann, Erich: „Das Konzept der optimalen Wettbewerbsintensität", in: Jahrbücher für Nationalökonomie und Statistik, Band 179, Heft 4, Stuttgart 1966, S. 287.

[19] Vgl. Woll, Artur, a.a.O., S. 24. Woll stellt fest, daß auch für eine Reihe anderer Autoren (F. A. von Hayeck, E. Böhler, F. A. Lutz, M. Lohmann, J. M. Clark) allein ein dynamischer Prozeß die Bezeichnung Wettbewerb verdient.

gering ist, daß sie mit einer beachtlichen Änderung des Preises nicht rechnen dürfen. Für ihn kommt es auf das „vom-Markt-nehmen“ an, die Übernahme des Preises von einem Großen (Preisführerschaft) bezeichnet er nicht als Konkurrenz[20]. Die Zahl der Marktteilnehmer ist für Eucken kein Kriterium für das Vorliegen von vollkommener Konkurrenz: „Sind auf Grund des Verhältnisses zwischen Umfang des Marktes und Größe des Einzelhandels oder der Einzelnachfrage die Wirkungen des Handelns jedes Einzelnen auf den Preis so gering, daß er sie in seinen Plänen und Handlungen nicht beachtet, so liegt Konkurrenz vor. Das mag bei 50 oder 100 oder bei noch mehr Anbietern oder Nachfragern der Fall sein[21].“ Woll analysiert diese Aussage und das gesamte Konzept von Eucken wie folgt: „Eines ist indes auch bei Eucken sicher: Es dürfen bei einer „vollständigen Konkurrenz“ nicht nur ein oder einige wenige Anbieter oder Nachfrager am Markte sein; erst eine hinreichend große Zahl mit ungefähr gleicher Größe bietet Gewähr gegenüber den Versuchen, den Preis zu beeinflussen. Wenn darüber hinaus die Marktteilnehmer keine horizontalen Vereinbarungen treffen können, der Marktzugang keinen Beschränkungen unterliegt („freie Konkurrenz“) und ein adäquates Geldsystem verwirklicht ist, wird sich ein Höchstmaß an Wettbewerb entwickeln. In der von ihm entworfenen Wirtschaftsordnung soll die vollständige Konkurrenz dominieren; solange diese Marktform vorherrscht, ist Eucken hinsichtlich der Funktionsfähigkeit der Marktwirtschaft optimistisch. Aus der Marktform der vollständigen Konkurrenz folgt bei ihm mit Notwendigkeit der Wettbewerbsprozeß“[22].

Auf unsere Thematik bezogen ist die Konzeption von Eucken im Vergleich zu den bisher geschilderten Erklärungsversuchen deshalb von größerer Aussagekraft, weil sie aus der Marktformenlehre diejenigen Bedingungen eliminiert, die auf die Verhältnisse der Wirtschaftswirklichkeit keine Rücksicht nehmen, das sind insbesondere die Homogenität der Güter, die vollkommene Markttransparenz und die Atomistik des Marktes.

Dennoch gelingt es auch Eucken nicht, mit seinem Wettbewerbskonzept eine eindeutige Klärung der Wettbewerbsverhältnisse im Einzelhandel herbeizuführen. Woll wendet gegen ihn ein, daß die positive Beurteilung der vollständigen Konkurrenz im Hinblick auf den Einzelhandel fragwürdig erscheine. Er bestreitet zwar nicht, daß unter einer Vielzahl von Detaillisten ein Wettbewerb möglich ist. „Je mehr Unternehmer sich indes auf einem Markte befinden, der oft nur begrenzt ausdehnungsfähig ist (wie insbesondere bei täglich benötigten Gütern, vor

[20] Vgl. Borchardt, Knut, und Wolfgang Fikentscher, a.a.O., S. 1.

[21] Eucken,Walter: Die Grundlagen der Nationalökonomie, 6. Aufl. Berlin - Göttingen - Heidelberg 1950, S. 97.

[22] Woll, Artur, a.a.O., S. 25.

allem Lebensmitteln), um so höher muß die Spanne sein, die dem einzelnen Unternehmen eine Existenz ermöglicht. Orientieren sich die Einzelhändler in ihrer Mehrheit am existenznotwendigen Umsatz, dürfte eine größere Zahl den Wettbewerb eher abmindern als verschärfen. Andererseits ist nicht gesagt, daß eine oligopolitische Angebotsstruktur zu einem weniger intensiven Wettbewerb führt, wie Eucken annimmt, obwohl die Möglichkeit dazu nicht ausgeschlossen werden soll[23]."

Woll betont ferner die Tatsache, daß zwischen der Struktur eines Marktes und dem Verhalten sämtlicher Marktteilnehmer kein zwingender Zusammenhang bestehe. Außerdem vermutet er, daß in vielen Fällen die oligopolistische Marktstruktur nicht völlig belanglos für die Wettbewerbsintensität ist. Er kann somit der Euckenschen These, nach welcher viele Marktpartner gleichsam eine Garantie für einen hohen Konkurrenzgrad darstellen, nicht folgen[24].

dd) Die Theorie der arbeitsfähigen Konkurrenz und der Funktionsfähigkeit des Wettbewerbs

Die bisher beschriebenen Erklärungsversuche bemühten sich — sieht man vom Konzept Euckens ab — den Wettbewerb in statischer Betrachtungsweise zu erhellen.

Die Theorie der arbeitsfähigen Konkurrenz, die eher als eine Sammlung wettbewerbspolitischer Grundsätze denn als eine voll entwickelte Ordnungsvorstellung anzusehen sein dürfte[25], geht erheblich über diese Ansätze hinaus und versucht denjenigen Wettbewerb zu finden, der die Norm der Wettbewerbspolitik bilden kann und soll. Dieser Wettbewerb wird als „workable", „effective" bzw. funktionsfähig, aktiv oder arbeitsfähig bezeichnet[26]. Sein Ziel ist es einmal, bestimmte Formen der wirtschaftlichen Freiheit zu erreichen — Freiheit zur Initiative, Freiheit zum Vorstoß in technisches, organisatorisches und ökonomisches Neuland, zur Schaffung neuer Güter, neuer Verfahren, neuer Märkte, Freiheit zu ökonomischem Fortschritt —, zum anderen sollen mit ihm bestimmte erwünschte ökonomische Ergebnisse erzielt werden: Steigerung der Leistung, Senkung der Kosten, Lenkung der Produktion in Richtung Verbraucherwünsche, Verhinderung unverdienter Gewinne, Bewirkung von technischem Fortschritt u. a. m.[27].

---

[23] Woll, Artur, a.a.O., S. 25/26.

[24] Woll, Artur, a.a.O., S. 26.

[25] Vgl. Wessels, Th., a.a.O., S. 23, zitiert bei Woll Artur, a.a.O., S. 31.

[26] Vgl. Hoppmann, Erich: „Das Konzept der optimalen Wettbewerbsintensität", a.a.O., S. 288.

[27] Vgl. Hoppmann, Erich, a.a.O., S. 19.

Die umfangreiche workable competition-Literatur geht auf J. M. Clark zurück[28], nach dessen Meinung gerade unter den Großunternehmen ein sehr heftiger Wettbewerb bestehe, während er auf den Märkten mit vielen kleinen Unternehmen sehr schwach ausgeprägt sei. Für Clark ist der Wettbewerb auch nicht auf die Preiskonkurrenz beschränkt, sondern er ist vielmehr ein gemeinsames Vorgehen auf den drei Ebenen Produkt, Preis und Absatz. „Clark ist davon überzeugt, daß der Wettbewerb, wie er heute besteht, mit all seinen und zum Teil sehr schwerwiegenden Mängeln immer noch besser ist als das Modell der ‚vollkommenen Konkurrenz', weil nämlich der heutige Wettbewerb zum Fortschritt beiträgt[29]."

Die auf Clark aufbauende Literatur versucht, insbesondere die Aussageschwäche der statischen Gleichgewichtstheorie zu überwinden sowie die dynamische Natur der Wettbewerbsvorgänge zu berücksichtigen und aber auch den Wettbewerb in seiner umfassenderen Bedeutung darzustellen.

Auf dieser Linie bewegt sich auch die jüngst erschienene und bemerkenswerte Publikation von Erhard Kantzenbach[30], der den Versuch unternimmt, den Widerspruch zu überwinden, der bisher zwischen der überkommenen Wettbewerbstheorie und der praktischen Wettbewerbspolitik bestand. Kantzenbach faßt den Wettbewerb als einen evolutorischen Prozeß auf, „der unterschiedliche Intensitätsgrade aufweisen kann und seine optimale gesamtwirtschaftliche Funktionsfähigkeit bei einer mittleren Intensität erreicht"[31]. Er kommt zu dem Ergebnis, daß die effektive Intensität eines Wettbewerbsprozesses von der vorhandenen Unternehmensstruktur und vom Grad der Wettbewerbsbeschränkung abhängt, wobei die Wettbewerbsbeschränkung eine Folge der vielfältigen zwischenunternehmerischen Organisationsformen ist, die netzartig die Unternehmensstruktur überlagern.

Mit der Definition der optimalen Wettbewerbsintensität versucht Kantzenbach, der Wettbewerbspolitik eine realistische Orientierungsgröße zu geben, die sie davor bewahrt, ein unrealistisches Ideal als Leitgröße nehmen zu müssen[32].

---

[28] „Toward a Concept of Workable Competition", in: The American Economic Review Vol. 30, 1940, S. 241 f., und ders.: Competition as a Dynamic Process, Washington D. C. 1961.

[29] Gross, Hermann, und Jens Meier: Größe und Größenstruktur der Unternehmen, FIW-Schriftenreihe, Heft 19, Köln - Berlin - Bonn - München 1964, S. 57.

[30] Die Funktionsfähigkeit des Wettbewerbs. Wirtschaftspolitische Studien aus dem Institut für Europäische Wirtschaftspolitik der Universität Hamburg, Heft 1, Göttingen 1966.

[31] Vgl. Kantzenbach, Erhard, a.a.O., S. 159.

[32] Vgl. zur Kritik an Kantzenbach: Hoppmann, Erich: „Das Konzept der

ee) Der Nicht-Preiswettbewerb

Die von Clark vorgenommene Ausdehnung des Wettbewerbsbegriffes auf andere Aktionsparameter als den Preis ist von besonderer Wichtigkeit.

Im Anschluß an die Clarkschen Überlegungen entwickelte Abbott eine allgemeine Theorie des Wettbewerbs, die den Preiswettbewerb und den Nicht-Preiswettbewerb umfaßt[33]. Eine Reihe weiterer Autoren lehnt die einseitige Betonung des Preiswettbewerbs ebenfalls als zu eng ab und bekennt sich zu einem breiteren Wettbewerbsrahmen. Zu diesen Autoren gehören vor allem Schumpeter, H. v. Beckerath, Galbraith, Kaplan, Samuelson Maclaurin, Drucker, Küng und Lilienthal[34]. Auch Ott, der Konkurrenz als eine „agonistische Beziehung zwischen Anbietern oder Nachfragern" definiert, beschränkt den Konkurrenzkampf nicht nur auf den Preis. „Konkurrenz äußert sich demnach in dem ‚Sich-Überbieten', d. h. in Preisüberbietungen, ebenso in Preisunterbietungen, Qualitätsüberbietungen usw.[35]."

Am weitesten geht Küng[36]. Er stellt die Verlagerung des Preiswettbewerbs auf andere Parameter heraus, vor allem auf die Qualität und den technischen Fortschritt und bezeichnet die „Fortschrittskonkurrenz" als die charakteristische Wettbewerbsform des zwanzigsten Jahrhunderts, welche den Unternehmer einem ständigen Zwang zu technischem Fortschritt unterwirft, will er sich am Markt behaupten. Zur Intensität der „Fortschrittskonkurrenz" führen Gross/Meier[37] aus: „Es besteht nun kein Grund zu der Annahme, daß ein solcher Wettbewerb nicht weniger heftig ist als der Preiswettbewerb. Gerade auf Märkten, auf denen Waren mit frei veränderlichen Qualitäten angeboten werden, kann ein kräftigerer Wettbewerb herrschen als bei vollständiger Konkurrenz." Marzen stellt in diesem Zusammenhang fest, daß der Preiswettbewerb, die Hauptform der Konkurrenz, heute als Mittel der Absatzpolitik auf vielen Konsumgütermärkten gegenüber den Nebenformen wie Produktgestaltung, Werbekonkurrenz und dem Dienstleistungswettbewerb in seinen mannigfaltigen Erscheinungsformen in den Hintergrund getreten ist[38].

---

optimalen Wettbewerbsintensität", a.a.O., und Kaufer, Erich: „Kantzenbachs Konzept des funktionsfähigen Wettbewerbs", in: Jahrbücher für Nationalökonomie und Statistik, Bd. 179, Heft 6, Stuttgart 1966.

[33] Abbott, Lawrence: Qualität und Wettbewerb, München - Berlin 1958.

[34] Vgl. Gross, Hermann, und Jens Meier, a.a.O., S. 53.

[35] Ott, Alfred E.: Marktform und Verhaltensweise, Stuttgart 1959, S. 45.

[36] Küng, Emil: Wirtschaftspolitische Gegenwartsfragen. St. Galler Wirtschaftswissenschaftliche Forschungen, Bd. 18, Zürich, St. Gallen 1962, S. 151 f.

[37] a.a.O., S. 55.

[38] Marzen, Walter, a.a.O., S. 78.

Was hier über die „Fortschrittskonkurrenz" ausgeführt wurde, bezog sich in erster Linie auf den Wettbewerb unter Produzenten. Aber auch die Unternehmungen des Nahrungsmittelhandels stehen unter einem ähnlich permanenten Zwang, Neuerungen am Markt durchzusetzen. Die bei ihnen anzutreffende „Fortschrittskonkurrenz" äußert sich im Einzelhandel in der Suche nach verbesserten Dienstleistungen (Selbstbedienung, Verpackung, Hauslieferungen, Kreditgewährung, Sonderbestellungen etc.), im Großhandel u. a. in der Suche nach einem möglichst umfassenden Leistungsprogramm („Full-Service") für die Einzelhandelskunden.

Der Mangel an einer anerkannten umfassenden Wettbewerbstheorie, die alle Aspekte — sowohl die des Preis- als auch die des Nichtpreiswettbewerbs — berücksichtigt, hat dazu geführt, daß im Schrifttum zahlreiche Begriffsdefinitionen anzutreffen sind. Wir wollen diesen Versuchen keinen neuen hinzufügen, sondern greifen aus dem „Angebot" eine Definition heraus, die uns — im Hinblick auf unsere Thematik — als zweckmäßig erscheint, da sie die wesentlichen Gedankengänge der bisherigen erörterten Erklärungsversuche berücksichtigt: „Wettbewerb ist ein wirtschaftlicher Kampf der Subjekte (Anbieter und Nachfrager) und/oder Objekte (Waren, Leistungen) auf einer Marktseite um die Beteiligung auf dem Markt und den bestmöglichen Abschluß (Ziel des Wettbewerbs), aus dem alternative Größen für Preis und Mengen des einzelnen Anbieters und Nachfragers hervorgehen (Folgen des Wettbewerbs), und der sich in einem Preiskampf und Leistungskampf ausdrükken kann (Mittel des Wettbewerbs). Dieser Wettstreit vollzieht sich in ständiger Anpassung an die Marktsituation und unter ständiger Bedrohung durch andere Bewerber, und bei ihm hat die Marktgegenseite die Möglichkeit der Wahl zwischen den verschiedenen Kaufpartnern und ihren Produkten[39]."

Unter Beachtung dieses Wettbewerbsbegriffes sollen im folgenden einige Aussagen über die empirisch vorgefundenen Konkurrenzverhältnisse auf den Einzelhandels- und Großhandelsmärkten des Nahrungsmittelhandels gemacht werden. Anschließend werden wir zu einer Betrachtungsweise der Wettbewerbsverhältnisse übergehen, wie sie in der Wirtschaftspraxis, d. h. bei den Beteiligten selbst, und bei den in erster Linie empirisch orientierten Autoren anzutreffen ist.

---

[39] Hübner, Jürgen: Der Einfluß der mittelständischen Einkaufszusammenschlüsse auf die Wettbewerbsverhältnisse unter besonderer Berücksichtigung des Einzelhandels, Diss. Münster 1960, S. 75.

b) *Die empirisch vorgefundenen Wettbewerbsverhältnisse*

aa) Der Wettbewerb auf den Einzelhandelsmärkten

Der westdeutsche Nahrungsmitteleinzelhandel umfaßt — wie im ersten Hauptteil S. 48 f. dargestellt — rd. 220 000 Einzelhandelsgeschäfte. Im Sinne der Marktformenlehre sind diese Geschäfte nicht auf einem einheitlichen Gesamtmarkt tätig, denn nur jeweils wenige stehen miteinander in Konkurrenz. Diese Konkurrenz spielt sich auf zahlreichen Teilmärkten ab, die geographisch eng begrenzt und hinsichtlich ihrer Struktur außerordentlich differenziert sind. Neben monopolartigen Stellungen einzelner Einzelhändler sind polypolähnliche Einzelhandelsmärkte und darüber hinaus alle nur denkbaren Differenzierungen anzutreffen. Eine Systematisierung erscheint nicht möglich[40].

Die Wettbewerbsintensität (Hoppmann: Konkurrenzgrad) ist auf den verschiedenen Teilmärkten naturgemäß unterschiedlich. Eine Aussage über den jeweiligen Intensitätsgrad kann nicht gemacht werden, da es einerseits — wie ausgeführt — an einer Systematisierung der Teilmärkte und an einem einheitlichen wettbewerbstheoretischen Begriffsinstrumentarium ermangelt, andererseits in Anbetracht dieser Schwierigkeiten die Entwicklung einer sinnvollen Meßeinheit nicht möglich ist.

Allerdings läßt sich auf Grund unserer empirischen Beobachtungen und unter Zugrundelegung von Ersatzkriterien (z. B. Zahl der aus dem Markt ausscheidenden Firmen, Selektionspolitik der Gruppen) folgendes festhalten:

Im Vergleich zu den Jahren vor 1950 ist der Wettbewerb im Nahrungsmitteleinzelhandel insgesamt und damit auch auf seinen Teilmärkten schärfer geworden. Das gilt sowohl für den Preiswettbewerb als auch für die Formen der „non-price-competition".

Diese Aussage, das sei betont, ist komparativen Charakters. Sie beruht auf der Gegenüberstellung der Wettbewerbsverhältnisse von früher (einschl. Vorkriegszeit) mit denjenigen, die sich seit 1950 herausgebildet haben. Nicht gesagt ist mit ihr, daß der Wettbewerb im Nahrungsmitteleinzelhandel ein volkswirtschaftliches Optimum erreicht hat. Wenn verschiedene Autoren als empirischen Befund Erstarrungstendenzen des

---

[40] Versuche in dieser Richtung unternahm zuletzt Hoppmann, der fünf „typische" Einzelhandelsmärkte erarbeitet: 1. Geschäftszentren (polypolähnliche Marktstruktur), 2. Geschäftsviertel und Geschäftsstraßen (monopolistische Marktelemente), 3. Nachbarschaftsmärkte (starke, doch keine monopolartige Marktstellung der Anbieter), 4. Kleinstmärkte geringer Nachfragedichte (starke Marktstellung des Anbieters) und 5. Kleinstmärkte großer Nachfragedichte (starke Position der Anbieter, „Quasi-Angebotsmonopole" möglich). Vgl. Hoppmann, Erich: Binnenhandel und Binnenhandelspolitik, Berlin - Frankfurt a. M. 1959, S. 122—125.

Wettbewerbs im Einzelhandel (einschl. Lebensmitteleinzelhandel) feststellen (Woll, Bachmann), so mag dies — an ihrer Modellvorstellung oder an einem von ihnen als optimal angesehenen Intensitätsgrad gemessen — durchaus richtig sein. Zu beachten gilt es dabei aber, daß die Ursachen, die für die relative Wettbewerbsstarre im Einzelhandel verantwortlich gemacht werden, nicht alle abbaufähig sind. Das gilt insbesondere für die „objektiven Hemmungen" im Sinne von Woll, die auf bestimmten Teilmärkten als strukturimmanent angesehen werden müssen[41]. Um so mehr sollte die Zunahme der wettbewerblichen Aktivität gewürdigt werden, die auf vielen Teilmärkten seit 1950 eine Auflockerung der Wettbewerbsstarre bewirkt hat. Wenn die Wettbewerbsintensität vom erwünschten Optimum — wie immer man dieses auch definiere — noch ein gutes Stück entfernt ist, so läßt der empirische Befund doch erkennen, daß im letzten anderthalb Jahrzehnt auf den Lebensmitteleinzelhandelsmärkten eine in Richtung auf dieses Optimum wirkende Entwicklung stattgefunden hat.

bb) Der Wettbewerb auf den Großhandelsmärkten

Im westdeutschen Nahrungsmittelgroßhandel sind rd. 4 500 Sortimentsgroßhandlungen und ca. 29 500 Fachgroßhandlungen tätig. Auch hier liegt kein einheitlicher Gesamtmarkt vor. Im Sinne der Marktformenlehre lassen sich ähnlich wie im Einzelhandel zahlreiche Teilmärkte beobachten, auf denen jeweils unterschiedliche Wettbewerbsverhältnisse vorliegen. Eine Systematisierung der Marktformen oder auch nur eine nähere Bestimmung von typischen Marktformen erscheint kaum möglich. Konnte man in früheren Jahren bei dem Versuch einer Beschreibung der Teilmärkte davon ausgehen, daß die Sortimentsgroßhandlun-

---

[41] Woll führt folgende Gründe an, die eine Erstarrung des Wettbewerbs im Einzelhandel fördern:

a) Ursachen im Absatzbereich des Handels
  - aa) Soziologische Aspekte: Händlereinkommen als Kalkulationsbasis
  - bb) Einzelwirtschaftliche Aspekte: Vernachlässigung einer rationellen Betriebsführung
  - cc) Volkswirtschaftliche Aspekte: Verlängerung der Absatzwege und Präponderanz des Nichtpreiswettbewerbs.

b) Ursachen auf Seiten der Nachfrage
  - aa) Objektive Hemmungen: Fehlende Markttransparenz und Abhängigkeiten
  - bb) Subjektive Hemmungen: Ökonomisches Prinzip und Käuferverhalten
  - cc) Die Entwicklung der monetären Gesamtnachfrage

c) Rechtliche Ursachen

Vgl. Woll, Artur, a.a.O., S. 48—120.

gen i. d. R. nicht mit den Fachgroßhandlungen, sondern nur untereinander in Konkurrenz standen, so haben sich im letzten anderthalb Jahrzehnt die Wettbewerbsverhältnisse grundlegend gewandelt. Die Sortimentsgroßhandlungen sind in die traditionellen Warenbereiche des Fachgroßhandels eingedrungen, Fachgroßhändler haben sich zu Sortimentern entwickelt (vgl. die Ausführungen zur örtlichen Großhandelsstufe S. 44). Die Vielfältigkeit der Marktformen und damit die Schwierigkeit ihrer Beschreibung haben sich dadurch erheblich vermehrt. „Die Struktur dieser Handelsstufe ist derart unterschiedlich, daß man über ihre Marktform nur tendenzielle Aussagen machen kann.[42].“ Auch über die Wettbewerbsintensität auf diesen Märkten lassen sich nur tendenzielle Aussagen machen. Nach unseren Beobachtungen hat die Wettbewerbsaktivität — wiederum im Vergleich zu den Verhältnissen vor 1950 — auf den Teilmärkten des Nahrungsmittelgroßhandels zugenommen, zum Teil sogar erheblich[43]. Die verstärkte Wettbewerbsintensität ist das Ergebnis eines Leistungskampfes, in dem alle den Unternehmern zur Verfügung stehenden Aktionsparameter eingesetzt werden und zur Wirkung kommen.

cc) Der Gruppenwettbewerb

In der Wirtschaftspraxis hat sich eine Betrachtungsweise der Wettbewerbsvorgänge im Handel herausgebildet, die von den bisherigen theoretischen Erklärungsansätzen erheblich abweicht. Wenn Gabriel feststellt, daß die Theoretiker und Praktiker im Hinblick auf das Phänomen des Wettbewerbs bereits weitgehend verschiedene Sprachen sprechen[44], so läßt sich dies an dem Begriff des Gruppenwettbewerbs nachhaltig demonstrieren.

Der Versuch, mit Hilfe einer disaggregierten Betrachtung der Groß- und Einzelhandelsteilmärkte Gesamtaussagen zu formulieren, wird von den empirisch orientierten Autoren[45] nicht gemacht, sie unterstellen vielmehr einen Gesamtmarkt, auf dem vertikal organisierte Gruppen miteinander in Konkurrenz stehen und um Marktanteile kämpfen. Infolgedessen verwenden sie den Begriff Gruppenwettbewerb, „der für den

---

[42] Ringling, Hartmut: Die Freiwilligen Ketten und ihre Auswirkungen auf den Wettbewerb im Warenhandel unter besonderer Berücksichtigung der Verhältnisse in der Bundesrepublik Deutschland, Diss. Innsbruck 1967, S. 17.

[43] Auf die These, wonach eine gruppenkollektive Verhaltensweise der Großhändler (z. B. Gebietsabgrenzung und gemeinsamer Einkauf der Kettengroßhändler) den Wettbewerb einschränkt, wird in Abschnitt cc) eingegangen.

[44] Vgl. das Vorwort von S. L. Gabriel zu Abbott, Lawrence: Qualität und Wettbewerb, a.a.O., S. V.

[45] z. B. Nieschlag, Diederichs, Kathrein, Gross.

heutigen Handel als charakteristisch angesehen werden kann" (Nieschlag)[46].

Eine exakte Definition des Gruppenwettbewerbs ist in der Literatur nicht anzutreffen, doch machen zahlreiche Ausführungen[47] deutlich, was darunter verstanden wird: Gruppenwettbewerb ist der Kampf organisierter Wirtschaftsgebilde um Marktanteile; er äußert sich u. a. in dem Bemühen dieser Gebilde, ihren auf den Groß- und Einzelhandelsmärkten auftretenden Mitgliedern möglichst viele Wettbewerbsvorteile gegenüber den Mitgliedern anderer Wirtschaftsgebilde zu verschaffen. Der Gruppenwettbewerb wird mit Mitteln der Einkaufskonzentration, Verkaufskonzentration, Funktionsneugliederung, der Organisationsstraffung, Gemeinschaftswerbung u. ä. Aktionsparametern ausgetragen. Die Gruppen streben an, jeweils eine eigene, einheitliche Marketingkonzeption durchzusetzen. Der Preis für die Mitglieder ist die je nach Integratonsgrad der Gruppe mehr oder weniger starke Aufgabe der Eigenständigkeit.

Wenn von Gruppenbildung im Handel gesprochen werden kann, so gilt dies in erster Linie für den Nahrungsmittelhandel. Unsere Marktanteilsberechnungen haben gezeigt, daß die nicht in Gruppen organisierten Handelsbetriebe in den zurückliegenden Jahren ständig an Boden verloren haben; im Jahre 1964 entfielen nur noch 2,3 % vom Umsatz des Nahrungs- und Genußmitteleinzelhandels auf nicht in einer Gruppe organisierte Einzelhändler. Die Vorstellung des Gruppenwettbewerbs im Nahrungsmittelhandel hat daher eine nachdrückliche Relevanz zur Wirtschaftswirklichkeit[48]. Hinweise auf die Intensität des Gruppenwettbewerbs lassen sich aus den Marktanteilsverschiebungen, der Selektionsquote leistungsschwacher Gruppenmitglieder, dem Grad der Nachfragekonzentration sowie den qualitativen Beobachtungen über die Durchsetzung der Marketingkonzeptionen der Gruppen gewinnen.

Der Gruppenwettbewerb sieht die Wettbewerbsvorgänge in einer anderen Optik als die traditionellen Wettbewerbsdefinitionen, die auf den horizontalen Wettbewerb festgelegt sind.

Es wurde vermutet, daß durch Gruppenbildung und Gruppenwettbewerb im Handel eine Einschränkung des horizontalen Wettbewerbs er-

---

[46] Vgl. o. V.: „Was bedeutet Konzentration im Handel?", in Lebensmittel-Zeitung Nr. 31 vom 30. Juli 1965.

[47] Vgl. auch die Ausführungen im 1. Hauptteil dieser Arbeit zur Unternehmenspolitik der einzelnen Gruppen.

[48] Wenn im 1. Hauptteil dieser Untersuchung an verschiedenen Stellen von einer Verschärfung des Wettbewerbs gesprochen wurde, so beruhten diese Feststellungen zum großen Teil auf der Beobachtung der von den Gruppen entfalteten Dynamik, die von einem Gruppenwettbewerb im oben genannten Sinn begleitet war.

folgt, da dem Einzelnen eine wesentliche Voraussetzung des Wettbewerbs, nämlich die völlige Entscheidungsfreiheit bei der Wahl des Marktpartners, genommen sei.

Da sich insbesondere im Zusammenhang mit den Gebietsabsprachen zwischen den Großhändlern der Freiwilligen Ketten eine lebhafte Diskussion um diese Frage entwickelt hat, soll diese Vermutung am Beispiel der Freiwilligen Kette geprüft werden.

Geht man davon aus, daß eine Wettbewerbsbeschränkung des horizontalen Wettbewerbs dann eintritt, wenn der Marktanteil einzelner Wettbewerber bei gleichbleibender Nachfrage so stark ansteigt, daß Marktbeeinflussung möglich wird und oligopolistische oder monopolistische Marktformen entstehen, so läßt sich mit Aengenendt[49] folgendes ausführen:

Es ist richtig, daß die Freiwilligen Ketten und Gruppen im Lebensmittelhandel einen hohen Marktanteil erreicht haben (alle Ketten zusammen rd. 33 % im Jahre 1964, vgl. Tab. 9), doch sind die auf die Ketten entfallenden Marktanteilswerte lediglich Ausdruck für die allgemeine Bedeutung der freiwilligen Zusammenschlüsse im Lebensmittelhandel. Bezüglich des horizontalen Wettbewerbs auf den Teilmärkten haben sie nur indirekten Aussagewert, denn nicht die Ketten konkurrieren um den Absatz auf den Teilmärkten, sondern die Mitgliedsbetriebe der verschiedenen Ketten. Nur zu einem Teil hängt es von der Zugehörigkeit zu einer Kette ab, ob und inwieweit die Mitgliedsbetriebe zu einer oligopolistischen oder monopolistischen Marktbeeinflussung gelangen können, bedeutendere Einflußfaktoren sind z. B. die Standortbedingungen oder das jeweilige Warenangebot. Bei den Ketten besteht innerhalb des Warenangebots keine so ausreichende Produktdifferenzierung oder -spezialisierung, daß sie eine monopolistische Stellung der Mitgliedsgeschäfte begründen könnten; vielmehr handelt es sich bei dem breiten Sortiment im Lebensmittelhandel heute mehr und mehr um ein homogenes Güterangebot, das die ungebundenen Betriebe genau so führen, wie die Ketten. Dasselbe gilt auch für den Gebietsschutz. Gewiß wird der Wettbewerb zwischen den Mitgliedern *einer* Kette ausgeschlossen, innerhalb des gesamten Lebensmittelhandels bleibt indessen der Wettbewerb im Rahmen der jeweiligen Marktbedingungen durchaus bestehen, da Gebietsabsprachen zwischen den Ketten nicht getroffen werden und ihre jeweilige Arbeit sich in fast allen Fällen auf das gesamte Bundesgebiet erstreckt. Man muß bei der Untersuchung dieser Frage von dem Zustand ausgehen, der vor der Gründung der Kette am Markt bestanden hat. Es

---

[49] Aengenendt, Renate: Die freiwilligen Handelsketten in der Bundesrepublik Deutschland. Ihre wirtschaftspolitische und mittelstandspolitische Bedeutung. Abhandlungen zur Mittelstandsforschung Heft Nr. 5, Köln und Opladen 1962, S. 31—33.

ist kaum anzunehmen, daß zwischen den 50 bis 60 Großhändlern vor dem Zusammenschluß zu einer Kette eine sehr durchgreifende Konkurrenzbeziehung geherrscht hat. „Die in der Kette zusammengeschlossenen Großhändler sind schon wegen der oft beträchtlichen Entfernung ihrer Standorte voneinander von Hause aus keine Wettbewerber und waren es auch vor ihrem Zusammenschluß nicht[50].“ Ihre jeweiligen Absatzgebiete waren bestimmt und zugleich begrenzt durch die Transportkosten (einschließlich der Möglichkeiten des Transports leicht verderblicher Waren u. ä.). Überschneidungen der Absatzgebiete konnten sich dann nur an den Randbezirken ergeben. So stand der Großhändler wohl im Wettbewerbskampf mit anderen Großhändlern seines Absatzgebietes, nicht aber mit Großhändlern, die außerhalb dieses Bereiches lagen[51, 52].

Die Gefahr einer monopolistischen Beherrschung der Absatzmärkte durch die Freiwilligen Zusammenschlüsse besteht solange nicht, als zwischen den einzelnen Ketten und Gruppen keine Absprachen getroffen werden, die den Markt beeinflussen könnten[53].

Was hier für die Freiwilligen Ketten gesagt wurde, gilt hinsichtlich der Wirkung auf den Wettbewerb tendenziell auch für die übrigen Gruppen des Lebensmittelhandels, die alle untereinander in Wettbewerb stehen: die Gruppenbildung — und mit ihr der Gruppenwettbewerb — bewirken keine Wettbewerbsbeschränkung auf den Teilmärkten, sondern stimulieren den horizontalen Wettbewerb.

2. Der Einfluß der Nachfragekonzentration auf den Wettbewerb

Die Wirkungen, die von der Nachfragekonzentration auf den Wettbewerb ausgehen, sind in der Literatur unterschiedlich interpretiert worden. Für Sölter ist die Einkaufskonzentration der Nachfragezusammenschlüsse des Handels identisch mit der Bildung „geballter Einkaufs-

---

[50] „Die Mittelstandsempfehlung darf nicht angetastet werden“, in: Lebensmittel-Zeitung, Nr. 5, 3. 2. 1961.

[51] Man rechnet mit etwa 40 km Absatzradius für einen Kettengroßhändler (vgl. Priess, Friedrich: Produktivitätssteigerung durch zwischenbetriebliche Rationalisierung, in: Forschungsstelle für den Handel an der Handelshochschule St. Gallen: Produktivitätssteigerung im Handel, Bern 1960, S. 52).

[52] Aengenendt, Renate: a.a.O., S. 32.

[53] Zu einer ähnlichen positiven Beurteilung der Auswirkungen der Freiwilligen Ketten auf den Wettbewerb wie Aengenendt kommt Ringling, a.a.O., S. 113, 114: „Die Auswirkung der Interessenpolitik auf den Wettbewerb war um so bedeutender, da man gemäß den Zielsetzungen (der Ketten, d. Verf.) den Wettbewerb im Innenbereich der Organisation ausgeschlossen hatte und die ganze Wirtschaftskraft dem Außenwettbewerb zuwenden konnte. Diese Anstrengungen hatten in der Art Erfolg, daß unter dem Einfluß des Kettengroßhandels der angeschlossene Ketteneinzelhandel seine Passivität aufgab und zu einer aktiven Wettbewerbspolitik überging, die ihm gegenüber anderen großbetrieblichen Unternehmensformen eine Existenzsicherung bot.“

macht", die eine Beschränkung des Wettbewerbs im Handel bewirkt[54]. Zu dem Ergebnis, daß die Nachfragezusammenschlüsse und die Nachfragekonzentration den Wettbewerb fördern, kommen Kathrein[55], Nieschlag[56] und Gross[57].

Bei der Diskussion um die Auswirkungen der Nachfragekonzentration auf den Wettbewerb wird häufig auf unterschiedlichen Ebenen argumentiert; die einen meinen den Gruppenwettbewerb, die anderen den horizontalen Wettbewerb. Hierdurch ergeben sich Mißverständnisse.

Wir wollen die Auswirkungen der Nachfragekonzentration zunächst auf den Gruppenwettbewerb und anschließend auf den horizontalen Wettbewerb untersuchen. Den Begriff Gruppe wollen wir umfassend verstehen und in ihn alle empirisch feststellbaren vertikalen Organisationsformen des Handels einbeziehen, in denen sich Nachfragekonzentrationsvorgänge abspielen. Diese Organisationsformen sind in Abb. 1 dargestellt.

Die Nachfragekonzentration ist einer der Aktionsparameter, mit denen Gruppenwettbewerb ausgetragen wird. Alle Gruppen des Nahrungsmittelhandels streben innerhalb ihrer Organisation einen möglichst hohen Grad der Nachfragekonzentration an. Unter Anwendung der ceteris-paribus-Bedingung läßt sich die Hypothese aufstellen, daß derjenigen Handelsgruppe der größte Gruppenwettbewerbsvorteil zuwächst, die den höchsten Grad der Nachfragekonzentration innerhalb ihrer Organisation erreicht hat.

---

[54] „Um Marktmacht zu erringen, geht man nicht irgendwelche ‚Beschränkungen' auf der Nachfrageseite ein, sondern man wählt die weit einfachere und wirksamere Methode des gemeinsamen Bezuges zur Erreichung eines nachhaltigen Preis- und Konditionendrucks auf die Angebotsseite." Sölter, Arno: Nachfragemacht und Wettbewerbsordnung, a.a.O., S. 41.

[55] „Konzentration der Aufträge und des Einkaufs hat den ... eindeutig betriebswirtschaftlichen Zweck der Rationalisierung und damit der Kostensenkung. Rationalisierung und Kostensenkung sind wesentliche Voraussetzungen modernen Wirtschaftens in dreierlei Hinsicht: Zur Verbesserung der Handelsleistung in den einzelnen Handelsbetrieben; damit zugleich zur Verbesserung der Wettbewerbsfähigkeit mit anderen Handelsbetrieben; hierdurch notwendigerweise zur Verbesserung und Verbilligung der Konsumentenversorgung, dem letzten und obersten Gradmesser jeder Wirtschaftsleistung innerhalb einer Gesamtwirtschaft." Kathrein, Oswald, a.a.O., S. 12.

[56] „Die Gruppe im Handel als Käufer von industriellen Erzeugnissen wirkt wettbewerbsfördernd; sie übt einen Druck auf die Preise aus; sie wirkt im Sinne des marktwirtschaftlichen Systems." Nieschlag, Robert: „Die Nachfragemacht der Handelsgruppen", in: Blick durch die Wirtschaft vom 21. Sept. 1960.

[57] „Die Ballung (der Nachfrage, d. Verf.) erfolgt zwecks Stärkung der Wettbewerbskraft im Kampf um den Verbraucher." Und an anderer Stelle: „Zwar sucht die Kette bzw. Genossenschaft ihre Mitglieder zu einem Höchstgrade der Einkaufskonzentration zu veranlassen. Das Motiv aber ist nicht die Ausschaltung, sondern die Verstärkung des Wettbewerbs." Gross, Herbert: Neue Ideen in der Wirtschaft, Düsseldorf 1960, S. 213 und 214.

Die empirischen Ausführungen haben deutlich werden lassen, daß das Mittel der Nachfragekonzentration nicht nur eines unter vielen ist, das den Gruppen im Kampf um Marktanteile zur Verfügung steht, sondern gleichzeitig das wirkungsvollste.

Mit der Durchsetzung einer hohen Nachfragekonzentration innerhalb einer Gruppe werden gleichzeitig mehrere Effekte erzielt: Es erfolgt eine Rationalisierung des Bestell-, Lager- und Rechnungswesens bei den Gruppenmitgliedern; aus dem Warenweg können Zwischenhändler ausgeschaltet werden; das von den Einzelhandelsmitgliedern geführte jeweilige Lebensmittelsortiment erfährt eine Angleichung, was i. d. R. dem Gruppeninteresse dient[58]; darüber hinaus kommen die zentralen Einkaufsorgane der Gruppen in den Genuß von beachtlichen Mengenrabatten und günstigen Zahlungsbedingungen auf den Beschaffungsmärkten.

Diese Effekte bedeuten eine Steigerung der „innerbetrieblichen" Leistungsfähigkeit einer Gruppe, eine Verbesserung ihrer Wettbewerbssituation gegenüber anderen marktanteilsmäßig gleichstarken Gruppen mit geringerem gruppeninternen Einkaufskonzentrationsgrad sowie eine Verstärkung ihrer Verhandlungsposition auf den Beschaffungsmärkten.

Die Vorteile, die der einzelnen Gruppe durch Einsatz des Mittels der Nachfragekonzentration entstehen können, dürften unbestritten sein[59]. Die Frage ist zu beantworten, wie sich diese Vorteile auf die Intensität des Gruppenwettbewerbs auswirken. Auf dem Lebensmittelsektor gibt es nach unseren Ermittlungen rd. 42[60] Handelsgruppen, die miteinander auf nationaler Ebene in Konkurrenz liegen. Hinzu kommt eine Reihe weiterer Gruppen, die auf regionaler Ebene um Marktanteile kämpfen. Die Unternehmenspolitik aller Gruppen ist auf eine Erhöhung des gruppeninternen Nachfragekonzentrationsgrades gerichtet. Verschiedene

---

[58] „Die Rationalisierung des Einkaufes geht Hand in Hand mit einer entsprechenden Sortimentspolitik, zumal die Ausschaltung von Ladenhütern eine Verbesserung der Auftragsmenge im Einkaufssektor herbeiführt. Gleichzeitig kann durch eine bewußt verfolgte Auftragskonzentration in der Form, daß der Einzelhändler zu bestimmten Zeiten größere Bestellungen erteilt, eine Verbesserung seiner Marktstellung erreicht werden." Kalussis, Demetre: Betriebslehre des Einzelhandels, Köln und Opladen 1960, S. 104/105.

[59] Im Zusammenhang mit den Großbetriebsformen des Handels (Warenhäuser, Filialunternehmungen) wurden sie schon in der älteren Handelsliteratur beschrieben (Seyffert, Schäfer, Hellauer, Kalussis, Hirsch, Ruberg). Die neuerliche Beschäftigung mit diesem Fragenkomplex resultiert vor allem aus dem Aufkommen anderer großbetrieblicher Unternehmens- und Kooperationsformen, welche die gleichen Vorteile anstreben, aber „wegen ihres Ausmaßes, ihres Einflusses auf die vorgelagerte Industrie und wegen ihrer spezifischen Organisationsweise zu einem volkswirtschaftlichen Phänomen und Problem erster Ordnung geworden sind". Sölter, Arno, a.a.O., S. 8 und ders.: Nachfragemacht und Gegengewichtsprinzip, a.a.O., S. 338.

[60] Vgl. das Zustandekommen dieser Zahl anhand der Bemerkungen in Abschnitt 2, S. 40 f.

Gruppen streben dieses Ziel (mit allen Nebenwirkungen) rigoros an. Einzelhändler, die eine bestimmte Mindestauftragsgröße nicht zusammenbringen, werden aus der Organisation eliminiert. Weniger leistungsfähige Großhändler zwingt man, mit anderen Großhändlern der Gruppe zu fusionieren. Unter Einsatz bedeutender Kapitalmittel werden die Einzelhandelsgeschäfte modernisiert und mechanisiert[61], die Großhandlungen mit den modernsten Mitteln der Technik (Transportgeräte in der Lagerhaltung, Einsatz von Computern im Rechnungswesen) versehen, die Gruppenzentralen sind von hochqualifizierten Fachleuten, Vertretern des modernen Managements, geführt.

Es läßt sich einwenden, daß die meisten Gruppen gegenwärtig das soeben angedeutete Niveau noch nicht erreicht haben, manche von ihnen sogar erst im Stadium erster Formierung stecken. Doch ändert dieser Einwand nichts an der Richtung, in der sich die Vorgänge innerhalb der Organisationsgebilde bewegen, nämlich in Richtung auf durchrationalisierte vertikale Großorganisationen mit jeweils einheitlicher Marketingkonzeption. Bei diesem Rennen (= Gruppenwettbewerb) orientiert sich die rückständige Gruppe stets an der fortschrittlichsten, sie sucht diese z. T. zu kopieren, z. T. geht sie neue Wege mit dem Ziel, deren Wettbewerbsvorsprünge aufzuholen. In diesem Sinne herrscht in der Bundesrepublik ein scharfer Wettbewerb zwischen den Gruppen, als dessen wesentliche Triebfeder wir den Einsatz des wettbewerbspolitischen Aktionsparameters „Nachfragekonzentrierung“ ansehen.

Die Auswirkungen der Nachfragekonzentration auf den horizontalen Wettbewerb (im Großhandel und Einzelhandel) herauszuarbeiten, ist schwieriger. Die Schwierigkeiten resultieren einmal aus der Existenz zahlreicher und vielgestaltiger Teilmärkte im Nahrungsmittelgroß- und -einzelhandel, wobei eine Systematisierung bisher nicht gelungen ist, zum anderen aber aus dem Mangel an einer anerkannten und wirklichkeitsbezogenen Theorie über die Determinanten der unternehmerischen Verhaltensweisen auf diesen Märkten.

Um die Zusammenhänge halbwegs transparent zu machen, müssen wir zunächst wieder Gesamtmärkte im Nahrungsmitteleinzelhandel und im Nahrungsmittelgroßhandel unterstellen. Nach unseren Berechnungen entfallen im Einzelhandel nur noch gut 2 %, im Großhandel ca. 20 % der Gesamtumsätze auf nicht organisierte Unternehmungen. Das bedeutet aber, daß auf den meisten Teilmärkten Unternehmungen vorhanden sein

---

[61] Der Lebensmitteleinzelhandel der Bundesrepublik steht heute mit dem Umfang der Selbstbedienung an führender Stelle in Europa. Ende 1966 betrug die Zahl der westdeutschen SB-Läden 72 241, über die ein Umsatz von 27 Mrd. DM abgewickelt wurde. Um dieses Umsatzvolumen in Nichtselbstbedienungsläden zu bewältigen, wären rd. 100 000 Personen mehr an Verkaufspersonal erforderlich gewesen. Vgl. o. V. „Mit Selbstbedienung in Europa führend“, in: FAZ vom 12. 4. 1967.

müssen, die Mitglied von vertikalen Handelsgruppen sind. Im Einzelhandel ist dies überwiegend der Fall, im Großhandel in einem beachtlichen Umfang. Da die Verhaltensweise der Gruppenmitglieder von der Unternehmenspolitik der Gruppe beeinflußt wird, gehen die Auswirkungen der Gruppenpolitik auch auf die Teilmärkte ein. Je nach Integrations- und Entwicklungsstand hat die Marketingkonzeption der Gruppe einen stärkeren oder schwächeren Einfluß auf die Verhaltensweise ihrer auf den Teilmärkten in Wettbewerb stehenden Mitglieder. Wie bereits gesagt wurde, fordern manche Gruppen von ihren Einzelhandelsmitgliedern Mindestumsätze und Mindestauftragsgrößen, widrigenfalls sie aus der Gruppe ausgeschlossen werden. Einem ähnlichen Zwang unterliegen die Großhändler.

Durch diese „harte" Politik wird die Wettbewerbsaktivität auf den Teilmärkten angeregt. Die Nachfragekonzentration ist das wichtigste Mittel der Gruppen, ihre Organisation in der Weise zu straffen, daß auf die Verhaltensweise der Groß- und Einzelhändler eingewirkt werden kann; dieses Mittel hat damit einen indirekten und positiven Einfluß auf den Wettbewerb, der sich auf den horizontalen Teilmärkten des Nahrungsmittelhandels abspielt. Zu den indirekten Einflüssen kommen die betriebswirtschaftlichen Auswirkungen der Nachfragekonzentration im Einzelbetrieb selbst. Die mit der Konzentration der Aufträge und des Einkaufs verbundene Rationalisierung (und Kostensenkung) ist gleichbedeutend mit einer Verbesserung der Wettbewerbsfähigkeit dieses Betriebes. Da alle in Gruppen organisierten Betriebe die Vorteile der Einkaufskonzentrierung wahrzunehmen versuchen, gehen von diesem Bemühen ebenfalls positive Effekte auf die Intensität des horizontalen Wettbewerbs auf den Teilmärkten aus.

II. Auswirkungen auf die Gestaltung des Machtverhältnisses zwischen Produktionsstufe und Handel

Die Auswirkungen der Konzentration im Handel auf die vorgelagerte Produktionsstufe sind in den Jahren seit 1950 Gegenstand wirtschaftspolitischer Kontroversen gewesen. Insbesondere im Anschluß an das von J. K. Galbraith vorgelegte „Concept of Countervailing Power"[1] hat sich eine ausführliche Diskussion um das Problem der „Nachfragemacht" entwickelt. Während Galbraith Nachfragemacht als durchaus positiv beurteilt, soweit sie als Gegenreaktion auf Vermachtungen der Angebots-

---

[1] Galbraith, John Kenneth: American Capitalism. The Concept of Countervailing Power, Boston 1952. Deutsche Übersetzung: Der amerikanische Kapitalismus im Gleichgewicht der Wirtschaftskräfte, Stuttgart 1956.

seite wirksam wird[2], hat A. Sölter ihre negativen Auswirkungen für die westdeutsche Industrie herauszustellen versucht.

Sowohl Galbraith als auch Sölter sind heftig kritisiert worden. Wir wollen im folgenden die Problematik in der Nahrungsmittelwirtschaft aufrollen und den Auswirkungen der Nachfragekonzentration auf das Machtverhältnis zwischen Produktionsstufe und Nahrungsmittelhandel nachgehen.

1. Die Machtverhältnisse in der Nahrungsmittelwirtschaft

a) Wirtschaftliche Macht und Nachfragemacht

Trotz zahlreicher Versuche, das Phänomen der wirtschaftlichen Macht zu beschreiben, haben die Wirtschaftswissenschaften bis zur Gegenwart keine Definition dieser Erscheinung erarbeitet, die in eindeutiger Weise zum Ausdruck bringt, was unter „ökonomischer Macht" zu verstehen ist, die folglich allgemeine Anerkennung gefunden hätte[3].

Mehrere Gründe mögen hierfür verantwortlich sein: Einmal ist die Existenz von Macht nur selten ausschließlich auf den ökonomischen Bereich beschränkt. Daraus erklärt sich, daß die bisherigen Ansätze zur Erfassung des Machtphänomens weitgehend von Repräsentanten anderer Wissenschaftsdisziplinen (Soziologie, Jurisprudenz, Psychologie) ausgegangen sind, während die Definitionsversuche der Wirtschaftswissenschaftler zum Teil in Anlehnung an diese Ansätze formuliert wurden[4], zum anderen findet die wirtschaftliche Macht in den Modellen der ökonomischen Theorie Eingang als Datum bzw. als erklärendes Element, ohne selbst erklärt zu sein. Darüber hinaus wurden verschiedene Machtdefinitionen im Hinblick auf ihre instrumentale Zweckmäßigkeit zur gedanklichen Bewältigung bestimmter Machtvorstellungen entwickelt[5], wobei die Definitionsbestandteile am speziellen Problemobjekt ausgerichtet sind, sich daher nicht notwendigerweise mit denjenigen decken, die für einen wirtschaftswissenschaftlichen Machtbegriff als zwingend erforderlich gehalten werden. In der jüngeren Vergangenheit haben sich insbesondere Sambach, Seraphim und Andreae mit dem Problem der

---

[2] Galbraith bezieht seine Aussagen auf die amerikanischen Verhältnisse.

[3] Vgl. die Ausführungen über die ökonomische Macht bei Sambach, Eckhard: Untersuchungen zum Problem der wirtschaftlichen Macht. Diss., Frankfurt a. M. 1960.

[4] Dies gilt nach Sambach, a.a.O., S. 173 für Jöhr, Preiser, Machlup und von Mises.

[5] Max Weber untersucht z. B. an ihnen die Herrschaftstypen, Le Bon die psychologischen Faktoren, Preiser geht es um den Einfluß der Besitzverteilung auf die funktionelle Einkommensverteilung, Vierkandt um den sittlichen Gehalt der Macht usw. Vgl. Sambach, a.a.O., S. 191.

wirtschaftlichen Macht beschäftigt. Sambach definiert das Machtphänomen im ökonomischen Bereich wie folgt: „Wirtschaftliche Macht in einer bestimmten Situation ist eine Erscheinung, die auf der unterschiedlichen Stärke der Machtpositionen verschiedener Wirtschaftseinheiten beruht und zu einer relativen Verengung des ökonomischen Waltbereichs einer oder mehrerer Wirtschaftseinheiten führt, wobei die unterschiedlichen Stärken der Machtpositionen ihrerseits wieder auf unterschiedliche Werte der in der betrachteten Situation relevanten objektiven und/oder subjektiven Faktoren zurückzuführen sind[6]."

Diese Definition geht von der Vorstellung aus, daß jede Wirtschaftseinheit eine Machtposition von einer gewissen Stärke oder Schwäche hat, wobei diese Machtposition im Vergleich zur Machtposition anderer Wirtschaftseinheiten gleich oder verschieden stark sein kann. Bei Gleichheit der Machtposition verschiedener Wirtschaftseinheiten sind ökonomische Machterscheinungen zwischen diesen Wirtschaftseinheiten ausgeschlossen. Die Stärkeintensität einer Machtposition wird bestimmt durch objektive und subjektive Machtfaktoren. Die objektiven Machtfaktoren teilt Sambach in ökonomische und metaökonomische Machtfaktoren ein, wobei unter metaökonomischen Machtfaktoren solche normativer, soziologischer, klimatischer, geologischer u. ä. Art zu verstehen sind. Ökonomische Machtfaktoren sind z. B. Preise, Produktionsmengen (Marktanteile), Einkommen, Bestände, Besitz knapper Güter, Vermögen, Produktionsmittel, liquide Mittel usw. Die Vielfalt der ökonomischen Machtfaktoren gestattet es nicht, eine vollständige Aufstellung zu geben. Eine Wirschaftseinheit, die ceteris paribus ein höheres Einkommen oder einen größeren Marktanteil hat als eine andere, ist ökonomisch mächtiger.

Seraphim kommt zu dem Ergebnis, daß Marktmacht die Fähigkeit ist, durch Vorzugspositionen auf dem Markt anderen den eigenen Willen im Marktgeschehen aufzuzwingen[7].

Ähnlich definiert Andreae[8]: „Will man zu einer Definition der wirtschaftlichen Macht kommen, so wird man sagen müssen, daß sie — unabhängig von der Verwendung bestimmter Mittel — die Fähigkeit eines Wirtschaftssubjektes beinhaltet, den eigenen Willen zum Nachteil anderer Marktteilnehmer durchzusetzen. Ihre Ausübung stellt also eine Beeinflussung, Einengung oder gar Aufhebung der Dispositionsfreiheit bzw. Dispositionsmöglichkeit eines grundsätzlich gleichberechtigten Part-

---

[6] Vgl. Sambach, Eckhard, a.a.O., S. 58.

[7] Seraphim, H. J.: „Machtkonzentrationen in der Marktwirtschaft und die Verwirklichung des Wettbewerbs", in: Zeitschrift für Nationalökonomie, Bd. XVI, Wien 1956, S. 37.

[8] Andreae, Clemens August, Glahe, Werner: Das Gegengewichtsprinzip in der Wirtschaftsordnung (I), FIW-Schriftenreihe Heft 33, Köln - Berlin - Bonn - München 1966, S. 41.

ners dar, durch die der Anteil des Machtausübenden am Sozialprodukt auf Kosten des Machtunterlegenen erhöht wird."

Neben der wirtschaftlichen Macht unterscheidet Andreae den Begriff der Marktmacht, die für ihn wirtschaftliche Macht im engsten Sinn darstellt. Marktmacht wird „meist mit Marktbeherrschung gleichgesetzt, die ihrerseits wiederum durch den sogenannten Marktanteil bzw. durch den sogenannten Monopolisierungsgrad ausgedrückt wird"[9].

Was hier generell zur ökonomischen Macht gesagt wurde, läßt sich ohne Schwierigkeiten auf die Angebotsmacht und die Nachfragemacht, also im Hinblick auf die Machtverteilung zwischen zwei korrespondierenden Wirtschaftsstufen, anwenden. Gelingt es z. B. einem Handelsunternehmen, auf Grund seiner Verhandlungsstärke den „ökonomischen Waltbereich"[10] einer Industrieunternehmung zu verengen, so liegt Ausübung von Nachfragemacht vor[11]. Umgekehrt liegt Ausübung von Angebotsmacht vor, wenn es einer Industrieunternehmung gelingt, den Spielraum der wirtschaftlichen Dispositionsmöglichkeiten einer Handelsunternehmung gegen deren Willen einzuengen.

Als wesentliches Element zur Schaffung von Angebots- oder Nachfragemacht ist die relative Größe (Marktanteil) zu betrachten, die von der betreffenden Unternehmung auf den einzelnen Produktmärkten, den relevanten Märkten[12], eingenommen wird. Daneben resultiert Angebots- oder Nachfragemacht aus der absoluten Größe der betreffenden Unternehmung.

Der „relevante Markt" bezieht sich ausschließlich auf ein bestimmtes Gut, das sich von anderen Gütern hinsichtlich technischer und formaler Merkmale, aber auch hinsichtlich der Substitutionsmöglichkeiten von anderen Gütern unterscheidet[13]. Erst die genaue Kenntnis des relevanten Marktes macht die Messung von Angebots- oder Nachfragemacht möglich.

---

[9] Andreae, C. A., a.a.O., S. 53.

[10] Unter „ökonomischem Waltbereich" versteht Sambach in Anlehnung an Stützel den Spielraum der wirtschaftlichen Dispositionsmöglichkeiten einer Wirtschaftseinheit. Vgl. Stützel, Wolfgang: Analytische Theorie des Verhältnisses der Wirtschaft zum Staat, Diss., Tübingen 1952, S. 24 ff.

[11] Für Heeren ist Nachfragemacht ein spezieller Teil der Marktmacht. Sie läßt sich definieren als „die Fähigkeit, durch Vorzugspositionen auf dem Markt den Anbietern mehr oder weniger den eigenen Willen aufzuzwingen". Vgl. Heeren, Enno: Die Konzentration wirtschaftlicher Macht auf der Nachfrageseite, Diss. Kiel 1958, S. 33.

[12] Als relevanter Markt für eine marktsoziologische Untersuchung hat deshalb in der Regel der effektiv bestehende Markt zu gelten, der durch die Anbieter- und Abnehmerkreise repräsentiert wird, zwischen denen laufende oder wenigstens sporadische Absatzkontakte bestehen. Vgl. Geisbüsch, Georg, a.a.O., S. 20.

[13] Vgl. Andreae, C. A., a.a.O., S. 53.

aa) Die Angebotsmacht der Ernährungsindustrie

Bei dem Versuch, die Angebotsmacht der Ernährungsindustrie im obigen Sinn zu quantifizieren, stößt man auf eine Reihe von Schwierigkeiten. Sie resultieren einmal daraus, daß der relevante Markt nur in den seltensten Fällen exakt determiniert werden kann, zum anderen aus dem Mangel an einem eindeutigen Kriterium zur Messung der Machtverhältnisse. Hinzu kommt eine dritte Schwierigkeit: Der relevante Markt ist keine statische, sondern eine dynamische Institution. Selbst in den Fällen, in denen es gelingt, den relevanten Markt zeitpunktbezogen zu erklären, sind die hierauf aufbauenden Schlußfolgerungen auf die Machtverhältnisse möglicherweise nur von eingeschränkter Aussagekraft, da sich die Machtkonstellationen im Zeitablauf rasch ändern können. „Technischer Fortschritt, Vergrößerung der Absatzmärkte, Intensivierung des Wettbewerbs, schnellere Kommunikations- und Transportmöglichkeiten sowie sich ständig verändernde Verbrauchergewohnheiten können den Markt eines bestimmten Gutes von heute auf morgen ändern. Jede Veränderung bringt notwendigerweise eine Verschiebung der Machtverhältnisse mit sich[14].“ Die teils quantifizierbaren, teils nur schätzbaren, wesentlichen Einflußgrößen auf die Machtverhältnisse und damit auch die wichtigsten Kriterien zu ihrer Messung sind die Intensität des Wettbewerbes, die Anzahl der Marktteilnehmer, die räumliche Abgrenzung des Marktes, die Größe des Marktanteils, die konjunkturelle Lage, Angebots- und Nachfrageüberhang, die Möglichkeiten des Marktzuganges, die Elastizitäten des Angebotes und der Nachfrage, das Verhalten der Wettbewerber, die Stärke der gegengewichtigen Marktmacht[15].

Der Versuch einer Determinierung des relevanten Marktes wird von dem empirisch orientierten Wirtschaftspolitiker bzw. -praktiker nicht gemacht. Von allen eben angeführten Einflußfaktoren verwendet er i. d. R. nur die Zahl der Betriebe und die Marktanteile. Da Vollkommenheit nicht zu erreichen ist, selbst wenn die übrigen Einflußgrößen quantifizierbar wären, hält sich die Praxis in ihrem Bedarf an pragmatischen Maßstäben an diese beiden Orientierungsgrößen. Dieser Weg wurde auch von uns im 1. Hauptteil eingeschlagen, um — soweit erkennbar — die Konzentration des Angebotes in der Ernährungsindustrie festzustellen. Die übrigen Einflußfaktoren können meistens nur in qualitativen Aussagen des Beobachters Berücksichtigung finden.

Wenn man die Marktanteilsbetrachtung — mit allen ihren Mängeln und Einschränkungen — als Kriterium für die Existenz von Angebots-

---

[14] Andreae, C. A., a.a.O., S. 54.

[15] Vgl. Andreae, C. A., a.a.O., S. 55.

macht auf den Produktmärkten der Ernährungsindustrie gelten läßt, so führen unsere empirischen Beobachtungen[16] zu der folgenden Aussage:

Angebotsmacht ist in *starkem* Maße existent auf den Produktmärkten für Margarine, für Erzeugnisse der Ölmühlenindustrie, für seegesalzene und seegefrostete Ware, für Erzeugnisse der Suppenindustrie, auf den Produktmärkten für Dauermilch-, Kaffee-, Tee-, Schokolade- und Kakaoerzeugnisse, Kartoffelerzeugnisse, Kinderkost, Fertiggerichte, Back- und Puddingpulver, bei Bier, Sekt und Spirituosen, bei Erzeugnissen der Fleischwarenindustrie, bei Zucker, Mehl, Knäckebrot, Orangensäften, Eiskrem und Erzeugnissen der Marken-Spirituosenindustrie. Die angebotsmächtigen Unternehmungen auf diesen Märkten haben ihre Macht in den meisten Fällen seit Kriegsende ständig vermehrt. Ihre Marktanteile sind zu Lasten der kleineren Unternehmungen ständig größer geworden.

Die obige Aufzählung der Produktmärkte, auf denen nach unserer Auffassung in starkem Maße Angebotsmacht existent ist, ist nicht vollzählig. Vermutlich könnte sie um ein gutes Stück verlängert (oder auch verkürzt!) werden. Dies hängt von der Höhe des Marktanteils ab, die man als Kriterium für die Existenz von Angebotsmacht ansetzt. Wir wollen diesen problematischen Versucht nicht unternehmen, sondern uns mit Aussagen begnügen, die Tendenzcharakter haben.

Festzuhalten ist, daß in diesem Abschnitt lediglich die Existenz — nicht die positive oder mißbräuchliche Anwendung — von Angebotsmacht in der Ernährungsindustrie herausgestellt wurde.

bb) Die Angebotsmacht der Landwirtschaft

Die generellen Einwendungen, die zu dem Quantifizierungsversuch der Angebotsmacht der Ernährungsindustrie erhoben wurden, gelten gleichfalls für die Messung der landwirtschaftlichen Angebotsmacht. Auch hier gelingt es nicht, den relevanten Markt zu determinieren, auch hier liegen keine statischen, sondern dynamische Märkte mit wandelbaren Machtkonstellationen vor.

Uns interessiert die Existenz von landwirtschaftlicher Angebotsmacht, die gegenüber dem funktionellen Nahrungsmittelsortimentshandel wirksam werden kann[17]. Der Versuch, mit Hilfe der Marktanteils-

[16] Vgl. Abschnitt a), S. 26 f. Zu beachten gilt, daß die hier angegebenen Marktanteile sich verschiedentlich auf die Inlandsproduktion beziehen. Diese Werte sind naturgemäß weniger aussagefähig als solche, die sich auf die gesamten Inlandskäufe beziehen, da diese auch die Marktstellung unter Berücksichtigung des Auslandsangebots zum Ausdruck bringen.

[17] Wir klammern also die Angebotsmacht aus, deren Gebrauch sich gegen die Ernährungsindustrie richten könnte.

betrachtung wie bei der Ernährungsindustrie zu Tendenzaussagen zu kommen, scheitert bei den meisten Produkten, weil solche Berechnungen nur vereinzelt durchgeführt wurden. Ganz allgemein läßt sich sagen, daß die deutsche Landwirtschaft über wenig Angebotsmacht verfügt. Speziell im Hinblick auf die relevanten Märkte, die von deutschen landwirtschaftlichen Anbietern und den Konzentrationsorganen der Handelsgruppen gebildet werden, verfügt die Landwirtschaft über keine Angebotsmacht. Dies ist im wesentlichen eine Folge der dezentralisierten deutschen Erzeugungsstruktur, auf Grund derer es nicht gelingt, die Nachfrage der Großabnehmer des Handels zu befriedigen, und eine Folge der günstigen Auslandsangebote. Wie die Aufstellung auf Seite 37 zeigt, spielt der Anteil der ausländischen landwirtschaftlichen Produkte bei den Betriebsformen des organisierten Nahrungsmittelhandels eine dominierende Rolle.

Unsere empirischen Nachforschungen haben ergeben[18], daß in der jüngsten Vergangenheit einige Fortschritte in der Bildung landwirtschaftlicher Angebotskonzentration gemacht wurden. Das gilt insbesondere für die Märkte folgender Produkte: Jungmastgeflügel, teilweise Schlachtvieh und Fleisch, Eier, Schnittkäse, Kartoffeln und, sehr schwach, Obst. Von der Herausbildung einer Angebotsmacht kann allerdings kaum gesprochen werden.

cc) Die Nachfragemacht des Nahrungsmittelhandels

Die Nachfragekonzentrierung ist das wichtigste unternehmenspolitische Mittel, Nachfragemacht zu bilden. Als Nachfragemacht hatten wir — im Hinblick auf unsere Thematik — die Fähigkeit eines Handelsbetriebes bezeichnet, den ökonomischen Waltbereich einer Industrieunternehmung gegen deren Willen zu verengen, also im negativen Sinn den Spielraum ihrer wirtschaftlichen Dispositionsmöglichkeiten zu beeinflussen.

Die Probleme der Messung der Nachfragemacht des Nahrungsmittelhandels sind im Prinzip die gleichen wie diejenigen der Quantifizierung der Angebotsmacht in der Ernährungsindustrie: die Determinierung des relevanten Marktes, das Fehlen eines eindeutigen Kriteriums zu ihrer Messung und die Berücksichtigung des relevanten Marktes als einer dynamischen Institution. Hinzu kommen noch die Schwierigkeiten, die aus dem Warensortiment resultieren. Eine modern geführte Großhandlung des Nahrungs- und Genußmittelsortimentshandels (Vollsortimenter) führt heute bis zu 5 000 Artikel. Für jeden dieser Artikel existiert ein relevanter Markt, für jeden Artikel eine andere Angebots- und Nachfragemachtkonstellation.

---

[18] Vgl. Abschnitt b), S. 36 f.

Die Wirtschaftspraxis mußte auch hier wieder versimplifizieren und einen pragmatischen Lösungsweg finden. Da die Ermittlung der Nachfragemacht auf den relevanten Märkten nicht möglich ist, orientieren sich die empirisch arbeitenden Wirtschaftspolitiker und -praktiker am Gesamtmarkt und an den Marktanteilen. Diese Ersatzkriterien mußten auch wir anwenden, um zu quantitativen Aussagen über die Nachfragekonzentration, die Marktanteilsverteilung und schließlich die Nachfragemacht im funktionellen Nahrungs- und Genußmittelhandel zu kommen. Akzeptiert man diese Kriterien mit allen ihren Mängeln und Einschränkungen als Orientierungsgrößen für die Existenz von Nachfragemacht im funktionellen Nahrungs- und Genußmittelhandel, so gestatten unsere empirischen Beobachtungen und unsere Berechnungen folgende generelle Aussage:

Nachfragemacht ist heute in *beachtlichem* Maße existent im funktionellen Nahrungsmittelsortimentshandel. Die Bildung von Nachfragemacht hat insbesondere im letzten anderthalb Jahrzehnt gleichzeitig mit den Konzentrations-, Kooperations- und Integrationsvorgängen im Nahrungsmittelhandel — und bedingt durch diese Vorgänge — zugenommen. Zu der Nachfragemacht, die früher in Gestalt einiger weniger großbetrieblicher Unternehmungsformen existent war, ist in den letzten Jahren Nachfragemacht getreten, hinter der andere Organisationsformen stehen. Wie die 42 auf der Zentralgroßhandelsstufe tätigen Organe der vertikalen Handelsgruppen zeigen, tritt diese Macht nicht als Einheit auf, vielmehr stehen die Machtträger untereinander in Konkurrenz.

2. Die Wirkungen der Nachfragemacht

Bisher beschäftigten wir uns mit der wertneutralen Existenz von Angebots- und Nachfragemacht.

Wir müssen uns nun mit den Wirkungen befassen, die von der Nachfragemacht ausgehen können und — soweit ersichtlich — bisher auf die Produktionsstufe der Nahrungsmittelwirtschaft ausgegangen sind.

Da unser letztes Ziel eine wirtschaftspolitische Beurteilung der Nachfragekonzentration ist, wollen wir zuvor auf die Beziehung zwischen Nachfragemacht und Nachfragekonzentration hinweisen: Wenn man den Begriff der Nachfragekonzentration nicht im Sinne der Aktion auffaßt, also der Einkaufskonzentrierung, sondern im Sinne des Ergebnisses dieser Aktion, also der Nachfrage, die dem Angebot in geballter Form gegenübertritt, so verkörpert Nachfragekonzentration weitgehend Nachfragemacht. Bei den folgenden Aussagen über die Nachfragemacht soll uns diese Beziehung bewußt bleiben.

a) Einige theoretische Erklärungsversuche

Den Handelsgruppen wurde von Seiten der Industrie vorgeworfen, sie hätten sich zu starken Machtfaktoren entwickelt und würden ihre starke Stellung gegenüber ihren Marktpartnern auf der Angebotsseite ausnutzen. Die sich im Anschluß an diesen Vorwurf in der deutschen Literatur entwickelnde Diskussion um das Problem der Nachfragemacht wurde fast ausschließlich von Interessenvertretern ausgetragen, wozu — wie Aengenendt[19] ausführt — die verschiedensten Theorien über den Wettbewerb, ältere und neuere Marktformenlehren sowie praktisch-empirische Überlegungen herangezogen wurden, so daß sich das Bild der tatsächlichen Marktstruktur immer mehr verzerrte. Wir können im folgenden nicht auf alle vorgebrachten Argumente, Meinungen und Fehlmeinungen eingehen, die in diesem Interessenstreit hervorgebracht wurden. Dazu ist die Problematik auch zu vielschichtig. Wir wollen aber in aller Kürze die maßgeblichen Theorien über die Nachfragemacht skizzieren, um den Hintergrund für unsere eigene wirtschaftspolitische Beurteilung aufzuhellen.

Galbraith sucht nach einer Erklärung für die Tatsache, daß die kapitalistische Wirtschaft in den USA funktioniert, obwohl wirtschaftliche Machtgebilde entstanden sind, die weite Bereiche der Wirtschaft beherrschen. Nach dem traditionellen wettbewerbstheoretischen Konkurrenzmodell müßten diese Machtpositionen zur Ausbeutung führen. Galbraith findet die Erklärung in dem Phänomen der Bildung von Gegenmacht, die er als countervailing power bezeichnet. Diese entsteht auf der Gegenseite derjenigen Marktseite, auf der sich Konzentrationsprozesse und damit Machtbildungen abspielen. Vereinfachend läßt sich die Erklärungskonzeption Galbraith's mit folgendem Satz umreißen: Der private Wirtschaftseinfluß wird durch die Gegenkraft jener im Zaume gehalten, die ihm unterworfen sind. Erstere zeugt letztere[20].

Im Hinblick auf die Nachfragemachtbildung im Handel führt Galbraith aus, daß der Kleinhändler, angeregt durch sein Bedürfnis, sich sowohl zu schützen, wie auch um höhere Profite zu erzielen, eine Gegenkraft entwickelt, sobald sein Lieferant über einen starken Markteinfluß verfügt. Dies habe sich im Laufe der letzten 50 Jahre an dem sichtlichen Aufstieg der Kettenläden, der Versandhäuser, der Filialwarenhäuser und der Einkaufsgenossenschaften gezeigt. Nach seinen Beobachtungen hat sich die Marktmacht auf der Handelsseite in den USA schon so stark entwickelt, daß die meisten Machtpositionen der Konsumgüterproduzenten dadurch aufgewogen werden.

---

[19] Aengenendt, Renate, a.a.O., S. 38.

[20] Vgl. Galbraith, J. K.: Der amerikanische Kapitalismus im Gleichgewicht der Wirtschaftskräfte, a.a.O., S. 127.

Die Gegenkraft (= deutsche Übersetzung von countervailing power) wird von Galbraith positiv beurteilt, da sie die ursprüngliche Marktmacht weitgehend neutralisiert und damit — nach seiner Ansicht — ähnliche gesamtwirtschaftliche Funktionen erfüllt wie der Wettbewerb.

Sölter sieht in der Nachfragemacht eine ernste Bedrohung für die Angebotsseite. Er fordert aber nicht ihre Zerschlagung, sondern die staatliche Föderung von „Gegenkraft" auf der Anbieterseite[21], die sich insofern in einer mißlichen Lage befinde, als es im Käufermarkt und in ausgeglichener Marktlage keine Ausbeutung (Übermachtbildung) geben könne und im Verkäufermarkt nach den Vorschriften des GWB nicht geben dürfe.

Das vertikale Spannungsverhältnis zwischen Angebots- und Nachfrageseite nennt Sölter Stufenwettbewerb. „Wir sprechen von einem ‚vollständigen Stufenwettbewerb', wenn beide Marktseiten über die gleiche oder die annähernd gleiche Marktmacht verfügen. Wenn dagegen eine Marktseite über einen wesentlich höheren Monopolisierungsgrad als die andere verfügt, bezeichnen wir den entstehenden Stufenwettbewerb als ‚unvollständig'[22]." Wettbewerbspolitisch erwünscht ist für Sölter nur der vollständige Stufenwettbewerb[23].

Andreae übernimmt im Prinzip das Gedankengut von Galbraith und zeigt die Voraussetzungen und Grenzen eines „wirklichkeitsnahen" Gegengewichtskonzeptes auf. Nach seiner Ansicht ist eine Wirtschaft ohne Macht nicht denkbar; eine Wirtschaftspolitik, die sich ständig bemühe, wirtschaftliche Macht zu zerschlagen, sei unrealistisch und laufe folglich hinter der Entwicklung her. Anstelle des staatlichen Dirigismus soll ein Prinzip treten, das auf Grund privater Initiative durch gegengewichtige Machtbildung originäre Macht zum Ausgleich bringt.

Soweit durch dieses Prinzip — den privaten Ausgleichsmechanismus — der ursprüngliche Machtsaldo nicht ganz kompensiert wird, verbleibt bzw. entsteht ein „abgeleiteter" Machtsaldo. Dieser stellt das — von der Wirtschaftspolitik zu lösende — Hauptproblem des Gegengewichtsprinzips dar, denn zu seiner Beseitigung sind die Messung der Machtdifferenz und im Anschluß die Ermittlung bzw. Schaffung geeigneter Ausgleichsmöglichkeiten erforderlich[24].

---

[21] „Es ist also eine sinnvolle Kombination von Freiheit und Bindung, die in Anbieterkartellen repräsentiert wird." Sölter, Arno: Nachfragemacht und Wettbewerbsordnung, a.a.O., S. 23.

[22] Sölter, Arno, a.a.O., S. 44.

[23] Die Begriffsbildung Stufenwettbewerb wurde von allen Autoren, die sich mit den Sölterschen Thesen befaßten, kritisiert. Die „Überstrapazierung des Wettbewerbsbegriffs" (Herbert Gross) sollte auch nach unserer Ansicht nicht soweit gehen, die triviale Erkenntnis, daß sich ein Spannungsverhältnis bei dem Aufeinandertreffen von Käufer und Verkäufer im Markt ergibt, mit diesem Begriff zu bezeichnen.

[24] Vgl. Andreae, C. A., a.a.O., S. 45.

Das Argument, das Gegengewichtsprinzip führe zu einer Machtspirale, also zu einer Entwicklung, die in einer starren Vermachtung der Wirtschaft endet, läßt Andreae nicht gelten. Er sieht in der gesellschaftlichen Wirklichkeit drei Erscheinungen, die dieser Entwicklung entgegenwirken: Der Machtverschleiß, die Machtverlagerungen und die Machtverschiebungen.

Diese maßgeblichen Theorien über die Nachfragemacht haben Grundsatzcharakter; sie beziehen sich nicht auf einen bestimmten Branchenbereich. Wir wollen nun sehen, inwieweit die Nachfragemacht des Nahrungsmittelhandels im Bereich der Nahrungsmittelindustrie und der Landwirtschaft wirksam geworden ist und welche Probleme dabei aufgetaucht sind.

b) Der empirische Befund in der Produktionsstufe

aa) Die Wirkungen auf die Ernährungsindustrie

Wir haben die Existenz von starker Angebotsmacht der Ernährungsindustrie auf einer Reihe von Produktmärkten festgestellt, ebenso die Existenz erheblicher Nachfragemacht im Nahrungsmittelsortimentshandel. Die Ermittlung eines Machtsaldos gelingt nicht. Die bisher von Wissenschaft und Praxis entwickelten Verfahren sind für die Bewältigung einer solchen Aufgabe unzureichend. Will man sich eine Vorstellung über die Auswirkungen der Nachfragemachtbildung auf die Gestaltung des Machtverhältnisses zwischen Ernährungsindustrie und Handel verschaffen, muß man sich mit Tendenzaussagen begnügen.

Galbraith stellt fest, daß in den USA die meisten Machtpositionen von Konsumgüterproduzenten durch Gegenkräfte aufgewogen werden. Diese Aussage gilt für die deutsche Ernährungsindustrie noch nicht; allerdings hat die jüngere Entwicklung im Nahrungsmittelhandel gezeigt, daß durch die zunehmende Nachfragemachtbildung Machtpositionen der Ernährungsindustrie neutralisiert wurden. Diese Entwicklung wird sich vermutlich fortsetzen. Der gegenwärtige Stand der Nachfragemacht im Nahrungsmittelhandel sollte jedoch — wie unsere Berechnungen gezeigt haben — nicht überschätzt werden. Die Nachfragemacht verteilt sich auf zahlreiche Machtträger, so daß den Anbietern stets mehrere Alternativen zur Anbahnung von Geschäftsbeziehungen offenstehen. Zu beachten ist auch, daß sich die Nachfragemacht auf den relevanten Märkten immer nur auf einzelne Waren beziehen kann. Im großen Sortiment des Handels — und auf dieses bezieht sich die Marktanteilsberechnung, auf der wiederum die Rückschlüsse auf die Nachfragemacht beruhen — spielt die einzelne Ware aber nicht jene Rolle, „von der man bei der Erörterung des Problems der Nachfragemacht ausgeht“[25].

Aber nicht die Existenz, sondern die Anwendung von Marktmacht gibt in erster Linie Aufschluß über ihre Auswirkungen. Leider sind die Quellen über das tatsächliche Verhalten marktmächtiger Nachfrager des Nahrungsmittelhandels recht spärlich[26]. Aus ihnen lassen sich keine Rückschlüsse ziehen, die für eine generelle Beurteilung geeignet erscheinen, denn ihnen fehlt der repräsentative Charakter.

Unsere Beobachtungen und Schlußfolgerungen über die Verhaltensweise nachfragemächtiger Großabnehmer lassen sich wie folgt zusammenfassen:

Die Geschäftsberichte der Handelsgruppen betonen stets das „gute Einvernehmen in der Zusammenarbeit“ mit den Lieferfirmen der Ernährungsindustrie. Die marktbeherrschenden Unternehmungen der Ernährungsindustrie klagen im allgemeinen nicht über eine mißbräuchliche Anwendung von Nachfragemacht, denn ihnen erwachsen erhebliche Vorteile aus den Großaufträgen der Handelsgruppen. Sie haben zudem deshalb eine starke Verhandlungsposition, weil sie Produkte herstellen, die eine ausgesprochene „Publikumswertung“ besitzen, auf deren Bezug die Handelsgruppen daher angewiesen sind[27]. Diese Konstellation — hinter ihr verbirgt sich eine weitgehende Neutralisierung von Angebots- und Nachfragemacht — führt häufig zu langfristigen Großabschlüssen, die es den marktbeherrschenden Unternehmungen der Ernährungsindustrie ermöglichen, ihr Absatzrisiko zu minimieren, durchgreifende Rationalisierungsmaßnahmen im produktionstechnischen Apparat durchzuführen und ihre Kapazitäten optimal auszulasten.

Negative Auswirkungen der Nachfragemachtbildung sind daher in weit stärkerem Umfang im mittelständischen Bereich der Ernährungsindustrie zu vermuten. Einzelbeispiele nachfragemächtiger Praktiken lassen sich hierfür auch finden.

Will man aber zu einer Gesamtaussage kommen, so deuten die wenigen Anhaltspunkte, die verfügbar sind und uns als relevant erscheinen, nicht daraufhin, daß die Nachfragemachtbildung des Handels bisher zu einer „ernsthaften Bedrohung“ (Sölter) für die Ernährungsindustrie ge-

---

[25] Britsch, Walter: „Der Handel — Hauptträger der Absatzwirtschaft“, in: Der Markenartikel, Heft 5, 1961, S. 310.

[26] Vgl. die wenigen Beispiele bei Geisbüsch, Hans Georg, a.a.O., S. 44 f., Sölter, Arno: Das Rabattkartell. Die wirtschaftlichen und rechtlichen Grundlagen im Rabattwesen, Düsseldorf 1955, S. 58 f. und ders.: Nachfragemacht und Wettbewerbsordnung, a.a.O., S. 19 f. und Gutersohn, Alfred, Geisbüsch, Hans Georg: Das Gegengewichtsprinzip in der Wirtschaftsordnung (II). FIW-Schriftenreihe, Heft 34, Köln - Berlin - Bonn - München 1966.

[27] Im Zusammenhang mit den starken Herstellermarken ist in der Literatur die Bezeichnung „Meinungsmonopol“ anzutreffen.

worden ist. Vergleicht man nämlich die Entwicklung der Zahl der Betriebe (mit mehr als 10 Beschäftigten) in der Ernährungsindustrie, so ist festzustellen, daß zwischen 1957 und 1964 die Gesamtzahl leicht zugenommen hat (1957: 6 545, 1964: 6 557). Eine bedrohliche Marktselektion hat also nicht stattgefunden. Auch aus der Tatsache, daß kleinere und mittlere Lebensmittelfabriken langfristige vertragliche Bindungen mit Großnachfragern bei bestimmten Produkten eingegangen sind, wobei sie ihre eigene Herstellermarke aufgegeben haben und die betreffenden Produkte mit der Handelsmarke des Großabnehmers etikettieren, läßt sich keine ernsthafte „Bedrohung" konstruieren. Für viele Betriebe bedeutet diese Maßnahme eine Stabilisierung ihrer Produktion und die Herabsetzung des Marktrisikos. Die *Gefahr* einer mißbräuchlichen Nachfragemachtausübung hat sich generell jedoch erhöht. Insbesondere durch die vertragliche *Spezialisierung* einzelner Hersteller auf bestimmte Großnachfrager kann die Verhandlungsposition dieser Anbieter stark geschwächt werden. Nach unseren Beobachtungen ergeben sich keine Anhaltspunkte dafür, daß die Handelsgruppen bewußt oder gar systematisch dieses Ziel anstreben.

bb) Die Wirkungen auf die Landwirtschaft

Die Landwirtschaft hat in den Jahren seit Kriegsende mit den Strukturwandlungen und der Konzentration in den ihr verbundenen Wirtschaftsbereichen nicht Schritt halten können. Ihre Verhandlungsposition gegenüber dem Nahrungsmittelhandel ist im Verlaufe der günstigen gesamtwirtschaftlichen Entwicklung in der Bundesrepublik, die auch auf den Agrarmärkten zu einer Käufermarktsituation geführt hat, schwächer geworden. Während der Nahrungsmittelhandel attraktive Angebote ausländischer Erzeuger wahrnehmen und zusätzlich seine Position durch Konzentrations- und Kooperationsmaßnahmen stärken konnte, standen der deutschen Landwirtschaft in dem Bemühen, sich marktwirtschaftlichen Spielregeln anzupassen, ihre traditionellen Strukturen im Wege.

Der von den korrespondierenden Wirtschaftsbereichen ausgehende Druck hat jedoch in den letzten Jahren zu spürbaren Veränderungen im Bereich der Agrarproduktion geführt. Als ihr wichtigstes — immaterielles — Ergebnis ist die die geistige Neuorientierung und die damit verbundene Bereitschaft des Landwirts zu bezeichnen, sich als Unternehmer zu verstehen und zu betätigen. In weiten Kreisen der Bauernschaft hat man erkannt, daß die Zuflucht zu staatlichen Subventionen keine echte, sondern nur eine temporäre Therapiemöglichkeit darstellt, langfristig eine Verbesserung ihrer Marktsituation herbeizuführen und daß dies nur durch eine zielgerichtete marktorientierte Anbau- und Absatzpolitik erreicht werden kann, die sich der Mittel der Kooperation und Konzentration bedient[28]. Materiell schlägt sich diese Neuorientierung in ersten Erfolgen der Angebotskonzentrierung, einer vermehrten Arbeitsteilung und Spezialisierung und einer qualitativen Verbesserung der Agrarproduktion nieder.

„Zusammenfassend kann gesagt werden, daß sich der Konzentrationsprozeß innerhalb des gesamten landwirtschaftlichen Absatzwesens in vielfacher und teilweise sich gegenseitig verstärkender Weise direkt auf die Agrarproduktion ausgewirkt hat. Vornehmlich wirkte und wirkt diese Konzentration der Nachfrage in Richtung auf eine verstärkte regionale Verdichtung der Produktion, eine vermehrte Arbeitsteilung und Spezialisierung innerhalb der landwirtschaftlichen Erzeugung und auf eine Vereinheitlichung des Angebotes nach Menge, Qualität, Zeitpunkt und Komplementärleistungen. Dieser Anpassungsprozeß wird durch die steigende Marktmacht der Nachfrager auf den landwirtschaftlichen Absatzmärkten erzwungen und teilweise über vertragliche Vereinbarungen gefördert[29]."

Die in diesem Zitat angesprochene Erzwingung des Anpassungsprozesses durch die steigende Marktmacht der Nachfrager ist nicht im Sinne einer Ausübung von Nachfragemacht zu verstehen, sondern im Sinne der „zwangs"-läufigen Gegenmachtbildung, wie sie von Galbraith und Andreae beschrieben wurde.

Im Einzelfall besteht allerdings die Möglichkeit einer mißbräuchlichen Ausübung von Nachfragemacht durch die Handelsgruppen. Solange der Anpassungsprozeß nicht zu ähnlichen Verdichtungen des landwirtschaftlichen Angebotes (bei gleichzeitiger Qualitätsverbesserung bis zur Erreichung des Niveaus ausländischer Angebote) führt wie die Konzentration der Nachfrage nach Agrarprodukten, solange wird diese potentielle Gefahr in einer Käufermarktsituation bestehen bleiben, selbst wenn die regionale Angebotskonzentrierung große Fortschritte gemacht hat[30].

---

[28] „Die Landwirtschaft kann, will sie aus eigener Kraft ein annähernd paritätisches Einkommen erzielen, nicht auf die produktionstechnischen und marktwirtschaftlichen Vorteile verzichten, die sich die Gewerbebetriebe durch Konzentration erschließen. Sie muß nach Möglichkeiten suchen, durch ihren Bedürfnissen entsprechende Formen der Konzentration zu gleichen Rationalisierungseffekten zu gelangen." Thimm, Heinz-Ulrich: Koordination für den landwirtschaftlichen Absatz. Schriftenreihe Agrarpolitik und Marktwesen, Heft 7, Hamburg - Berlin 1966, S. 17.

[29] Schmitt, G.: „Strukturwandlungen: Erscheinungsformen, Antriebskräfte, Konsequenzen und Probleme", in: Konzentration und Spezialisierung in der Landwirtschaft. Schriften der Gesellschaft für Wirtschafts- und Sozialwissenschaften des Landbaues e. V., Band 2, München - Basel - Wien 1965, S. 145.

[30] „Das regional konzentrierte Angebot wird in der Regel von, gemessen an der Gesamtproduktion, kleinen landwirtschaftlichen Unternehmen ange-

Nach unseren Beobachtungen sehen die auf der Zentralgroßhandelsstufe tätigen Konzentrationsorgane der Handelsgruppen erst in der allerjüngsten Zeit größere Möglichkeiten, mit der deutschen Landwirtschaft Geschäftsabschlüsse zu tätigen; bisher entsprachen die Angebote weder quantitativ noch i. d. R. qualitativ ihren Bedürfnissen. Sie wichen deshalb auf die günstigeren Auslandsangebote aus. Insofern kann bisher von einer Nachfragemachtausübung der Konzentrationsorgane gegenüber der deutschen Landwirtschaft nicht gesprochen werden. Diese ist eher denkbar zwischen den örtlichen Großhandlungen und den regionalen Anbietern. Da die auf der örtlichen Stufe tätigen, in die Handelsgruppen integrierten Großhandlungen gleichfalls in starkem Maße auf das ausländische Angebot zurückgreifen und häufig nur die besten Angebote der regionalen Anbieter akzeptieren, gerät die deutsche Landwirtschaft auf vielen Teilmärkten unter Druck. Dieser Druck ist aber nicht in erster Linie einer Nachfragemachtausübung zuzuschreiben, sondern der Diskrepanz zwischen dem Niveau des inländischen und des ausländischen Angebotes an Agrarprodukten.

III. Zur wirtschaftspolitischen Beurteilung der Nachfragekonzentration

Wir haben eingangs dieser Untersuchung festgestellt, daß uns eine Beurteilung der Nachfragekonzentration nur im Rahmen der Wirtschaftsordnung als sinnvoll erscheint, zu der wir uns bekennen; das ist die Marktwirtschaft. Die wirtschaftspolitische Erwünschtheit oder Unerwünschtheit des Phänomens der Nachfragekonzentration hängt damit ab von seiner Kompatibilität zu den Zielen unserer Wirtschaftsordnung. Die wichtigsten Ziele der Marktwirtschaft sind die optimale Güterversorgung der Verbraucher, die bestmögliche Ausnutzung der Ressourcen, die Sicherung von Währungsstabilität und Vollbeschäftigung, eine gerechte Einkommensverteilung und die Aufrechterhaltung der Entscheidungsfreiheit der Unternehmer und Verbraucher. Der Marktwirtschaft immanent ist die Wettbewerbsordnung; der freie Leistungswettbewerb wird als dasjenige Mittel angesehen, mit dem die Ziele der Marktwirtschaft noch am ehesten zu verwirklichen sind.

---

boten, die keinen Einfluß auf den Preis besitzen (Polypol) und außerdem unter den Bedingungen einer unvollkommenen Markttransparenz produzieren. Ihnen gegenüber befinden sich auf vielen Märkten Nachfrager, deren Zahl beschränkt ist und deren Markttransparenz zumindest in der augenblicklichen Marktsituation wesentlich besser ist als diejenige der Anbieter." Schmitt, G., a.a.O., S. 144.

Unsere Untersuchungen über die Auswirkungen der Nachfragekonzentration führten zu den folgenden Ergebnissen:

a) Der Leistungswettbewerb hat sowohl im Nahrungsmitteleinzelhandel als auch im Nahrungsmittelgroßhandel eine Intensivierung erfahren.

b) Das Machtverhältnis zwischen Ernährungsindustrie und Nahrungsmittelhandel ist durch Neutralisierung von Machtpositionen der Ernährungsindustrie gegenüber den früheren Verhältnissen gleichgewichtiger geworden.

c) Die Landwirtschaft wurde zu einem Anpassungsprozeß gezwungen, der zu einer stärkeren Arbeitsteilung und Spezialisierung innerhalb der landwirtschaftlichen Erzeugung und zu einer Vereinheitlichung des Angebotes nach Menge, Qualität, Zeitpunkt und Komplementärleistungen geführt hat.

Diese Auswirkungen stehen den genannten Zielen der Marktwirtschaft nicht entgegen, vielmehr sind sie ihnen förderlich. Damit ist bereits die wirtschaftspolitische Beurteilung über die Nachfragekonzentration im Nahrungsmittelhandel gefunden: Die Nachfragekonzentration ist eines der Mittel, die auf die Erzielung des gesamtwirtschaftlichen Optimismus hinwirken; sie ist daher wirtschaftspolitisch erwünscht.

Zu beachten ist, daß sich diese Ausführungen auf den Nahrungsmittelhandel und hier auf die Verhältnisse in den Jahren zwischen 1950 und heute beziehen. Für eine generelle Beurteilung der Nachfragekonzentration, die gleichzeitig die zukünftigen Verhältnisse ins Auge faßt, kann diese branchenbezogene ex-post-Untersuchung nur eine Hilfestellung sein.

Zur generellen Beurteilung der Nachfragekonzentration — sie geht über die Zielsetzung unserer Untersuchung hinaus — müssen wir uns mit den folgenden Ausführungen begnügen: Die Nachfragekonzentration ist nach unserer Ansicht solange wirtschaftspolitisch unbedenklich, als sie nicht Wirkungen hervorruft, die der wirtschaftspolitischen Zielordnung zuwiderlaufen. Sie wird bedenklich, wenn sie zu einer Gegenmachtbildung führt, die nicht nur in der Lage ist, Angebotsmacht zu neutralisieren, sondern darüber hinaus in die Dispositionsfreiheit der Angebotsseite gegen den Willen der Anbieter einzugreifen. Der Wirtschaftspolitiker muß allerdings beachten, daß die Existenz von Marktmacht grundsätzlich wertneutral ist, sie kann guten wie bösen Zwecken dienen. Erst ihre Ausübung und die hieraus resultierenden Auswirkungen entscheiden darüber, ob Nachfragemacht als schädlich angesehen werden muß. Es ist Heeren zuzustimmen, wenn er schreibt:

„Man kann das Phänomen der Konzentration wirtschaftlicher Macht auf der Nachfrageseite nicht moralisch oder dogmatisch sehen, sondern nur pragmatisch und politisch, das heißt, ob seine konkreten Erscheinungsformen mit der wirtschaftspolitischen Zielordnung übereinstimmen oder nicht[1]."

Die im Zusammenhang mit der Nachfragemachtbildung hervorgebrachte und auf Galbraith zurückgehende Forderung nach Aufhebung des Kartellverbots und nach staatlicher Förderung von Gegenmarktmacht zur Erreichung eines Machtgleichgewichts zwischen den jeweiligen Marktpartnern ist gleichfalls danach zu beurteilen, ob sie mit der wirtschaftspolitischen Zielordnung der Marktwirtschaft vereinbar ist oder nicht[2].

Die Diskussion um die Kompatibilität und Zweckmäßigkeit des Prinzips der gegengewichtigen Marktmacht hat bisher nicht zu einer überzeugenden bzw. allgemein anerkannten Klarlegung der Sachverhalte und ihrer Zusammenhänge geführt. Um so mehr wird sich der Wirtschaftspolitiker in den kommenden Jahren angesichts der raschen Änderungen in den Größenstrukturen der modernen Industriewirtschaft und angesichts des Wandels in den Formen des Wettbewerbs intensiv mit den Problemen der Gegenmachtbildung auseinandersetzen müssen.

---

[1] Heeren, Enno, a.a.O., S. 128.

[2] Nach Kantzenbach ist sie es nicht. Er hält das Prinzip der Gegenmarktmacht als generelles Ordnungsprinzip einer Marktwirtschaft für unbrauchbar, selbst wenn es sich wirtschaftspolitisch erhalten und kontrollieren ließe. „Es würde weder einen optimalen Einsatz der vorhandenen Produktionsfaktoren noch ihre wachstumsgerechte Weiterentwicklung garantieren. Die Zulassung oder sogar Förderung von Gegenmacht, insbesondere in der Form von Kartellen, könnte weder die Kontrolle und Beschränkung ursprünglicher Marktmacht noch die Auslese- und Konzentrationsförderung übersetzter Wirtschaftszweige generell überflüssig machen." Kantzenbach, Erich, a.a.O., S. 153.

Zusammenfassung

Im *ersten Hauptteil* der Arbeit haben wir das Ausmaß und die Organisation der Nachfragekonzentration im funktionellen Nahrungsmittelhandel der Bundesrepublik Deutschland untersucht.

Der Abschnitt A verfolgt die Konzentrationsvorgänge mit Hilfe der in Westdeutschland üblichen institutionellen Darstellungsweise, die sich der Umsatzsteuerstatistik des Statistischen Bundesamtes bedient. Es wurde ermittelt, daß zwischen 1950 und 1964 im Nahrungsmitteleinzelhandel und im Nahrungsmittelgroßhandel ein starker Konzentrationsprozeß stattgefunden hat; sowohl die relative wie die absolute Unternehmungskonzentration haben zugenommen. Hieraus zogen wir die Schlußfolgerung, daß im Nahrungsmittelhandel gleichzeitig mit der Unternehmungskonzentration eine Ballung der Nachfrage vorgelegen haben muß. Zwangsweise ergab sich die Frage nach der Organisation der Nachfragekonzentration, nach den Größenordnungen, in denen sie auftritt, nach der Nachfragemacht, die sich hinter den Organisationsformen der Nachfragekonzentration verbirgt, und nach der Verteilung der Marktanteile auf der Nachfrageseite — alles Fragen, die für den Nahrungsmittelhandel, die Marktpartner des Nahrungsmittelhandels und für die Wirtschaftspolitik von hohem Interesse sind.

Wir mußten die Feststellung treffen, daß die institutionelle Darstellungsweise bei der Beantwortung dieses Fragenbündels nicht weiterhilft, da sie wirtschaftlich zusammenhängende Vorgänge nach Einzelhandelsstufe und Großhandelsstufe getrennt behandelt und außerdem die Nachteile der Hauptinformationsquelle, der Umsatzsteuerstatistik, in Kauf nehmen muß, die nicht nach Kriterien untergliedert ist, welche geeignet wären, den komplexen Vorgang der Nachfragekonzentrierung zu erhellen.

Als Konsequenz auf die Unzulänglichkeiten der institutionellen Darstellungsweise haben wir im Abschnitt B des 1. Hauptteils eine Methode entwickelt, die den wirtschaftlichen Tatbeständen besser Rechnung trägt: die funktionelle Darstellungsweise.

Mit der funktionellen Darstellungsweise wurde ein Weg gefunden, die Marktvorgänge der Warenprozesse und der Einkaufskonzentrationsprozesse in der Weise zu verfolgen, wie sie sich in der Wirtschaftspraxis abspielen. Als wesentlicher Bestandteil der funktionellen Darstellungsweise haben wir den „Stufenaufbau des funktionellen Nahrungsmittelhandels" vorgestellt, der gleichzeitig als Marktablaufschema die realen Verhältnisse widerspiegelt, wie sie im westdeutschen Nahrungsmittelhandel vorliegen (s. Abb. 1, S. 25).

Mit Hilfe der horizontalen Darstellung des Stufenaufbaues (B II.) konnte Auskunft gegeben werden über die Marktform, in der sich die Marktteilnehmer befinden. Gleichzeitig gelang es, unter Zuhilfenahme aller verfügbaren amtlichen und nichtamtlichen statistischen Quellen die Entwicklung der Marktanteile der in den funktionellen Stufenaufbau aufgenommenen Marktteilnehmer darzustellen.

Diese Berechnungen wurden erstmals in dieser geschlossenen Form für den Nahrungsmittelhandel der Bundesrepublik durchgeführt. Wir sind der Ansicht, daß sie den Wirtschaftspolitikern und den Handelsgruppen eine objektive Beurteilungsmöglichkeit der realen Verhältnisse an die Hand geben.

Durch Gegenüberstellung der Umsatzentwicklung der drei Stufen des Nahrungsmittelhandels (Zentralgroßhandelsstufe, örtliche Großhandelsstufe, Einzelhandelsstufe) haben wir Aufschluß über die *Entwicklung* der Nachfragekonzentration und damit über die Einschaltung der vorgelagerten Stufen in die Warenbeschaffung der nachgelagerten Stufen bekommen: Die Nachfragekonzentration und damit der Einschaltungsgrad hat im Betrachtungszeitraum (1957—1964) von Stufe zu Stufe stärker zugenommen.

Mit Hilfe der vertikalen Darstellung des Stufenaufbaues (B III.) konnte eine Vorstellung über das *Ausmaß* der Nachfragekonzentration innerhalb der meisten Handelsorganisationen vermittelt werden. Unter Verwendung des Mittels der deskriptiven Darstellung der vertikalen Zusammenhänge haben wir die Organisation und die Unternehmenspolitik der Handelsgruppen offengelegt und uns mit dem Ursachenkomplex beschäftigt, auf den die Vorgänge der Nachfragekonzentrierung zurückzuführen sind. Die quantitativen Angaben, die bei der horizontalen Darstellung gemacht wurden, haben wir auf diese Weise durch qualitative Aussagen ergänzt bzw. erklärt.

In einem Exkurs über den internationalen Einkauf wurde der sich in der Wirtschaftspraxis abzeichnenden Tendenz zu einem verstärkten internationalen Gemeinschaftseinkauf Rechnung getragen.

Im *zweiten Hauptteil* haben wir uns mit den Auswirkungen der Nachfragekonzentration auf den Wettbewerb im Nahrungsmittelhandel (I. des zweiten Hauptteils) und auf die Gestaltung des Machtverhältnisses zwischen Produktionsstufe und Handel (II. des zweiten Hauptteils) beschäftigt.

Die Wettbewerbsvorgänge im Nahrungsmittelhandel konnten wir weder mit dem klassischen Konkurrenzmodell noch mit den übrigen wettbewerbstheoretischen Erklärungsversuchen hinreichend transparent machen. Vielmehr fanden wir Konkurrenzverhältnisse vor, die von empirisch orientierten Autoren als Gruppenwettbewerb bezeichnet werden. Wir sind zu dem Ergebnis gekommen, daß zwischen den Handelsgruppen ein scharfer Wettbewerb herrscht, als dessen wesentliche Triebfeder der Einsatz des wettbewerbspolitischen Aktionsparameters „Nachfragekonzentrierung" anzusehen ist. Die Ausstrahlungen des intensiven Gruppenwettbewerbs — so ergaben unsere Beobachtungen — erreichen die zahlreichen Teilmärkte des Nahrungsmittelhandels, sie wirken dort in Richtung auf eine Erhöhung der Wettbewerbsintensität hin.

Die bisherigen Auswirkungen der Nachfragekonzentration auf das Machtverhältnis zwischen Produktionsstufe und Handel haben wir als positiv erkannt (II., 2.). Durch die Nachfragemachtbildung sind Machtpositionen der Ernährungsindustrie neutralisiert worden, eine Übermachtbildung auf der Nachfrageseite konnten wir nicht feststellen.

Gegenüber der Landwirtschaft verfügt der Nahrungsmittelhandel dagegen über Machtpositionen, die im Zusammenhang mit den günstigeren Angeboten ausländischer Agrarwirtschaften geeignet sind, die deutschen Anbieter unter Druck zu setzen. Die positiven Effekte dieses Drucks sind in der Erzwingung eines Anpassungsprozesses zu sehen, der zu ersten Erfolgen in der Arbeitsteilung und Spezialisierung der landwirtschaftlichen Erzeugung sowie in einer Verbesserung des quantitativen und qualitativen Angebotes geführt hat.

In dem abschließenden Versuch einer wirtschaftspolitischen Beurteilung der Nachfragekonzentration kamen wir zu dem Ergebnis, daß die bisherigen Erscheinungsformen des Phänomens der Nachfragekonzentration im Nahrungsmittelhandel der wirtschaftspolitischen Zielordnung der Marktwirtschaft nicht zuwidergelaufen sind. Für eine generelle Beurteilung der Nachfragekonzentration wollen wir unsere branchenbezogene ex-post-Untersuchung allerdings nur als Hilfestellung gelten lassen.

Literaturverzeichnis

I. Bücher und Dissertationen

Abbott, L.: Qualität und Wettbewerb, München - Berlin 1958

Aengenendt, R.: Die freiwilligen Handelsketten in der Bundesrepublik Deutschland. Ihre wirtschaftspolitische und mittelstandspolitische Bedeutung. Abhandlung zur Mittelstandsforschung, Heft Nr. 5, Köln - Opladen 1962

Andreae, C. A. und W. *Glahe:* Das Gegengewichtsprinzip in der Wirtschaftsordnung (I), FIW-Schriftenreihe Heft 33, Köln - Berlin - Bonn - München 1966

Bachmann, H.: Die jüngere Entwicklung im Einzelhandel, Winterthur 1959

Batzer, E., M. *Eli* und H. *Laumer:* Der funktionelle Nahurngsmittelgroßhandel und die Großverbraucher landwirtschaftlicher Produkte in der Bundesrepublik Deutschland, München 1965

Beckmann, T. N. und H. *Engle:* Wholesaling — Principles and Practice, New York 1951

Böckenhoff, E.: Marktstruktur und Preisbildung bei Schlachtvieh und Fleisch in der Bundesrepublik Deutschland. Forschungsgesellschaft für Agrarpolitik und Agrarsoziologie e. V. Bonn, Heft 166, Bonn 1966

Borchardt, K. und W. *Fikentscher:* Wettbewerb, Wetbewerbsbeschränkung und Marktbeherrschung. Abhandlungen aus dem gesamten Handelsrecht, Bürgerlichen Recht und Konkursrecht, Stuttgart 1957

Chamberlin, E. H.: The Theory of Monopolistic Competition, Cambridge (Mass.) 1932

Clark, J. M.: Competition as a Dynamic Process, Washington D. C. 1961

Disch, W. K. A.: Der Groß- und Einzelhandel in der Bundesrepublik, Köln - Opladen 1966

Ebert, E.: Die Einkaufsgenossenschaften des Einzelhandels in der Marktwirtschaft — ihr Verhältnis zu Wettbewerbsbeschränkungen, freiwilligen Ketten und institutionellem Großhandel, Diss. Frankfurt/Main 1960

Eli, M.: Der Großhandel in Westeuropa. Erscheinungsbild — Stellung — Entwicklungstendenzen, München 1966

Eucken, W.: Die Grundlagen der Nationalökonomie, 6. Aufl., Berlin - Göttingen - Heidelberg 1950

Fleck, W., A. *Wölk* und I. *Walther:* Wettbewerbs- und Absatzprobleme bei landwirtschaftlichen Erzeugnissen in der Bundesrepublik Deutschland, Bonn 1966

Galbraith, J. K.: American Capitalism. The Concept of Countervailing Power, Boston 1952. Deutsche Übersetzung: Der amerikanische Kapitalismus im Gleichgewicht der Wirtschaftskräfte, Stuttgart 1956

Geisbüsch, H. G.: Die organisierte Nachfrage. Organisation und Strategie marktbeeinflussender oder marktbeherrschender Nachfrager, FIW-Schriftenreihe, Heft 18, Köln - Berlin - Bonn - München 1964

Gross, H.: Neue Ideen in der Wirtschaft, Düsseldorf 1960

Gross, H. und J. *Meier:* Größe und Größenstruktur der Unternehmen, FIW-Schriftenreihe, Heft 19, Köln - Berlin - Bonn - München 1964

Gutenberg, E.: Grundlagen der Betriebswirtschaftslehre, Band II: Der Absatz, Berlin 1955

Gutersohn, A. und H. G. *Geisbüsch:* Das Gegengewichtsprinzip in der Wirtschaftsordnung (II). FIW-Schriftenreihe, Heft 34, Köln - Berlin - Bonn - München 1966

Heeren, E.: Die Konzentration wirtschaftlicher Macht auf der Nachfrageseite, Diss., Kiel 1958

Heinicke, B.: Nahrungs- und Genußmittelindustrie. Struktur und Wachstum, Reihe Industrie, Heft 4, Ifo-Institut, Berlin - München 1964

Hirsch, J.: Der moderne Handel, seine Organisation und Formen und die staatliche Binnenhandelspolitik. 2. Aufl., Tübingen 1925

Hoppmann, E.: Binnenhandel und Binnenhandelspolitik, Berlin - Frankfurt a. M. 1959

Hübner, J.: Der Einfluß der mittelständischen Einkaufszusammenschlüsse auf die Wettbewerbsverhältnisse unter besonderer Berücksichtigung des Einzelhandels, Diss., Münster 1960

Kalussis, D.: Betriebslehre des Einzelhandels, Köln - Opladen 1960

Kantzenbach, E.: Die Funktionsfähigkeit des Wettbewerbs. Wirtschaftspolitische Studien aus dem Institut für Europäische Wirtschaftspolitik der Universität Hamburg, Heft 1, Göttingen 1966

Kathrein, O.: Die freiwilligen Zusammenschlüsse zwischen Groß- und Einzelhandlungen des Lebensmittelmarktes der Bundesrepublik und ihre Bedeutung für die Handelsstruktur, Marburg - Lahn 1958

— Nachfrage im Wettbewerb. Schriftenreihe „Der Betrieb". Düsseldorf 1960

Klepsch, H.: Die Verkaufsrationalisierung in integrierten Organisationen des Lebensmittelhandels (Einkaufsgesellschaften, freiwillige Ketten), Diss., Köln 1961

Küng, E.: Wirtschaftspolitische Gegenwartsfragen. St. Galler Wirtschaftswissenschaftliche Forschungen, Bd. 18, Zürich - St. Gallen 1962

Lohmann, M.: Einführung in die Betriebswirtschaftslehre, 4. Aufl., Tübingen 1964

Marzen, W.: Preiswettbewerb und Verbraucherpolitik, Saarbrücken 1964

Menzel, B.: Die Rewe-Gruppe, Auftrag der Gegenwart, Köln 1962

Nieschlag, R.: Binnenhandel und Binnenhandelspolitik, Berlin 1958

Oertel, H.: Die freiwilligen Zusammenschlüsse im Lebensmittelhandel, Diss., Nürnberg 1960

Ott, A. E.: Marktform und Verhaltensweise, Stuttgart 1959

Pritzkoleit, K.: Gott erhält die Mächtigen, Rück- und Rundblick auf den deutschen Wohlstand, Düsseldorf 1963

Ringling, H.: Die Freiwilligen Ketten und ihre Auswirkungen auf den Wettbewerb im Warenhandel unter besonderer Berücksichtigung der Verhältnisse in der Bundesrepublik Deutschland, Diss., Innsbruck 1967

Robinson, J.: The Economics of Imperfect Competition, London1933

Ruberg, C., H. *Müller* und K. H. *Neuroth*: Zwei Partner — ein Ziel. Moderne Formen der Zusammenarbeit zwischen Groß- und Einzelhandel, RGH Band I, Köln 1958

Sambach, E.: Untersuchungen zum Problem der wirtschaftlichen Macht, Diss., Frankfurt/Main 1960

Scheer, W.: Die Absatzwirtschaft der Einkaufsgenossenschaften im Lebensmittelhandel, Diss., Mannheim 1953

Scheubrein, H.: Horizontale, vertikale und totale Konkurrenz. Schriftenreihe der Gesellschaft für Konsumforschung e. V., Band 7, Nürnberg 1958

Schierholt, H.: Freiwillige Filialbetriebe. Rechtliche und wirtschaftliche Bindungen in freiwilligen Zusammenschlüssen zwischen selbständigen Groß- und Einzelhändlern, Köln 1963

Seyffert, R.: Wirtschaftslehre des Handels, Köln - Opladen 1951

Smith, H.: Retail Distribution, 2. Aufl., Oxford 1948

Sölter, A.: Das Rabattkartell. Die wirtschaftlichen und rechtlichen Grundlagen im Rabattwesen, Düsseldorf 1955

— Nachfragemacht und Wettbewerbsordnung, Schriftenreihe „Der Betrieb", Düsseldorf 1960

Stackelberg, H. v.: Marktform und Gleichgewicht, Wien 1934

Stadtaus, U.: Die Führung einer freiwilligen Handelskette im Lebensmittelhandel. Vertriebswirtschaftliche Abhandlungen des Instituts für Industrielle Verbrauchsforschung und Vertriebsmethoden an der Technischen Universität Berlin, Berlin 1962

Strecker, O., G. *Roller*, A. *Saft* und W. H. *Schuch*: Die Landwirtschaft und ihre Marktpartner. Neue Formen der Zusammenarbeit. Landwirtschaft — Angewandte Wissenschaft, Heft 118, Hiltrup bei Münster 1963

Stützel, W.: Analytische Theorie des Verhältnisses der Wirtschaft zum Staat, Diss., Tübingen 1952

Thimm, H. U.: Koordination für den landwirtschaftlichen Absatz, Schriftenreihe Agrarpolitik und Marktwesen, Heft 7, Hamburg - Berlin 1966

Vaterrodt, K.: Die freiwilligen Zusammenschlüsse zwischen Groß- und Einzelhandel als Möglichkeit der Rationalisierung im Handel, Diss., Köln 1956

Woll, A.: Der Wettbewerb im Einzelhandel, Berlin 1964

II. Aufsätze und Beiträge mit Verfasserangabe

Arndt, H. und G. *Ollenburg*: „Begriff und Arten der Konzentration", in: Die Konzentration in der Wirtschaft. Herausgeg. von Helmut Arndt, 1. Band: Stand der Konzentration, Berlin 1960

Banse, K. und R. *Gümbel*: „Konzentration im Warenhandel", in: Die Konzentration in der Wirtschaft, Herausgeg. von Helmut Arndt, 1. Band: Stand der Konzentration, Berlin 1960

Batzer, E.: „Starker Wandlungsprozeß im Lebensmittelhandel", in: Wirtschaftskonjunktur, 17. Jg., Heft 4, München 1965

Brand, K.: „Konzentration und wirtschaftliche Entwicklung", in: Die Konzentration in der Wirtschaft. Herausgeg. von Helmut Arndt, 3. Band: Wirtschaftliche Wirkungen und Probleme der Konzentration, Berlin 1960

Britsch, W.: „Der Handel — Hauptträger der Absatzwirtschaft", in: Der Markenartikel, Heft 5, 1961

Clark, J. M.: „Toward a Concept of Workable Competition", in: The American Economic Review Vol. 30, 1940

Diederichs, E. H.: „Entwicklungskonzeptionen der Edeka-Organisation", in: Blätter für Genossenschaftswesen, Jg. 112, Heft 14, Juli 1966

— „Hauptprobleme der modernen Kooperation im Handel", in: Kooperation und Konzentration der Unternehmungen im Wettbewerb. Herausgeg. von der deutschen Gesellschaft für Betriebswirtschaft, Berlin 1964

— „Tätigkeit des Edeka-Verbandes und seine Aufgaben", in: 58. Edeka-Verbandstag, Berlin 1965

Disch, W. K. A.: „Freiwillige Ketten im Europamarkt", in: Aktuelle Absatzwirtschaft, Hamburg 1964

Eli, M.: „Die Struktur des Nahrungs- und Genußmittelgroßhandels in funktioneller Sicht", in: Der Lebensmittel-Großhandel Nr. 740 vom 4. 12. 1965

— „Frischwaren im Sortiment des Lebensmitteleinzelhandels: Ihr Einfluß auf die Sortiments- und Geschäftspolitik der verschiedenen Ver- und Betriebsformen", in: Der Lebensmittel-Großhandel Nr. 742 vom 18. 12. 1965

— „Handel — authentischer Mittler zwischen Erzeugung und Verbrauch", in: Der Lebensmittel-Großhandel Nr. 757/58 vom 3. 4. 1966

— „Strukturwandel des Lebensmitteleinzelhandels in der Nachkriegszeit", in: Der Lebensmittel-Großhandel Nr. 755 vom 20. 3. 1966

Fürst, G.: „Konzentration der Betriebe und Unternehmungen", in: Die Konzentration in der Wirtschaft. Herausgeg. von Helmut Arndt, 1. Band: Stand der Konzentration, Berlin 1960

Gerl, F.: „Die Konzentration in den der Landwirtschaft vor- und nachgelagerten Wirtschaftsstufen", in: Probleme der Angebotskonzentration landwirtschaftlicher Produkte, Heft 5 der Schriftenreihe des Raiffeisenverbandes Schleswig-Holstein und Hamburg e. V., Kiel 1964

Heimann, F. W.: „Ist der Kleinfilialbetrieb unzeitgemäß geworden?", in: Blätter für Genossenschaftswesen, Jg. 112, Heft 8 vom 25. 4. 1966

Hoppmann, E.: „Das Konzept der optimalen Wettbewerbsintensität", in: Jahrbücher für Nationalökonomie und Statistik, Band 179, Heft 4, Stuttgart 1966

Hülsemeyer, F.: „Wandel der Absatzformen auf dem Eiermarkt", in: Konzentration und Spezialisierung in der Landwirtschaft, München - Basel - Wien 1965

Kaufer, E.: „Kantzenbachs Konzept des funktionsfähigen Wettbewerbs", in: Jahrbücher für Nationalökonomie und Statistik, Bd. 179, Heft 6, Stuttgart 1966

Kirsch, P. E.: „Mit Chantré groß geworden", in: Der Volkswirt, Nr. 7 vom 19. 2. 1965

Meyer-Larsen, W.: „Ein Gigant der Vielfalt“, in: Der Volkswirt Nr. 41 vom 15. 10. 1965

Nieschlag, R.: „Die Nachfragemacht der Handelsgruppen“, in: Blick durch die Wirtschaft vom 21. 9. 1960

Osel, W.: „Filialisten kaufen mehr bei der Gedelfi ein“, in: Der deutsche Handel, 16. Jg. (1964), Nr. 98 vom 25. 5. 1964

Ott, A. E.: „Ein statisches Modell der Preisbildung im Einzelhandel“, in: Jahrbücher für Nationalökonomie und Statistik, Band 172, Stuttgart 1960

Priess, F.: „Produktivitätssteigerung durch zwischenbetriebliche Rationalisierung“, in: Produktivitätssteigerung im Handel. Forschungsstelle für den Handel an der Handelshochschule, St. Gallen - Bern 1960

Schmitt, G.: „Strukturwandlungen: Erscheinungsformen, Antriebskräfte, Konsequenzen und Probleme“, in: Konzentration und Spezialisierung in der Landwirtschaft. Schriften der Gesellschaft für Wirtschafts- und Sozialwissenschaften des Landbaues e. V., Band 2, München - Basel - Wien 1965

Schulz, H. J.: „Einkaufspolitik des Einzelhandels“, in: Die Ernährungswirtschaft, Heft 12, 1964

Seraphim, H. J.: „Machtkonzentrationen in der Marktwirtschaft und die Verwirklichung des Wettbewerbs“, in: Zeitschrift für Nationalökonomie, Bd. XVI, Wien 1956

Sieber, G.: „Die betriebliche Konzentration in der westdeutschen Industrie“, in: WWI-Mitteilungen, Jg. 12, Köln 1959

— „Unternehmensgrößen und Unternehmenskonzentration in der westdeutschen Industrie“, in: WWI-Mitteilungen, Jg. 13, Köln 1960

Sölter, A.: „Nachfragemacht und Gegengewichtsprinzip“, in: Der Markenartikel, Heft 5, 1961

Stumpfeldt, v. B.: „Oetker: Wendiger David unter den internationalen Großkonzernen“, in: Handelsblatt vom 21. 9. 1966

Wessels, Th.: „Über wirtschaftspolitische Konzeptionen des Wettbewerbs“, in: Wirtschaft, Gesellschaft, Kultur. Hrsg. F. Grieß und F. W. Meyer, Berlin 1961

Wiborg, K.: „Das Branchenbild (II): Reemtsma, Unilever, Oetker, Nestlé“, in: FAZ vom 25. 1. 1962

Wickern, J.: „53 125 SB-Läden im deutschen Lebensmittelhandel“, in: Selbstbedienung und Supermarkt Nr. 5, 1965

— „62 174 Selbstbedienungsläden im deutschen Lebensmittel-Einzelhandel“, in: Selbstbedienung und Supermarkt Nr. 6, 1966

Wörl, V.: „Ganzjährige Eiszeit — dringend begehrt“, in: Der Volkswirt Nr. 35 vom 3. 9. 1965

III. Aufsätze und Beiträge ohne Verfasserangabe
Jahresberichte, Mitteilungen, Auskünfte und andere Quellen

„ABK-Simons-Brot-Gruppe setzt 42 Mill. DM um“, in: Handelsblatt vom 7. 12. 1964

„Allgäuer Alpenmilch melkt auf vielen Weiden“, in: Handelsblatt vom 1. 6. 1964

Arbeitsberichte der Arbeitsgemeinschaft der Lebensmittelfilialbetriebe, Bonn 1957 bis 1966

„Arbeitsteilung zwischen Einkaufskontoren und Handelsketten stärkt den Großhandel", in: Der Lebensmittelhandel vom 16. 7. 1959

Ausführungen des geschäftsführenden Vorstandsmitglieds der Edeka, Erich H. Diederichs, auf dem Edeka-Verbandstag 1964 (Karlsruhe) und 1965 (Berlin), Manuskripte

Auskünfte der GDE, Frankfurt, sowie der Einkaufskontore

Auskünfte der Gegro an das Ifo-Institut, München

Auskünfte der Zentrag, Frankfurt

Bericht der Bägeno-Zentrale über das Geschäftsjahr 1964

Bericht über das Ergebnis einer Untersuchung der Konzentration in der Wirtschaft, Bundestagsdrucksache IV./2320, Bonn, Oktober 1964

Betriebsvergleich des Instituts für Handelsforschung an der Universität zu Köln 1957 bis 1964

Der deutsche Lebensmittelhandel (Entwicklung, Struktur, Marktdaten), Ausarbeitung der Carl-Gabler-Werbegesellschaft, München 1965

Der Sortimenter, Geschäftsberichte, mehrere Nummern 1962 und 1964

„Der Zug zum Supermarkt". „Geschäftsberichte der Lebensmittelfilialbetriebe", in: Lebensmittelzeitung Nr. 32 vom 7. 8. 1964

„Deutsche Nestlé erweitert ihren Marktanteil", in: Industriekurier vom 25. 6. 1964

„Die Konsumgruppe hat umorganisiert", in: Handelsblatt vom 23./24. 6. 1967

„Die Mittelstandsempfehlung darf nicht angetastet werden", in: Lebensmittel-Zeitung, Nr. 5 vom 3. 2. 1961

„Doppeljubiläum der BLV", in: Der Sortimenter, Fachblatt für den Lebensmittel-Sortimentsgroßhandel, Nr. 12/13, März 1965

Edeka-Pressedienst, Mai 1963, Juli 1967

„Einkauf für Europa", in: Lebensmittelzeitung Nr. 49 vom 9. 12. 1966

„Engere deutsch-französische Zusammenarbeit der Filialbetriebe", in: Das Fachblatt für Selbstbedienung, Heft 11, November 1965

„Eufoda aktiv", in: Der Sortimenter vom 9. 7. 1965

„Eufoda", Kopenhagen 1966, Broschüre

„Eufoda — Schlüssel zum europäischen Markt", in: Der Lebensmittel-Großhandel europe Nr. 640 vom 12. 3. 1964

„Eurogroup — Direktionskonferenz in Hilversum", in: Lebensmittelzeitung vom 15. 4. 1966

„Filialisten kaufen mehr gemeinsam ein", in: Frankfurter Allgemeine Zeitung vom 2. 6. 1965

„Frischdienst macht Schweisfurth groß", in: Handelsblatt vom 31. 10. 1966

Geschäftsberichte der Bägeno-Zentrale 1957 bis 1964

Geschäftsberichte der Zentrag 1957 bis 1965

Geschäftsberichte der Zentralgenossenschaft des Fleischergewerbes für das Jahr 1962, 1963, 1964

Handbuch der deutschen Aktiengesellschaften 1961/62 und 1962/63

Informationsdienst der volks- und betriebswirtschaftlichen Abteilung der Bägeno-Zentrale deutscher Bäckergenossenschaften eGmbH, Frankfurt/Main

Jahresberichte der Edeka 1957 bis 1965

Jahrbuch des Deutschen Raiffeisenverbandes e. V., XVIII Jahrgang 1965, Bonn 1966 und Jahrgang 1966, Bonn 1967

Jahrbücher des Deutschen Genossenschaftsverbandes, Bonn 1957 bis 1966

Jahrbücher des Zentralverbandes deutscher Konsumgenossenschaften e. V., Hamburg 1957 bis 1966

Jahresberichte der GEG, Hamburg, 1957 bis 1966

Jubiläumsschrift des Einkaufskontors Essen, Essen 1950

„Konzentration in der Zuckerindustrie", in: Süddeutsche Zeitung vom 21. 7. 1967

„Konzernrationalisierung trägt Früchte", in: Der Volkswirt Nr. 35 vom 1. 9. 1967

„Lebensmittelabteilungen der Warenhäuser und Versandunternehmen mit Zuwachsrekord", in: Das Fachblatt für Selbstbedienung, Heft 12, 1965

„Maizena-Gruppe in rascher Expansion", VWD-Nachricht vom 22. 8. 1966

„Mit Selbstbedienung in Europa führend", in: FAZ vom 12. 4. 1967

Mitteilungen der deutschen Genossenschaftskasse, Zentral-Bank der Genossenschaften, Frankfurt/Main, August 1966

„Nestlé hat viel auf Vorrat gekauft", in: Handelsblatt vom 25. 6. 1964

„Nur mehr langsame Zunahme des Marktanteils der Großbetriebsformen im Lebensmitteleinzelhandel", in: Ifo-Schnelldienst Nr. 49 vom 3. 12. 1965

Rewe-Geschäftsberichte 1957 bis 1965

Rundschreiben der Bägeno-Zentrale über das Geschäftsjahr 1964

Schreiben der GDE an das Ifo-Institut für Wirtschaftsforschung, München, vom 9. 3. 1966

„Schweisfurth konzentriert sich stärker auf die Fertigung", in: FAZ vom 3. 6. 1967

„Strukturwandel im Zeichen der EWG", in: Der Volkswirt Nr. 25 vom 25. 6. 1965

„Süddeutsche Zucker-AG: Stark verbessertes Ergebnis", in: Der Volkswirt Nr. 51 vom 18. 12. 1964

„Südfleisch und Südvieh mit 400 Mill. DM Umsatz", in: Handelsblatt vom 4. 7. 1967

„Was bedeutet Konzentration im Handel?", in: Lebensmittel-Zeitung Nr. 31 vom 30. 7. 1965

„Zwei Jahre Inter-Einkauf", in: Der Lebensmittel-Großhandel Nr. 793 vom 11. 12. 1966

„50 Jahre Gedelfi. Großeinkauf deutscher Lebensmittelfilialbetriebe feiert Jubiläum", in: Handelsblatt vom 22. 5. 1963

IV. Statistiken

Statistisches Bundesamt, Wiesbaden

Arbeitstättenzählung vom 6. Juli 1961, Heft 1: Einführung in die methodischen und systematischen Grundlagen der nicht-landwirtschaftlichen Arbeitsstättenzählung, Fachserie C, Unternehmen und Arbeitsstätten, Stuttgart - Mainz 1964

Einführung in die methodischen und systematischen Grundlagen der Arbeitsstättenzählung vom 13. 9. 1950, Band 44, Stuttgart - Köln 1953

Finanzen und Steuern, Reihe 7, Umsatzsteuerstatistiken für die Jahre 1950, 1955, 1960, 1962 und 1964

Handwerksberichterstattung (Fachserie D, Reihe 7: Beschäftigte und Umsatz im Handwerk)

Handwerkszählung vom 30. 9. 1949, Band 12, Industrie und Handwerk, Fachserie D, Reihe 7, Beschäftigte und Umsatz im Handwerk

Industrie und Handwerk, Fachserie D, Reihe 4 (Sonderbeitrag zur Industriestatistik) 1957 und 1964

Industrie und Handwerk, Fachserie D, Reihe 1, Beschäftigte und Umsatz, 1964

Repräsentativstatistik (Fachserie F, Reihe 3, Einzelhandel) I. Umsätze, Meßzahlen

Repräsentativstatistik (Fachserie F, Reihe 3, Einzelhandel) I. Umsätze: Meßzahlen zur Umsatzentwicklung

Repräsentativstatistik (Fachserie F, Reihe 1, Großhandel) II. Wareneinkauf. Lagerbestand und Rohertrag 1964, April 1966

Statistische Berichte Arb.-Nr. V/23/66 vom 2. 11. 1960

MIX
Papier | Fördert gute Waldnutzung
FSC® C083411

Kolibri 360 GmbH
Ferdinand-Jühlke-Straße 7
99095 Erfurt, Deutschland
produktsicherheit@kolibri360.de

Druck:
CPI Druckdienstleistungen GmbH
im Auftrag der
Kolibri 360 GmbH
Ferdinand-Jühlke-Str. 7
99095 Erfurt